当 代 世 界 学 术 名 著

作为文化的传播

『媒介与社会』论文集（修订版）

Communication as Culture

Revised Edition

Essays on Media and Society

[美] 詹姆斯·凯瑞 James W. Carey／著

G. 斯图尔特·亚当／作序

丁未／译

潘忠党

新闻与传播学译丛

大师经典系列

中国人民大学出版社

·北京·

新闻与传播学译丛·大师经典系列

展江　何道宽 /主编

“当代世界学术名著”
出版说明

中华民族历来有海纳百川的宽阔胸怀，她在创造灿烂文明的同时，不断吸纳整个人类文明的精华，滋养、壮大和发展自己。当前，全球化使得人类文明之间的相互交流和影响进一步加强，互动效应更为明显。以世界眼光和开放的视野，引介世界各国的优秀哲学社会科学的前沿成果，服务于我国的社会主义现代化建设，服务于我国的科教兴国战略，是新中国出版工作的优良传统，也是中国当代出版工作者的重要使命。

中国人民大学出版社历来注重对国外哲学社会科学成果的译介工作，所出版的“经济科学译丛”“工商管理经典译丛”等系列译丛受到社会广泛欢迎。这些译丛侧重于西方经典性教材；同时，我们又推出了这套“当代世界学术名著”系列，旨在逐译国外当代学术名著。所谓“当代”，一般指近几十年发表的著作；所谓“名著”，是指这些著作在该领域产生巨大影响并被各类文献反复引用，成为研究者的必读著作。我们希望经过不断的筛选和积累，使这套丛书成为当代的“汉译世界学术名著丛书”，成为读书人的精神殿堂。

由于本套丛书所选著作距今时日较短，未经历史的充分淘洗，加之判断标准见仁见智，以及选择视野的局限，这项工作肯定难以尽如人意。我们期待着海内外学界积极参与推荐，并对我们的工作提出宝贵的意见和建议。我们深信，经过学界同仁和出版者的共同努力，这套丛书必将日臻完善。

中国人民大学出版社

“新闻与传播学译丛·大师经典系列”
总　　序

新闻与大众传播事业在现当代与日俱增的影响与地位，呼唤着新闻学与传播学学术研究的相应跟进和发展。而知识的传承，学校的繁荣，思想的进步，首先需要的是丰富的思想材料的积累。“新闻与传播学译丛·大师经典系列”的创设，立意在接续前辈学人传译外国新闻学与传播学经典的事业，以一定的规模为我们的学术界与思想界以及业界人士理解和借鉴新闻学与传播学的精华，提供基本的养料，以便于站在前人的肩膀上作进一步的探究，则不必长期在黑暗中自行摸索。

百余年前，梁启超呼吁：“国家欲自强，以多译西书为本；学子欲自立，以多读西书为功。”自近代起，许多学人倾力于西方典籍的迻译，为中国现代社会科学和自然科学的建立贡献至伟。然而，由于中国新闻学与传播学的相对年轻，如果说梁任公所言西学著述“今之所译，直九牛之一毛耳”，那么新闻学与传播学相关典籍的译介比其他学科还要落后许多，以至于我们的学人对这些经典知之甚少。这与处在社会转型过程中的中国的社会经济文化发展的要求很不协调，也间接造成了新闻与传播“无学”观点的盛行。

从1978年以前的情况看，虽然新闻学研究和新闻教育在中国兴起已有半个世纪，但是专业和学术译著寥寥无几，少数中译本如卡斯珀·约斯特的《新闻学原理》和小野秀雄的同名作等还特别标注“内部批判版”的字样，让广大学子避之如鬼神。一些如弥尔顿的《论出版自由》等与本学科有关的经典著作的翻译，还得益于其他学科的赐福。可以说，在经典的早期译介方面，比起社会学、政治学、经济学、法学、心理学等现代社会科学门类来，新闻学与传播学显然先天不足。

1978年以后，尤其是20世纪90年代中期以来，新闻与传播教育和大众传播事业在中国如日中天。但是新闻学与传播学是舶来品，我们必须承认，到目前为止，80%的学术和思想资源不在中国，而日见人多势众的研究队伍将80%以上的精力投放到虽在快速发展但是仍处在“初级阶段”的国内新闻与大众传播事业的研究上。这两个80%倒置的现实，导致了学术资源配置的严重失衡和学术研究在一定程度上的肤浅化、泡沫化。专业和学术著作的翻译虽然在近几年渐成气候，但是其水准、规模和系统性不足以摆脱“后天失调”的尴尬。

我们知道，新闻学产生于新闻实践。传播学则是社会学、政治学、心理学、社会心理学等学科以及新闻学相互融合的产物。因此，“新闻与传播学译丛·大师经典系列”选择的著作，在反映新闻学研究的部分代表性成果的同时，将具有其他学科渊源的传播学早期经典作为重点。我们并不以所谓的“经验学派/批判学派”和“理论学派/务实学派”划线，而是采取观点上兼容并包、国别上多多涵盖（大致涉及美、英、德、法、加拿大、日本等国）、重在填补空白的标准，力争将20世纪前期和中期新闻学的开创性著作和传播学的奠基性著作推介出来，让读者去认识和关注其思想的原创性及其内涵的启迪价值。

法国哲学家保罗·利科（Paul Ricoeur）认为，对于文本有两种解读方式：一种是高度语境化（hypercontextaulisation）的解读，另一种是去语境化（decontextaulisation）的解读。前者力图从作者所处的具体社会语境中理解文本，尽可能将文本还原成作者的言说，从而领会作者的本意；后者则倾向于从解读者自身的问题关怀出发，从文本中发现可以运用于其他社会语境的思想资源。本译丛的译者采用的主要是第一种解读方式，力图通过背景介绍和详加注释，为读者从他们自身的语境出发进行第二种解读打下基础。

“译事之艰辛，惟事者知之。”从事这种恢宏、迫切而又繁难的工作，需要几代人的不懈努力，幸赖同道和出版社大力扶持。我们自知学有不逮，力不从心，因此热忱欢迎各界读者提出批评和建议。

“新闻与传播学译丛·大师经典系列”
编委会

目　录

关于修订版

在这本经典著作中，詹姆斯·W. 凯瑞（James W. Carey）认为传播不只是信息的传递，通过揭示“传播”（communication）与“共同体（或社区、社群）”（community）在词义上的关联，他拓展了传播的定义，认为传播包括了将人们聚为一体的文化。沿着这个脉络，凯瑞对美国只注重大众传播社会与政治控制功能的学术传统提出了质疑，他充分论证了传播的内容是符号的意义，而不只是发生传播的动机或是传播所服务的目的。他致力于重塑传播学研究的目标，从试图探寻行为的确定性规律转为更加单纯但又更具挑战的学术使命：“通过理解他者的言说来拓展人类的交谈（conversation）[①]。”

新的版本增加了G. 斯图尔特·亚当（G. Stuart Adam）的序。该序言解释了凯瑞在大众传播研究转型过程中之所以具有举足轻重的地位就在于他的文化视角，并将凯瑞一系列的经典论著与当代媒介议题和趋势联系在

---

① conversation在本书第一版中译为“对话”，经再三斟酌，本次修订版采纳了潘忠党教授在序言中的译法——“交谈”。conversation不仅包含了人类日常性的交际行为，而且是凯瑞（也包括杜威）强调的作为一种生活方式的民主实践，它来自最基本的口语文化和日常经验。“对话”通常用在比较正式的场合，“交谈”更接近conversation的原义。对conversation的理解具体见斯图尔特·亚当的序和凯瑞书中的相关论述。——译者注

一起。新的版本还增加了凯瑞所有著述新的、完整的著作年表。中文版又增加了当初将本书引荐至中国的潘忠党教授的序，此序对凯瑞的学术思想和影响力进行了梳理，并对凯瑞的新闻理想进行了补充。

詹姆斯·W. 凯瑞 1934 年生于罗得岛州的普罗维登斯市。他先是在罗得岛大学取得了商学本科文凭，然后进入伊利诺伊大学厄巴纳-香槟（Urbana-Champaign）分校，获得了传播学博士学位。1963 年他受聘于伊利诺伊大学并于 1967—1976 年间担任该校传播研究中心主任。1976—1979 年，凯瑞担任艾奥瓦州立大学乔治·H. 盖洛普中心的主席。1979 年他又回到伊利诺伊大学出任传播学院的院长，在这个职位上一直干到 1992 年。此后他前往哥伦比亚大学新闻学研究生院任教直到 2006 年 5 月去世。在作为大学管理者、教师、传播学与美国文化研究领域的思想先驱这一杰出的职业生涯中，凯瑞共发表了约 170 篇论文、演讲与评论。

编者的话

本书汇集了詹姆斯·W.凯瑞论文和演讲稿的原件，是从文化角度研究传播手段（communications）和现代技术的奠基之作。马歇尔·麦克卢汉在《美国学者》（*The American Scholar*）杂志上读到第一版《电子革命的神话》（The Mythos of the Electronic Revolution，本书第五章）后致信凯瑞，对他“将学术生命掌握在自己手中”的“无畏的品格”表示赞赏。

麦克卢汉敏锐地认识到二战后几十年“大众传播手段”在机构层面上蕴含的巨大威力，同时他也强烈地意识到，狭隘的经验主义和行为主义者对人和文化机制的理解在学术上存在欠缺。他能够体认凯瑞的雄心是多么大胆和激进，因为凯瑞对由来已久的“传播”“大众媒介”和“电子革命”神话提出了质疑。当然，麦克卢汉本人也是如此。

对于20世纪90年代以来主导文化阐释的形形色色的学术或意识形态话语，凯瑞这种无所畏惧的优点却在于“破”。凯瑞的声音在我们当前的学术氛围中独树一帜且十分重要，尤其是他断然拒绝对权力的屈从，抵制在对文化形态的描述和阐释时，用高高在上的“意识形态”取代“神话的”“仪式的”和“人类学的”要素。

既矛盾又统一的是，这里所选的论文坚持从意识形态兼政治的维度分析媒介理论和实践，但它们都本着温和、多元和开放的精神。文化不是单向的过程，这是凯瑞一贯坚持的潜台词。社会经验的主流模式势必过度简化了文化交往（cultural transactions）中包含的合作、交谈、仪式化分享或互动等要素；而所谓的“进步”模式（“progress” model）同样也是简约的，它给既定的权力和思维方式戴上了一副合乎逻辑的面具，而且也同样低估了个体的和公共的文化互动层面。

viii

自然，交谈和合作是本书的精华所在。美国多元主义者、哲学家约翰·杜威（John Dewey）和威廉·詹姆斯（William James）为我们确立了这一精神，我想凯瑞对这些思想的运用，以及他对克利福德·格尔兹（Clifford Geertz）、雷蒙德·威廉斯（Raymond Williams）、哈罗德·英尼斯（Harold Innis）等当代思想家的观点所做的大量而清晰的引述，一定对我们的读者有所帮助。我更希望凯瑞这种包容的精神、对僵化术语的抵制以及他关于文化的多元、民主的观念会赢得更多的读者，包括教育工作者、学者和有公民意识的读者。

大卫·桑本（David Thorburn）

序　一

G. 斯图尔特・亚当*

詹姆斯・凯瑞是博学的师长、有原创精神的理论家和卓有建树的大学管理者，更是他的学生和朋友们的灵感源泉。2006 年 5 月 23 日他的去世对每一个受过他感染的人来说，就像我们学术生命中独特而优雅的一章戛然而止。不过，凯瑞可能对这种说法不以为然，因为在他的世界里，生命不是一个个章节写就的书本，生命是一场场交谈（conversations）留下的印迹。1991 年春，他在波因特研究所（佛罗里达州的圣彼得堡新闻学院）接受访谈，当被问到最后还有什么想说的，凯瑞坦然回答：

> 不存在什么最后的想法。我一直引用肯尼斯・伯克（Kenneth Burke）一段精彩的话：生命是一场交谈。当我们进入时，交谈已在进行，我们只取一瓢；在交谈还没有结束时，我们却已退场。所有实用主义者学到的第一课是：当我们离开人世的那一刻，我们正在最后一次改写自己的传记；而我们死后不久，其他的人也在改写我们的传记——包括我们的孩子、配偶、朋友：你还记得他长什么样吗？他说了些什么？他做了些什么？……在这个意义上，生命是一场交谈……

* G. 斯图尔特・亚当（G. Stuart Adam），卡尔顿大学（Carleton University）荣休教授，波因特研究所（The Poynter Institute）新闻学荣誉研究员。

> 一直这样进行下去……没有人有最终的遗言，也没有最后的思想。这场交谈永远没有尽头。[1]

凯瑞去世时，这段录音从研究所的档案中被重新找出来，放在了网上。重闻其声，对我们是一种慰藉；与此同时，也令我们思考包括凯瑞本人在内的那些深刻思想的渊源及其所享有的盛誉。他这段话的意义远比它流传开来的时间和所传达的智慧来得重要。一方面，这段话本身有一种魅力，凯瑞总是能用有趣而富有创见的句子捕获我们的注意力；另一方面，
x 这句话蕴含着他对方法论的重要见解：当凯瑞说生命是一场交谈时，他是严肃的。在他看来，想要理解社会秩序的来源与特征，就有必要从反思人类如何思考、制造符号并由此建构出共享的符号规则开始。在他的眼中，世界首先是而且最主要是词语的世界（a world of words）。人类创造符号用来架构、传播思想与意图，用这样的符号来设计实践、事物与组织机构。换言之，他们利用符号以建构一个可以共同生活的文化。因此，对于凯瑞和约翰①而言，万物之初是词语（words）。在凯瑞的世界中，生命是一场交谈。

当然，细节要复杂得多；1989 年出版的《作为文化的传播》（第一版），就是凯瑞探讨这些细节的论文集。该书可以作为一组以传播、文化和技术为主题的相对独立的论文，但合在一起也可以当作一个连贯的思想体系。在 18 年的写作过程中，面对来自他学术生涯周遭环境的种种挑战，凯瑞著书立说，致力于以（文化）这个特殊的点来阐明他看待事物的方法；终于，这本论文集的出版为他富有原创性的、错综复杂的理论思想提供了一个全方位的展示机会。

凯瑞传承了一系列学者的思想轨迹。最初他受杜威等人实用主义哲学的影响，背弃了其他著名的科学与社会科学的思想传统。凯瑞对杜威的著作进行了深入的研读，并向他的学生和同事推荐杜威的研究理路。可以肯定的是，凯瑞的著作发行甚广且影响显著；但坦率地说，假如凯瑞成功说服了大家都去追随杜威的话，可能就不会有这本著作的第二次出版了，换

---

① 指《圣经》“约翰福音”中的约翰。——译者注

言之，目前学术界对他所倡导的研究转型还存有抵触情绪。因此，本书的再版与当年第一次出版同样应景，用凯瑞的话来说，交谈还得继续。借着这本书和其他的论文，今天凯瑞的声音仍然铿然在场，他向我们发起挑战，让我们思考如何探索社会，或更准确地说，如何更好地研究传播和文化。

早在20世纪60年代伊利诺伊大学求学期间，凯瑞的基本思想已初露端倪，他一生始终捍卫这一思想。1934年凯瑞出生于罗得岛州北普罗维登斯市，他在那里长大并在罗得岛大学取得了商科文凭，随后他求学于伊利诺伊大学，获得了传播学硕士和博士学位。伊利诺伊是他大部分原创性著述的诞生地，他曾任该校新闻学教授（1963—1976）、传播学研究中心主任（1969—1976）和传播学院院长（1979—1992）。他也曾到艾奥瓦州立大学任职过一段时间（1976—1979），1992年他到哥伦比亚大学新闻学研究生院任教，直至去世。

1963年凯瑞获得博士学位时完成了两篇论文，一篇是关于马歇尔·麦克卢汉和哈罗德·英尼斯的，另一篇则探讨了经济与传播的关系，他凭着后一篇论文获得了博士学位。在2006年发表的一篇访谈中，凯瑞告诉劳伦斯·格罗斯伯格（Lawrence Grossberg），他当时对第一篇论文不太满意，所以没有递交（Carey and Grossberg，2006：17），但这篇重要的论文最后以《哈罗德·英尼斯与马歇尔·麦克卢汉》为题发表于1967年春季的《安提阿评论》（*Antioch Review*）上。这篇论文的发表标志着伊利诺伊大学的墙外从此揭开了一场漫长的学术战役的序幕。

凯瑞对英尼斯欣赏有加，对麦克卢汉就没那么热情洋溢。不过，论文的开篇是这样的：

> 在人类社会的所有研究者中，只有英尼斯和麦克卢汉令大众传播的历史成为整个人类文明史的中心。他们都看到了媒介不只是社会的附属物，而是社会肌理（social fabric）的决定性因素。（Carey，1967：270 - 271）

将媒介与传播从附属物上升至首要动力（prime mover），代表着方法论上跨出了重要的一步，它产生了一系列的后果，其中包括凯瑞对接受技术决定论一直颇为抵触，也为此而困扰。但关键是凯瑞将传播现象（及其技术）从社会理论与分析的背景地位移到了前景的位置，以此来理解雷蒙德·威廉斯提出的传播的“漫长的革命”记录了西方社会尤其从19世纪到20世纪的发展史，就有了重大的意义。正如凯瑞在本书第一版的引言中所说的：“现代传播手段（communications）极大地改变了人们经验与意识的日常用语、兴趣与感觉的日常构成、人们通常对活着和所处社会关系的感知。”（Carey，1989：1，2）一个新世界由此诞生，凯瑞试图用更好的方式来诊断（diagnosis）、理解新的现实，而不只是承认现实的存在。

他在学术生涯的早期就想给类似的研究起个恰当的名称。在那次格罗
xii 斯伯格对他的访谈中，凯瑞说起当年在写毕业论文时，他读到了韦伯的理解（verstehen）概念及其社会行动理论，韦伯建议社会科学工作者要就研究对象给自己的行动所赋予的意义进行研究并做出阐释，韦伯将这一研究取向命名为“文化科学”（cultural science）。凯瑞非常欣赏这个研究方法，但不喜欢把文化跟科学合在一起。因此，他创造了一个词“文化研究”（cultural studies），在他早年任教时用它命名了当时的一个初级研讨班。他告诉格罗斯伯格：

> 文化研究在那时只不过是个术语，用来描述一些大家都认为有共性的研究，包括乔·古斯菲尔德（Joe Gusfield）、杰伊·詹森（Jay Jensen）、欧文·戈夫曼（Erving Goffman）、托马斯·库恩（Thomas Kuhn）、符号互动论和芝加哥学派、肯尼斯·伯克（Kenneth Burke）、莱斯利·菲德勒（Leslie Fiedler）以及少数文学批评家，当然还有马歇尔·麦克卢汉、哈罗德·英尼斯，还有一些愿意同与实证主义和实证科学（positivism and positive science）持不同立场的人结为联盟的马克思主义者。（Carey and Grossberg，2006：21）

美国的文化研究就诞生在这一刻——至少就我们所知，它就诞生在20世纪60年代早期伊利诺伊大学的研讨班上，在那里大家开始关注凯瑞所列举的被称为文化研究学者的思想家们。到了20世纪60年代后期，凯瑞阅读了雷蒙德·威廉斯、理查德·霍加特（Richard Hoggart）、斯图尔特·霍尔（Stuart Hall）等英国学者的著作，并与他们进行了交流。这些英国

学者的研究虽各不相同，但有一定的相似性，都被冠以文化研究之名。再后来，凯瑞在《克服文化研究的阻力》（本书第四章）中宣布了自己的目标：

> 文化研究……显示了放弃那些过时的科学原理的好处所在，并把大众媒介置于中心地位（而不是作为一个课题或学科）来研究社会理论的普遍问题：通过形形色色的变化与差异、冲突与矛盾，社会生活的奇迹是如何实现的？社会是如何进行自我生产和再生产的？……无论社会生活之生产和再生产的细节如何，社会（或我们最熟悉的事物）都是通过传播、通过符号与社会结构的整合关系，才得以创造、维系与改造的。(Carey，1989：109－110)

换言之，社会生活的奇迹如何发生的答案，从人类创造文化的能力中才能找到，这种文化由人们共同拥有的符号构成，它包括了人类行为与实践所呈现的意义，从言语和媒介领域去寻找答案，代表了社会科学的新方向。在本书开篇他的代表作《传播的文化研究取向》一文中，凯瑞对这个答案的原创性和重要性做了颇具戏剧性的强调："马歇尔·麦克卢汉说得不错：就像鱼并没有意识到水的存在……传播通过语言和其他符号形式，也构成了人类生存的周遭环境（ambience）。"(Carey，1989：24) *xiii*

对社会如何被创造出来的兴趣统摄了凯瑞的整个理论思想，在此强调这一点非常重要。"交谈"（conversation）这个词是我们思考这一创造的载体。它让我们此时此地关注动态的、开放的社会过程，而不是首先关注社会组织和互动的常规化结构。凯瑞的目标是建构一个总体性理论，促使我们更好地理解创建和管理（社会）的手段。因此，他反对那些满脑子都是科学的研究者和功能主义者的工作，他们把社会看作某种既定的事物，功能主义者更是认为权威（authority）和地位（status）这些结构问题是关于社会的最有意思的东西。相反，在凯瑞看来，传播与交谈（communication and conversation）这两个词意味着塑造（making）、了解、判断和说出（uttering）这些社会过程，其在逻辑与观念上都要比吸引大部分研究者眼球的那些正式且熟悉的结构来得重要。正是在这个思想脉络中，"交谈"一词才显得如此卓尔不凡。正如凯瑞在《对"大众"和"媒介"的重新构想》（本书第三章）中所说：

> 我们必须放弃语言是某种指涉、对应、再现或语言的功能首先是表达对这个世界的断言诸如此类的观点；我们必须代之以这样一种观点：语言（即传播）是一种行为方式——或更准确地说，是一种互动——它不仅仅是再现或描述，事实上它是对世界的形塑与建构。（Carey，1989：84）

或许可以说，正因为“交谈”一词对我们来说是那么的熟悉，所以我们就没怎么把它当回事。但凯瑞在讲到交谈时不仅指我们熟悉的用法——交谈是发生在桌前或街头的最常见的社交，它还有更广义、更正式的含义。从概念上看，交谈是经验的产物，或换种说法，它是邂逅（encounter）的产物，它发生在人类智力与自然、技巧（artifice）、同类（fellow humans）之间的相遇。当相遇被回顾、被符号化和被表达时，经验才是重要的，因为是这些相遇定义了经验。

凯瑞认为这一过程对于他所建构并热爱的民主社会具有举足轻重的意义。在他看来，民主政治就诞生在口语交流中，也就是在公共领域面对面的讨论中。他为口语传播赋予了特殊的价值，试图将它运用到以技术为媒介的传播样式中。他说，民主政治和理性本身都是口语传统的产物，这些口语传统包括凭借记忆展开的讨论、辩论，它不受谋求特殊利益的精英和专家的支配——用哈罗德·英尼斯的话来说就是“知识垄断”。（Carey，1989：167）因此，“交谈”一词直接而清晰地指向口语传播。但它也可以指程式化的写作或讲话如新闻（凯瑞对新闻做过专门的研究），或者像学术这样审慎且正规的思考。学术，尤其从评论和争鸣这样的角度看，更是由交谈构成。小说写作、批评、笑话、史论、科学专著也都是交谈。总之，生命就是一场交谈。

xiv

凯瑞从杜威那里学到了这一点。杜威的《经验与自然》（*Experience and Nature*）以及其他的论著从源头上对传统的主流学术进行了重新思考。杜威认为，假设一个纯粹而单一的有利位置（vantage point）用来考察人类社会是有局限的，是误入歧途。因此，他试图改变主流科学的影响，那种主流科学提倡笛卡儿式的方法，剥离观察者有血有肉的个性特征，然后假设（像伽利略那样）存在着一个客观的、可发现的、先在的世界。总体上，杜威认为观察者——在探索社会领域也就是社会科学工作者和历史学家——与他或她所研究的实践或机构浑然一体（in the mix）。进一步而言，他或她所研究的现实是人类努力探索的、不是等着被发现而是正在被人类所创造的东西。这里，杜威并不主张一种新的认识论——社会科学无须对笛卡儿和伽利略进行重新定位，而是赞同对人类社会的多元丰富性进行实用的、情境化的解读，他认为对世界的解读就是坚持不懈地对世界进行再评价、再思考。[2]用杜威和凯瑞的话来说，“真相”（truth）是实际的、具体的，从来不是形而上学的。

凯瑞接受了这一理路并在《传播的文化研究取向》中更富表现力地重申了这一思想精髓。在此，他提出“现实不是既定的，不是独立于语言的人类存在，语言也不是现实苍白的折射。现实是由传播而产生的存在、是由传播创造的——简而言之，是通过对符号形式的建构、理解与运用而创造的”（Carey，1989：25）。他接下来写道：“我们先是用符号创造了世界，然后我们又栖息在自己所创造的世界里。”（Carey，1989：30）这句话展示了凯瑞文化人类学的基本点，也构成了理解本书的一个起点。凯瑞设想了这样一个宇宙，世界不仅仅是由词语（words）来再现和绘图（mapping）的，世界也是由词语创造的，制造符号的这一双重功能也就意味着社会科学家本人既是符号的制造者也是符号的分析者。他或她煞费苦心的研究工作不只是让大家了解既有的人类实践或组织模式——当然这也确实是他们最基础的工作，他们还同时肩负着评估、塑造它们的责任。这样的话，就得抛弃凯瑞认为的那些早已陈腐不堪的社会科学假设和方法，尤其是20世纪60年代凯瑞作为研究生刚涉足传播学时主导这一领域的那些所谓的科学假设和行为主义方法。 *xv*

在凯瑞看来，那些本着“科学”的方法生产出来的“行政的”和“效果的”传播学文献，并没有为我们提供多少有用的知识。在凯瑞学术生涯的早期，他的言论颇为激烈，甚至不乏愤怒。他用了灾难（disaster）、精神病（psychosis）、精神错乱（derangement）这类词来谴责当时传播学研究的不足。这种攻击部分反映出他认为那套科学及其规则对高校的奖励制度影响过大，科学的威望令有些学科如历史、伦理学和政治学渐渐失去了应有的中心地位；然而，正是这些学科加在一起为我们提供了不同的知识样式，它们的贡献就在于为人类的交谈提供了不同的手段。因此，传播学研究当时的风气令他十分恼火。但后来他的立场变得相对温和且微妙，他不再直言不讳地说行为的“效果”研究一无用处，应该被扫进垃圾箱；他说这类研究也有它们的贡献，但其研究发现应该与田野（field）相结合，而且这类研究现在应该转向他所倡导的以历史为基础的、有理论价值的探索中去。他所指的研究方向最好的范例便是本书最后一章《技术与意识形态——以电报为个案》。这篇经典之作以大量的细节演绎了凯瑞的学术使命——对文化的兴衰进行了历史的、理论的博大精深的阐释。就像他在《大众传播与文化研究》（本书第二章）中所指出的，传播学的学者应该这样提问（他的“电报”一文便是如此）：

> 传播技术形态的变迁是如何影响经验建构的？传播技术是如何改变经验从中得到理解和表达的社会形态的？在历史、技术与社会的各种力量作用之下，思想表达了些什么，它为谁而表达？（Carey，1989：64）

凯瑞对社会科学的批判不只限于所谓的科学研究，科学只是令人类的

形象发生断裂与扭曲的方式之一。凯瑞对功能主义和形式主义的批判同样掷地有声，认为这些研究试图根据外在因素（extrinsic factors）建立模型然后再对人类行为做出解释，其结果一样会产生凯瑞所说的“文化错乱”（cultural derangements）。曼海姆的意识形态、马克思的虚假意识（false consciousness）、多伊奇[①]的机器（machines）都对外在因素进行过分析（行为主义则是基于斯金纳的条件作用）。在凯瑞看来，行为主义所隐含的和功能主义所明示的都是关于社会的功利主义模式，此类思想体系无论从单个看还是从总体看，都歪曲了我们对人类现实的理解，也加深了我们对终极目标（如构成民主生活之基本要素的公民道德）的冷漠。

凯瑞的这些批判不仅反映了他的学术理念，也反映了他的民主思想。对民主生活与实践的关怀是贯穿他学术工作的一条主线。凯瑞深信他对文

① 多伊奇（Deutsch），应该指著名社会与政治学家卡尔·多伊奇（Karl Wolfgone Deutsch）。——译者注

化研究的理解代表了民主革新的方向，因为他将人类设想为一个有智慧、有潜力的整体，在这样的图景下民主才可能运行并发挥作用。在《大众传播与文化研究》一文（此文主要是对克利福德·格尔兹文化理论的思考）中凯瑞指出，“美国人一本正经地信奉人的理性是政治行动的手段（instrument）”，但社会科学工作者却大多信奉人的行动“受内在的、无意识的或外在的、环境的法则与功能的支配”。（Carey，1989：45）相形之下，民主思想则认为“具有协同与合作能力的人类心智（mind）[①] 及其文化上的拓展和技术上的成就”是“最重要的创造手段”，它提升了人类理性的地位，令人类能够进行自我管理。（Carey，1989：74）顺着这个假设，文化中蕴含的人类丰富的智力（intelligence）就不应该不经思考地被降格为阶级、种族、性别这类结构，在经验主义的眼中，这种态度和信仰的结构很可能经过制度化后，成了压迫和不平等的来源。但是，在一个文化体系中对社会矛盾与结构做出定位，跟对文化本身做出界定完全是两码事，尽管文化是社会矛盾与结构必不可少的呈现。

凯瑞倡导的思想体系涉及一个基本假设：心智的协同模式是一个自变量，换言之，这个假设将人类协同从事创造性文化生产的过程民主化、普及化了，而不是分别给团体、阶层或精英设定先验性的结构位置。凯瑞的思想体系否定了包罗万象、放之四海而皆准的东西，像实证主义社会科学[②]，在他看来在本体论上就是错误的，而且是非民主的（non-democratic）。他与美国政治经济学派（这个学派所遵循的研究路径跟英国伯明翰研究中心很接近）关于文化研究展开的争论就源于两者在方法论上的分歧，为此，他写道：“推动文化研究不一定要把文化简约为意识形态，把社会冲突简约为阶级斗争，把共识（consent）简约为顺从（compliance），把行动（action）简约为再生产（reproduction），把传播（communication）简约为高压政治（coercion）”（Carey，1989：109），而且他认为这是有可能做到的。衡量一个理论的价值在于它在诊断社会问题时对民主实践能产生

① mind 通常翻译为“头脑”“思维”，但 mind 还有“心”（精神、愿望、意向等）的含义。因此用“心智”包含的意义更接近这里的原文。——译者注

② 中文版此处删去了几个字。——译者注

多大的激励作用，也就是它所蕴含的民主土壤的肥沃程度。

因此作为理论家，凯瑞对人类这个有意识、有智力的生命抱有宽厚而民主的情怀；同时作为政治家，凯瑞想竭力铲除或改良由于阶级、种族、性别这样的归类所产生的禁锢。在这样的语境下，他提出不平等问题是社会分析的中心问题。作为一个自由主义者（同时也是民主党人），他在与约翰·奎克合写的《电子至上的神话》[①] 和《未来的历史》两篇文章中（分别为本书第五章、第七章）展示了自己的政治观。这两篇文章揭穿了由技术发明引发的、受精英蛊惑的幻象与亢奋，论证了借用自利奥·马克斯（Leo Marx）的“技术至上”（technological sublime）一词如何转移了人们对技术发明给共同体生活所带来的社会代价的注意力。凯瑞认为这种修辞就是一种“虚假意识”（false consciousness）（Carey，1989：179）。

*****

凯瑞的思想体系相当复杂，要理解他的语言、复杂性和那些给我们带来惊奇的东西，需要花一番工夫。由于他将经验与规范研究融为一体，就更是如此。假如他的思想体系存在什么精髓的话（说“精髓”这个词时应该十二分地谨慎），那么，这种思想精髓应该既存在于他关于传播与文化的观点中，也存在于他对民主与技术的讨论中（前者被认为是“好”的统治，后者则被看作特殊的、有问题的人造物）。凯瑞关于技术的思想多受哈罗德·英尼斯的影响，英尼斯对凯瑞思想体系的重要性充分反映在《空间、时间与传播手段——献给哈罗德·英尼斯》一文（本书第六章）中。

凯瑞尤其重视英尼斯提出的传播技术在空间与时间上给文化带来的“偏向”。英尼斯认为，像印刷和电子媒介这类“轻的、可携带的”媒介促进了空间的组织发展，有助于控制广阔的疆域；另一些像讲话（在口语传统中）、不易携带的纸莎草以及印刷术出现之前的手抄技术则受时间的束缚，形成了规模有限的社区，也为知识、精神的长久保存创造了条件。因此，我们所处的现代社会也在空间的拓展与控制上深受媒介技术的扭曲或

① 本书中题为《电子革命的神话》。——译者注

偏向（bent or biased）。其标志不光是技术，还有我们使用的语言。受英尼斯的启发，凯瑞发现“航海、发现、运动、扩张、帝国、控制”这些词语在“符号和概念服务于空间物理、航海技术、土木工程的利益”时，显得格外引人注目。（Carey，1989：160）在回顾麦克卢汉关于“鱼与水”的 *xviii*
那句名言时，凯瑞认为，现代社会人类的生存环境很不协调地由组织、控制和空间这些符号构成。

凯瑞对英尼斯的理解也正是他对杜威的理解。在《传播的文化研究取向》一文中，凯瑞提到了杜威关于社会“不仅通过传递（transmission）……而存在……它就存在于传递……中”这句名言。这里有着两层含义（Carey，1989：14）：一方面，在凯瑞之前，概括传播特征的主要路径只关注讯息、信息及其空间指令，在这种语境中，“传播”这个词就与运输（transportation）这个意象联系在一起，它代表了凯瑞所说的传播的传递观。另一方面，也是其更明确的意义反映在“传播”一词与共同体（community，也可译为社区、社群）、共同（common）、共享（communion，也指圣餐礼式）拥有同一个词根，这就赋予了传播新的生命，它倡导的是传统、延续与联结。凯瑞称之为传播的仪式观或“文化主义者”（culturalist）的观点。他认为，“传播的仪式观并非直指讯息在空中的扩散，而是指在时间上对社会的维系；不是指传达信息的行为，而是共享信仰的表征”。接着他又提出：“如果说传递观中‘传播’一词的原型是出于控制的目的而在地理空间扩展讯息，那么在仪式观中‘传播’一词的原型则是一种以团体或共同的身份把人们召集在一起的神圣典礼。”（Carey，1989：18）凯瑞并没有说这两者孰优孰劣，他的意思是对传播的全面理解应该同时包含仪式观和传递观，而且这两种传播方式应该同时发挥作用，现代社会才得以存在。这一段表述是凯瑞的思想中最富洞见的，也是他对传播学研究最重要的贡献所在。

凯瑞早年指责经验主义传统只重传播的传递模式，而凯瑞提倡的研究是围绕着仪式观建构起来的传播模式，它融汇并传达了英尼斯的思想内涵——媒介赋予了文化特殊的形态或肌理（shape or texture），公共生活的延续与凝聚有赖于解决传播的仪式模式与传递模式之间的张力。正是在这 *xix*
样的语境下，凯瑞认为学术研究应该涉足并探索传播技术对公共生活的存续与福祉所产生的影响。凯瑞的这一思想尽管在表达上比较抽象，却有一种直率的经验主义意味。在他看来，研究工作不应该只是从一堆材料中得出抽象而笼统的理论，无论是理论还是实证材料都应该反映特定国家的生活与时代。从这个角度看，我们不能从如何创造社会这样的问题（及由此派生出来的一系列问题）去发现凯瑞复杂理论的知识原点，而是应该从美国社会是如何被创造、被维系这样的问题中去寻找答案。

凯瑞在本书第一版的序言中提到他的文化研究观是基于一种"实用的民族中心主义"（a useful ethnocentrism）①，他将问题集焦于此。他说他对文化的解读是只针对美国的纯粹个人的、独立的解读。因此，无论是他的问题意识还是他提供的答案都基于美国社会，这是他思想体系的一个基本的关注点。因此，在他看来，当我们解释美国人在空间上是如何被组织的、文化是如何令这个国家及其社群得以形成并凝聚在一起时，就少不了印刷媒介、电报、铁路、广播、网络电视、有线电视、计算机与互联网的身影。我们知道这样一个重要的假设：技术促进了空间的拓展，同时也给社会公共生活制造了压力，因为社会只有通过与时间和归属（attachment）有关的语言才能得以维系，正如我们已经看到的，地方性结构（localized structure）的保存有助于口语传统的维系。

凯瑞在本书第一版的序言中提到：

> 美国诞生于这样一个历史的空隙——这是在口语传统与文字传统之间的空隙。那时，人们古老的结社、政治和娱乐方式通过演说和讲故事仍在进行，同时又出现了阅读和书写这种新的知识习惯。

口语与文字两者的平衡成就了美国的建国大业（凯瑞称之为奇迹）。但要维持国家的凝聚力，需要坚持不懈的努力。凯瑞书中流露出对未来日益加深的忧虑，他担心美国的"文明之膜（membrance）非常薄弱"，媒体当下热衷的话题让我们忽略了那些用时间来维系的东西——例如从经验中获得的智慧，还有凯瑞所说的普遍道德水准和知识观。当然，他也担心民主机制与实践的持久性。[3]

---

① 指立足于美国的历史文化。

与此同时，关于时间与记忆的学术贡献还来自对不断变化的环境始终保持警醒。在《空间、时间与传播手段——献给哈罗德·英尼斯》一文中，凯瑞提出："传播技术的变迁通过利益结构（思考对象）的变更、符号特征（用来思考的事物）的改变、社区性质（思想发展的场所）的变化对文化产生影响。"（Carey，1989：160）他最后提到的共同体是以技术为媒介的传播发生地，也是凯瑞对道德的好奇心（moral curiosity）和民主信仰之所系，这些都引发了他对技术与文化关系的分析。 *xx*

凯瑞在早期有关英尼斯和麦克卢汉的论文中指出，大众媒介对塑造社会秩序的特征起着决定性的作用。这个观点也就意味着：社会秩序是由传播媒介"决定"的，或者笼统地说，是由技术决定的。凯瑞觉得这一点在他那篇关于英尼斯和麦克卢汉的文章中讲得还不够透彻，于是在《技术作为文化的图腾兼为口语传统辩护》（Technology as a Totem for Culture, and a Defense of the Oral Tradition，发表于1990年的《美国新闻学刊》）中做了进一步阐述，此文是凯瑞对《作为文化的传播》第一版收到的各种评论的回应。在文中，凯瑞再一次强调了对技术的分析既不能区别于文化，也不能脱离于文化。技术是人类创造的，在这个意义上也是"心智"（mind）协同的产物。技术是人类解决问题、让事物得以运行或让事物运行得更加有效的产物。因此，技术完全就是文化。当然，我们建构、安装（installed）技术的方式也很重要，因为技术塑造了它被安装于其中的世界。在英尼斯和凯瑞所构想的世界中，传播技术给社会和文化组织都打上了印记。但凯瑞说：这不是（技术的）决定论或因果关系，"而是一种考察技术产物之特征的视角，……它是人类目的、社会关系与组织形式的'人造小人'（homunculi）（或原动力，prime movers）"。他接着又解释道："人造小人是小写的社会……是用于生产社会关系的模板。"一旦技术"作为现实和符号被人类所采纳……它的独立意志（independent will）就不是根据因果关系，而是根据它的可理解性（intelligibility）来运作的"。（Carey，1990：247）这里我们不妨想一想电报。

这样看来，技术不完全是决定论的问题，它还是独立意志的问题。但是，如果我们一起努力的话，技术就可以受政治的控制。就像凯瑞在《电子革命的神话》（《美国新闻学刊》对本书的介绍中也谈到了这一点）中说

的："只有通过政治、通过遏制技术社会的扩张主义趋势以及在现代技术
xxi 控制之外建立民主讨论与参与的途径，技术的偏向（bias）才能得到控制。"（Carey 1989：136）他常说，我们永远能够以民主的方式建构自我，依靠口语传统，就技术问题展开讨论促成公共政策与管理的完善，这样的管理并不是摒弃技术——没有人会这样做，而是完善技术的效能，与此同时为口语文化留出空间，因为口语文化能让民主政治得以昌盛。

*****

凯瑞小学前被诊断出有心脏杂音只得失学在家，当时他受的仅有的教育是每星期去见一次辅导老师。直到 14 岁他上了 9 年级[1]才接受正规教育。他自己和其他人都认为他对知识和交谈的热爱源于他早年的生活境遇以及他在普罗维登斯市工人阶级和爱尔兰人生活的街区闲逛的经历，当其他人都在学校上学时，他却有时间跟邻居包括教区的牧师聊天。毫无疑问，凯瑞是个非常合群的、很善于交际的人，他很健谈，他说话的魅力给同事和朋友们留下了深刻的印象。在他去世后，一位朋友发表了一篇悼文，其中写道"听他说话就像被爵士乐大师下了符咒般深深着迷"，这句话形象地捕捉了凯瑞讲课时和跟他的同事或朋友聊天时的神韵。

他在学术上坚持不懈的努力旨在创立美国的文化研究。除了精通大量现代社会思想外，他还添砖加瓦地将民主和道德的理论引进传播学研究，这是过去从未有人做过的。他的文章、教学和讲座都是他创新的成果。凯瑞的儿子、在爱尔兰国立大学（National University of Ireland）任文学教授的丹尼尔在凯瑞去世后花了几个月的时间，将凯瑞发表的所有文章做了一个著作年表（具体参见本书后的《詹姆斯·凯瑞著作年表》）。这个年表中约有 170 件作品，其中包括了有深度的书评和许多跟本书中的论文差不多篇幅的长文，这是凯瑞丰厚的、创造性的遗产。

在《作为文化的传播》出版之际，《美国新闻学刊》出了一期书评特刊，一些杰出的学者发表了评论文章。期刊的编辑在序言中指出，凯瑞的

① 即美国高中一年级。——译者注

论著在新闻传播学界尚未得到应有的重视，而《作为文化的传播》的出版终于将凯瑞的一系列重要论文集辑成册，从而弥补了这一缺憾。因此，凯瑞也因本书的成功发行而声名远播。此后，另有两本有关他的研究成果的著作面世，为他的研究赢得了更多的读者与更加广泛的传播。他的学生伊夫·芒森（Eve Stryker Munson）、凯瑟琳·华伦（Catherine A. Warren）在他们还是研究生时，就决定为凯瑞再出一本论文集，于是就有了《詹姆斯·凯瑞：一个批判的读本》（*James Carey：A Critical Reader*）一书的出版。该书共收集了凯瑞的11篇论文，全书分为五个部分，每个部分前都附有一篇介绍文章，有五位学者对凯瑞这位阐释者进行了阐释。在凯瑞去世那年，又出版了《与詹姆斯·凯瑞一起思考》（*Thinking with James Carey*）①，这是一些学者的论文集，用该书编辑的话来说，那些学者"投身于像凯瑞那样用富有创见的学术思想、以百折不挠的精神与来自各个领域的社会理论家、传播学家、历史学家展开了充满斗志的交谈"。在那些学者看来，"与凯瑞一起思考并不意味着有与凯瑞持一样的想法。但是凯瑞关于传播、交通②与历史的思考，无疑激发了这些学术交谈的灵感"（Packer and Robertson，2006：1）。 xxii

除了出版的著述和由他激起的丰富的学术交谈外，凯瑞也对他在伊利诺伊大学带出来的一批研究生产生了深刻的影响，那些学子现在正在北美多所大学任教。凯瑞在哥伦比亚大学创建了传播学博士课程，他的影响也在那些受过他学术启发并接受过他指导的学生们中间得以延续。许多学生在他去世后发表了感人的纪念文章，不仅对他曾经给予的关爱表示感激，同时也感念是凯瑞启发他们走上了充满激情的学术之路。

有人认为天主教的信仰对凯瑞的学术研究有着举足轻重的影响。（Schultze，2007）凯瑞确实对宗教抱有兴趣，但他自认为是"仪式性的"和机构性的而不是"神学的"（theological）天主教徒。（Carey and Grossberg，2006：25）同时，他以一贯怀疑的态度明确表示他并不打算从神学

① 潘忠党教授在"序二：与谈凯瑞"中翻译为《以詹姆斯·凯瑞展开思考：传播、交通和历史》。

② transportation，后文中也译为"运输"。——译者注

角度去对世界做出确切的解释。他所创立的学术体系自始至终都围绕着人。从宏观的角度看，他所描述的学术体系是洪荒时代人类独自面对大自然时的那个世界，也就是人类与自然的这一相遇（encounter）生发出了形形色色的文化，就像他常说的，这些文化跟自然本身一样多义（multivocal）、一样多元。同时，他的思想体系充满了对人类的民主生活、社群团结、道德平等以及对智慧（wisdom）的创造与保存的关怀，尽管他的思想带有美国人的个性特色，但也具有广泛性和普遍性。

xxiii 他的思想也对新闻界，尤其是公共新闻（public journalism）运动产生了重要的影响。纽约大学新闻学教授杰伊·罗森（Jay Rosen）多年来一直是这个运动的高校代表，1995 年，他有一次向观众介绍凯瑞时说：

> 当人们谈到公共生活时，我现在明白了他们在讲些什么。我发现我所有这方面的知识都来自凯瑞。这不是说我知道的所有的东西都来自凯瑞，我的意思是说，我知道的所有的东西最初都受了他的启发。

凯瑞的理念激励着我们调整现实目标——这是罗森的话，让新闻业与公共生活携起手来，促进更有活力的民主交谈。[4]

虽然凯瑞是个思想家，但他也非常务实。这反映在他担任了无数的行政工作和学术委员会职务，包括国家咨询委员会广播电视皮博迪奖（Peabody Awards in Broadcasting）的评委（1995—2001）、8 家学术期刊的编委会委员、波因特研究所国家咨询委员会（Poynter Institute）委员（1984—1999），他在波因特研究所担任了 10 年的主席。众所周知，他在伊利诺伊大学先是当了 6 年的研究中心主任，紧接着又当了差不多 14 年的院长。

高等院校的管理者是相当特殊的一类人，他们整天忙于掌管预算和人事，回避严肃的学术和思想。这可能是高校一个公开的秘密。有不少院长、教务长和校长都是如此。但凯瑞不是。他在回应他的批判者时曾经写道：

> 过去 20 年里我一直是大学的管理者，但同时也教书和写作。《作为文化的传播》这本论文集其实从侧面反映了我对高校实践的深入思考。本书的关键词文化、传播、技术、共同体、时间和空间都贯穿了我对高校困境的思考，我的学术风格反映了我试图将有用的（useful）教学和学术与高校管理艺术挂上钩。

换言之，凯瑞深刻的思想来自他作为学术带头人和教师的责任感，他的思想产生于高校管理与学术理念的交汇处。

因此，本书也是实践的产物——将最出色的现代思想与作为文化的传播的教学计划结合在一起。此外需要指出的是，书中的文章不是按照写作 *xxiv* 的时间顺序来排列的，例如第五篇发表的时间要比第一篇早五年，这些文章也不是完全按照其重要性或者它们所包含的思想来编辑的。凯瑞在第一版的序言中写道，这些文章“更像是流动的思想和长长的交谈，它们没有一个很明确的结构”。但假如你认真阅读的话，这些文章仍包含了一个使我们能够连贯地思考文化的结构，所以它们不是社会分析中的“残章剩篇”(residual category)，而是发现、理解传播与社会秩序的切入点。重要的是，因民主、道德与学术的缘故，凯瑞的思想应该被更多的人听到，由他开创的交谈将绵延不绝。

2008 年 2 月 20 日

于佛罗里达州圣彼得斯堡

注释

[1] http://www. poynter. org/carey.

[2] 这个解释源于雷蒙德·D. 布瓦维尔（Raymond D. Boisvert）。

[3] 这种担忧在他的一些著述中流露出来，例如《民主机制的衰落》（The Decline of Democratic Institutions，1998）和另几篇长文，包括《终结之感：关于国家、传播和文化》（The Sense of an Ending：On Nations，Communication，and Culture，2002）。这方面的反思是一个反复出现的主题，在他为芒森（Munson）和华伦（Warren）的书所写的后记中这样评价美国的特征：“这个国家的文明之膜尤为薄弱。”（1997a：310）

[4] 罗森的这番话是于 1995 年 3 月 24 日发表的，也可参见凯瑞（1997b：1）。

序二：与谈凯瑞

潘忠党*

凯瑞的这本论文集大家已经不陌生。它的中文版最早于2005年由华夏出版社作为“传播·社会·文化”译丛的其中一本出版。丁未教授是那个中文版的译者。今天，丁未教授根据2009年的英文版重新修订了译文并由中国人民大学出版社再次出版。这实为令人欣喜之事。丁教授虽然年轻，却是我相识了至少15年的老朋友，并曾到我服务的威斯康星大学-麦迪逊校区访学一年。她邀我为这个中文本写序，我深感荣幸，欣然接受。

在其学术生涯中，凯瑞多年担任院长等行政职务，因此，他并没有留下很多大部头的专著。但是，凯瑞在美国传播学界影响深远。这影响的发生主要是通过他的授课、他培养的众多学生，以及《作为文化的传播》这本论文集于1988年的出版。正是通过这些渠道，凯瑞被认为是美国版文化研究的奠基者，它与围绕伯明翰学派而兴起的英国文化研究不同。凯瑞去世前后，他历年的学生和受他影响的专长新闻学、新闻史学、传播思想/学术史等领域的学者，开始了解读凯瑞学术思想的写作和出版，先后出版了《詹姆斯·凯瑞：一个批判的读本》《以詹姆斯·凯瑞展开思考：传播、交通和历史》等论文集[1]，并在国际传播学会、美国新闻与大众传播教育

---

* 作者为美国威斯康星大学-麦迪逊校区传播艺术系教授。

学会的年会举办了多次讨论凯瑞的专场。这些学术活动生产了丰富的学术资源，搭建了一个关于凯瑞的叙事。在其中，凯瑞是个风格迥异、聚焦美国的学者，是位充满理想情怀的民主斗士，是位文风洒脱、口若悬河的修辞大家，还是一位目光独到的历史学家和社会与文化评论家。可以说，在美国的新闻和传播学界，凯瑞在其身后被赋予了相当一些“圣徒”的色彩。

丁未教授翻译的这本论文集的出版成为凯瑞影响中国新闻与传播学的一个重要节点。如凯瑞自己所说，他这本论文集的关键词是文化、传播、技术、共同体、时间和空间。这些都是知识体系的基础层面的概念，以它们为组合、采用一个独特的视角而展开理论的阐释，如凯瑞所做的，就其逻辑搭建成一条独特的研究路径，粗糙一点，它甚至可被称作一个“范式”的雏形。构成这条研究路径的包括：与被所谓美国主流和行政研究所依赖的“传递观”相对抗的传播的“仪式观”，以李普曼—杜威争论为话语聚焦所体现的在学术史上“被忽略”了的芝加哥学派，以及信息和传播技术的逻辑对社会和文化的展开方式和趋向的重塑。这些思想深刻地影响了中国新闻与传播学的展开，甚至在某种意义上，凯瑞成为我们“批判”所谓“美国主流传播学派”的一个符号资源，我们探讨传播技术的历史和文化角色的一个正当化砝码，也是恢复芝加哥学派的正统并挖掘其思想资源的一个权威言说。由于这些在基础知识层面的影响，凯瑞不仅激发了探讨仪式、日常生活以及在其中媒介技术的运用等领域的经验研究，而且也不时作为符号，激发我们想象传播学的“中国学派”或“替代范式”的灵感。

与以上这些论文集所涉及的话题及其中所体现的理论思路相呼应，凯瑞对中国新闻与传播学的影响还有他关于“新闻作为民主的手艺”的论述。几乎与《作为文化的传播》中文译本出版的同时，我也译介了凯瑞《新闻教育何处出错》的文章。[2] 在这篇文章中，凯瑞以其一贯的纵横开阖、潇洒淋漓的风格，论述了他关于芝加哥学派、实证主义社会科学取向的传播研究、新闻业作为一种社会以及文化和政治实践的思考。这些论述与这本论文集中各篇的论述一脉相承、相互呼应，它们分析的都是美国的经验，采用的是杜威实用主义（pragmatism）的民主观。凯瑞的这篇文章最早是 1996 年在一次关于新闻教育的研讨会上的发言，修改稿于 2000 年发表于《新闻：理论、实践和批评》这份学术期刊的创刊号上。虽然就写作和发表时间而言，它在《作为文化的传播》一书中所包括的各篇之后，但就内容而言，它完全可以包括在这本论文集当中，以更完整地体现凯瑞的思想体系。

我在此提及凯瑞的这篇没有包括在本书中的文章，是为了再次不厌其烦地提出解读、与谈凯瑞的中国语境这个命题。当年，我之所以要完整地译介凯瑞这篇讨论美国新闻史和新闻教育的文章，就是因为在中文期刊上看到了一些对它肢解式的误读；我认为，“如果在中国场景下的介绍在理解上有误或缺失，或者只去发挥凯瑞的几条原则，随意地截取他甚为偏颇的臆断，而不去深究他批评与反思背后的思考脉络，难免南橘北枳”。丁未教授将《作为文化的传播》一书完整地译为中文，现在又按照英文的新版再次订正，这是跨情境的学术交流、汲取所必要的基础工程。如此原汁原味、力图完整的译介，是我们理解凯瑞的思想、将之用作探究中国问题的理论和方法资源的必要步骤。丁未教授可谓功莫大焉。有了这个系统的译介，我们才可接受“如何与谈凯瑞”的挑战，通过这“与谈”，我们不仅可理解凯瑞的问题域，而且可以探寻行动之路，将他的思想和历史述说用于分析中国本土的问题。

凯瑞服膺的是他所理解的杜威的实用主义哲学和民主观，以及他以这个视角所建构的芝加哥学派。他运用这些理论资源所搭建的是以美国为场景、探究美国的历史经验的“文化研究”。正如亚当（Stuart Adam）在《作为文化的传播》的英文新版序（即本书序一）中所指出的，凯瑞的核心关注并非普适意义上的“社会如何可能”，而是“美国社会的创立和维系如何可能”，他不仅在方法论上反对那种脱离一个国家的文化和历史情境的理论抽象，认为文化及其形塑是意义建构的历史过程，而且在自己的研究中聚焦美国的历史、美国的现象，认为美国的文化研究领域的发酵（ferment）在于“它在多大程度上能够保存实用主义的源头、洞见和风格”[3]。凯瑞以美国的民主理念为规范价值的基础，从 19 世纪末和 20 世纪初兴起的美国进步主义运动中寻求“激进话语”的资源，尤其是其中的杜威——凯瑞称他为自己心目中的英雄[4]——以及赖特·米尔斯（C. Wright Mills）等人对美国垄断资本主义的批判、对美国民主的建构式分析与推动。凯瑞是位批判的文化研究学者，但他的文字绝无某些批判话语所带的戾气；如同他所推崇的杜威，他的批判充满了乐观的理想情怀。凯瑞知识渊博，对各种理论、历史、新闻、文学等领域的资源都能运用自如，但他绝不是所谓的“西马”，也不屑各种“后学”的披挂。

凯瑞的这一思想脉络清晰地展示在他发表于1989年的一篇学术史研究评述中。[5]在这篇文章中，凯瑞讨论了美国的传播学研究与进步主义之间的历史关系，并将这个关系置于历史上左翼自由主义政治当中各种不同诉求汇集、分化的场景内考察。在他的视野里，20世纪50至60年代以来相继涌起的反越战运动、民权运动、女权运动，以及其他各种体现了身份政治的群体抗争和诉求，与电视等大众媒体深入美国社会和日常生活相伴而起，也踩着新自由主义经济政策形成的节奏。这些都对既有的社会和文化整合的机制、规则以及价值可能提出了全面的挑战。但是，凯瑞不认为后现代主义的学说能为美国学界面对这些挑战提供多少帮助，也不认为将马克思主义混搭在法国后现代学者们的学说当中能澄清美国的历史现实。在他看来，19世纪末和20世纪初的美国进步主义传统才是需要挖掘的思想资源。因此，他把自己这篇评述的内容表达为如下四个逻辑上环环相扣的观点：(1) 将民主复兴的问题，包括经济、政治和文化的领域或维度置于分析的中心；(2) 在来自其他产地的分析语汇和路径包围之中，依靠美国本土的思想传统，因为那些横渡了大西洋的东西，更可能遮蔽而非澄清美国学者所面临的问题；(3) 从20世纪初进步主义思想家们的论述中获取思想的活力和分析的进路；(4) 形成历史的分析，也即历史主义风格的解读。

沿着这条思路，凯瑞指出，各种后学思潮的兴起应对了当下的社会重组和文化重塑，这与在19至20世纪之交，进步主义思潮针对了当时由反对垄断资本的兴起、民主权利在大众社会中的扩展、纸质大众媒体以及依托于它的独立新闻业的成长等构成的社会和文化的重组有着异曲同工之处。而这些历史上比较集中的社会和文化变迁浪潮，其独特的美国维度就在于它们都是话语的运动，在个体层面再现和表达美国人的身份，以及构成美国社会生活的交往/交谈社区，在国家层面再现和表达如何在一个横跨了北美大陆的大规模、多元国度实现民主的复兴。而美国的这一独特之处，正在于作为一个移民国家，她没有欧洲大陆的民族国家所拥有的深植于历史和文化传统的身份认同，以及与之相应的政治共同体。

由此可见，在凯瑞的论述中，一个突出特点是预设了近乎美国例外主义（American exceptionalism）所强调的独特性。这个独特性来自美国国家形成的独特历史道路，体现为其宪法、联邦党人等的论述中的基石性理念，而这个理念体系必须在历史的情境中生成现实的选择和行动。凯瑞的这个预设不仅形塑了他聚焦美国经验、美国历史、美国问题的学术生产，而且也令他做出了明确的选择，即把构成美国道路的基本价值作为他的规范层面的信念，并以之对历史的现实做出批判。因此，凯瑞的学术风格是将规范层面的论述渗透于对现实问题的历史分析之中，将人文的关怀渗透于经验的考察之中。他不是自囿于某一抽象社会理论来批判现实，而是在理论上不拘一格地展开历史分析。

也由于他的这个预设，凯瑞对杜威关于社会生成于传递和传播之中、提升人们相互交谈和论辩的条件为公众生成（public formation）的核心问题等论断情有独钟。他关于传播的传递观和仪式观的论述，其逻辑起点即是这两个基本论断，其分析的指向是以开放、自由的交谈作为公共生活的基本构成元素，以这样充满活力的公共生活作为社会成为可能的基本道路。[6]他批判地考察美国的新闻业，也是因为在他的理论视野中，自主、专业的新闻业不仅提供了人们展开公共讨论的共享事实、理解公共事务的意义体系，以及认知社会成员之间相互关联的视野，而且成为公众生成的论坛和平台、公众实践其政治能动性的机制。正是在这个语境下，凯瑞将新闻业看作“一门民主的手艺”，甚至是“民主的代名词”。虽然凯瑞对于“公共交谈”和新闻业与民主孪生的论点遭受了激烈的友情批评[7]，但是在社交媒体和自媒体兴旺的今天，它们却一再激发学者们的灵感，成为政治传播和新闻学研究中无法回避的命题。

凯瑞偏爱“交谈”（conversation）这个社会行动和文化现象的类型；遵循杜威的逻辑，他赋予“交谈”很多的理论和社会与文化功能。在凯瑞的构想中，人与人之间开放、自由、社交、充满信息往返和思想交锋的交谈，是一个社会核心而广泛的仪式，承担着建立伙伴、同志、共同体成员的交情并因此而凝聚社会的功能。他的这一思考吸纳了象征互动主义的社会学理论，以及维克多·特纳（Victor Turner）关于社会戏剧和仪式过程的文化人类学理论。他勾勒了一个美好的想象。诚然，如舒德森（Michael Schudson）指出的，这样的交谈不足以生成民主，但同样不可否认，民主的公共生活不可没有这样的交谈。人与人之间的交谈是理解的必由之路，也是社会协调、整合的微观机制。于是，探讨交谈实际展开的条件、提升交谈的质量和正能量的可能渠道、妨碍或利于交谈的各种中介（包括作为介质的媒介技术和媒介得以运作的制度结构等）如何发挥作用等，成为传播学研究的核心命题。

在这样的学科想象中，我们今天如何"与谈"凯瑞，就不仅是个设计读书会活动的命题，更是一个知识社会学的命题，即我们如何在凯瑞所处的历史和学术语境下解读凯瑞？如何在我们特定的历史和研究情境下运用凯瑞所提供的思想和理论资源？如何在这个过程中避免断章取义、淮橘成枳？展开这个过程离不开丁未教授所做的译介。十多年后本书的再版，既说明了译者在与凯瑞继续"交谈"，而且也使得我们可以在学科发展的新语境下继续与凯瑞"交谈"。

谢谢丁未和中国人民大学出版社将凯瑞再次呈现给新一代的学者们。

注释

［1］MUNSON E S，WARREN C A. James Carey：a critical reader［M］. Minneapolis，MN：University of Minnesota Press，1997. PACKER J，ROBERTSON C. Thinking with James Carey：essays on communications，transportation，history［M］. New York：Peter Lang.

［2］潘忠党．解读凯里·跨文化嫁接·新闻与传播之别［M］//张国良．中国传播学评论．上海：复旦大学出版社，2004：104－122.

［3］CAREY J. The origins of the radical discourse on cultural studies in the United States［J］. Journal of Communication，1983，33（3）：311－313.

［4］CAREY J. Communications and progressives［J］. Critical Studies in Mass Communication，1989：6，264－282.

［5］CAREY J. Communications and progressives［J］. Critical Studies in Mass Communication，1989.

［6］CAREY J. The press，public opinion，and public discourse［M］//GLASSER

T，SALMON C. Public opinion and the communication of consent. New York：The Guilford Press，1995：373－402.

［7］直接的商榷来自凯瑞在哥伦比亚大学新闻学院的同事迈克尔·舒德森。SCHUDSON M. Why conversation is not the soul of democracy［J］. Critical Studies in Mass Communication，1997，14（4）：297－309；SCHUDSON M. Why democracies need an unlovable press［M］，Cambridge：Polity Press，2008。

致　谢

在本论文集的编撰过程中，我得到了来自各方的帮助，现在终于得以表达一二。

由国家资助的人文科学项目，让我有一年的时间得以从行政事务中抽身，专事本书中三篇文章的写作；同样，伊利诺伊大学高级研究所给了我一些打字和泡图书馆的时间；哥伦比亚大学甘内特媒介研究中心（The Gannett Center for Media Studies）为我提供了为期五个月的时间从事研究、写作与修改；最后，承蒙全美第一所公立大学佐治亚大学成立二百周年的庆典，我在该校新闻学院做访问教授，在那里度过了可以专心工作的愉快一季。对上述机构，以及埃弗里特·丹尼斯（Everette Dennis）、丹尼尔·阿尔伯特（Daniel Alpert）、托马斯·罗素（Thomas Russell），我都深表谢意。

对我帮助最大的是芝加哥大学的约翰·J. 奎克（John J. Quirk），他与我合写了两篇论文，让我从中学到了不少东西。大卫·桑本以他的热情与兴趣使论文得以成册。这期间，许多人以各种方式为我提供了帮助，有些连他们自己也未必清楚，如有遗漏，深表歉意。在此我只列出其中几位：盖尔·克劳斯（Gail Crotts）、诺曼·西姆斯（Norman Sims）、道格拉斯·伯克黑德（Douglas Birkhead）、洛葛伯妮·齐默（Roxanne Zimmer）、杰奎琳·卡地亚（Jacqueline Cartier）、约翰·保利（John Pauly）、罗伯特·阿斯特洛夫（Roberta Astroff）、凯亚·刚古力（Keya Ganguly）及罗伯特·福特纳（Robert Fortner）。

在艾奥瓦州立大学的短暂工作与在伊利诺伊大学厄巴纳-香槟分校的长期任职中，我有幸与这两所大学优秀的同行共事，是他们给了我帮助与友谊：拉里·贝尔曼（Lary Belman）、约翰·埃里克森（John Erickson）、汉诺·哈特（Hanno Hardt）、夏洛特·琼斯（Charlotte Jones）、霍华德·麦克雷（Howard Maclay）、基姆·罗佐尔（Kim Rotzoll）、查克·惠特尼（Chuck Whitney）、艾特·沃特纳（Ellen Wartella）、威克·罗兰（Wick Rowland）、霍华德·齐夫（Howard Ziff）、莉塔·西蒙（Rita Simon）、拉里·罗斯伯格（Larry Grossberg），以及克里夫·克里斯汀（Cliff Christians）。芭芭拉·韦尔奇（Barbara Welch）是一位特殊的朋友，她慷慨地奉献了她的才华与爱心；艾伯特·克里林（Albert Kreiling）的思想激发
xxvi 了我不少词句；在 30 多年愉快的相处中，比尔·阿尔费尔德（Bill Alfeld）给我的教诲超过了所有人；特德·彼得森（Ted Peterson）力图使我的思想不受表达的羁绊；杰伊·詹森（Jay Jensen）总是能给我特别的灵感。朱莉·詹森（Joli Jensen）为我做了初版的编辑工作，并把这无与伦比的礼物献给了我们的友谊；对于伊利诺伊的同辈来说，埃利诺·布鲁姆（Eleanor Blum）不仅是一位出色的图书馆员，更是一位充满爱心的人。在与我的挚友兼伙伴朱利安·西蒙（Julian Simon）长长的散步与交谈中，许多思想一一成形。

论文在重版过程中基本按照原貌，但我忍不住对每一章的参考书目做了一两处更新，对用词进行了些许修改，重写了个别段落，也把一些原本独立的文章连缀成篇，这些修改主要集中在第二、第四、第六章。除了以上的改动，本书的观点和细节仍忠于原版，尽管事后我也想做更大的修改。我要在此感谢的原文出处如下：

第一章刊登于《传播》（*communication*）第 2 卷第 2 期，由戈登与布里奇科学出版社（Gordon & Breach Science Publishers S. A. ）版权所有，并于 1975 年出版。

第二章刊登于《大众传播与社会》（*Mass Communication and Society*），

由詹姆斯·柯兰（James Curran）等编辑（London：Edward Arnold Ltd.，1977）。本章在修改时补充了一些材料，这些材料最初来自与阿尔伯特·L. 克莱林（Albert L. Kreiling）合著的《大众传播的作用》（*The Uses of Mass Communication*）一书，由杰伊·G. 布鲁勒（Jay G. Blumler）和伊莱休·卡茨（Elihu Katz）主编（Beverly Hills：Sage Publications，1975），由塞奇出版社（Sage Publications，Inc.）授权再版。

第三章最早以《大众媒介：批判的视角》（Mass Media：The Critical View）为题刊登于《传播学年鉴》（*Communications Yearbook*）第五册（Beverly Hills：Sage Publications，1982），由塞奇出版社（Sage Publications，Inc.）授权再版。

第四章刊登于《大众传播评论年鉴》（*Mass Communication Review Yearbook*）第5卷（Beverly Hills：Sage Publications，1986），由塞奇出版社（Sage Publications，Inc.）授权再版。

第五章与约翰·J. 奎克合写，刊登于《美国学者》（*The American Scholar*）第39卷第2期（1970年春季号）。重印时做了一些修改。这一章由重新撰写的一些段落加上原文中的第二部分组成，第二部分最初刊登于《美国学者》第39卷第3期（1970年夏季号）（The United Chapters of Phi Beta Kappa 拥有这两篇论文的版权）。

第六章最早以《文化、地理与传播手段：美国语境下的哈罗德·英尼斯学术研究》（Culture，Geography and Communications：The Work of Harold Innis in an American Context）为题收录于《文化、传播与依赖》（*Culture，Communication and Dependency*）一书，该书由W. 梅洛迪（W. Melody）等主编（Norwood，NJ：Albex Publishing，1981）。本章在修订过程中增加了《加拿大传播理论》（Canadian Communication Theory）一文中的一些材料，该文被收入格特鲁德·乔奇·鲁滨逊（Gertrude Joch Robinson）与唐纳德·特沃尔（Donald Theall）主编的《加拿大传播研究》（*Studies in Canadian Communications*）（Montreal：McGill University Studies in Communications，1975）一书中。

第七章与约翰·J. 奎克合写，收录于乔治·格伯纳（George Gerbner）等主编的《传播技术：影响与政策》（*Communications Technology*：

Impact and Policy）（New York：John Wiley，1973 年出版）一书，由约翰·威利父子出版公司（John Wiley & Sons）授权再版。我在该章加了一个“后记”。

第八章最早刊登于《展望：美国研究协会年度回顾》（*Prospects：The Annual of the American Studies Association*）第 8 卷（Cambridge：Cambridge University Press，1983）。

尼娜·理查兹（Nena Richards）耐心、慷慨地帮我重新整理并打印了手稿；还有胡安尼塔·克雷文（Juanita Craven）、泽拉·扬（Zerla Young）、洛林·塞兰德（Lorraine Selander）也帮了忙，使本书得以完成。

本书利用我日常教学、行政事务和家庭生活之外的时间撰写而成，如果没有上述诸位善意的帮助，就没有本书的结集出版。我无以回报所有的善意，只能在此深表感谢。除此之外，比尔（Bill）、蒂姆（Tim）、马特（Matt）和丹（Dan）是上帝赐给我的最好的礼物[1]，这部著作应该献给他们；当然更应该献给贝特（Bette）[2]，她常伴我左右；还有我的父亲，虽然他已经不在了，但永远活在我的心中。

---

① 指凯瑞的 4 个孩子。——译者注

② 凯瑞的妻子。——译者注

导　言

丹尼尔·布尔斯廷（Daniel Boorstin）在《民主及其不满》（*Democracy and Its Discontents*）中对美国历史做了这样一个概括："或许19世纪人类意识，尤其是美国人意识中最重要的变化，便是我们所谓的'传播'手段与形式的激增。"（1974：7）布尔斯廷的这个不甚肯定的结论尽管没有得到广泛的证实，却极为常见，甚至概莫能外。但事实是否如此？

其实直到近代，大多数普通男女对村落与血缘亲情之外的机械复制传播手段并无兴趣，他们或置身于传播技术之外，或无缘享用。普通人很难被召集在一起，安静地坐下来倾听请愿、广告、忠告或告诫，人们必须利用复杂的人际关系网络——教堂、政党、邻里或种族群体，才能做到这一点。传播设备既昂贵又遥不可及，而且对大多数人来说既无兴趣又与己无关。历史记载常给我们这样的印象：19世纪，人们围坐在一起等待来自华盛顿的新闻和大都会的娱乐；在邮局等待家乡的来信这一旧习俗在民主大移民时代得到发扬光大，而在距离现在稍近的过去，看报或看电视这一时髦的玩意儿因城市与郊区大迁移而日益兴盛。如今大众媒介让我们无处藏身，人们离了冗长的新闻或娱乐就觉得生活中像是少了些什么。詹姆斯·莱奥·赫利西（James Leo Herlihy）是这样描述《午夜牛郎》（*Midnight Cowboy*）中的主人公乔·巴克（Joe Buck）的：他未曾远离过电视机，一旦眼前没了那些忽隐忽现的影像，他甚至不确定生活是不是还在继续。虽然用电影中的人物举例不一定合适，但它蕴意深刻：现代传播手段极大地改变了人们经验与意识的日常用语、兴趣与感觉的日常构成、人们通常对活着和所处社会关系的感知。

2 夸张的现代主义或后现代主义强调伴随着电子传播而来的革命与断裂，这种思想建立在某种幻象之上，而且于事无补。在论文集中，我要戳穿这些观点，对围绕、赋予、诋毁传播媒介的任何天使化或妖魔化的意象一一加以解构。我们面对的其实是个老话题，尽管电脑和人造卫星把时间压缩至万亿分之一秒（picosecond），一种瞬间的呈现，地球成了天涯咫尺之所，但这一最新的发展也只是老故事的新篇章。思维习惯和思想结构反映了时代的特征，关于传播技术革命的讨论、对媒介过高的期许或言过其实的恐惧，都只是老调重弹。

从某种实用的民族中心主义（a useful ethnocentrism）角度看，我们不难发现“传播手段与形式的激增”以及它们独特的社会角色是美国历史从一开始就有的主要特征。我们不需要对“处女地”（virgin land）、“第一新国度”（first new nation）这样的词建构复杂的隐喻，一种作为创造者的认同感便油然而生，在许多重要的方面，我们都试图革新文化得以产生与散播的环境：把文化从它产生于斯的村落中驱逐出去，移植到遥远的他乡，让文化重新适应本来并不适宜的环境。但是，技术的延伸与文化的重置（resettlement）永远不可能摆脱历史记载之外的古老直觉与需求，我们仍然保存着一些已经不再完整拥有的东西，例如严格的人类学意义上的仪式和叙事。

确切说来，美国是一个由识字人口、廉价报纸、便捷交通加上文字的机械复制品组合而成的产物。这些东西的性能，简而言之，就是不仅把人而且把复杂的文化和文明从一个地方传送（transport）至另一个地方，实际上，地方与地方之间在地理、社会环境、经济上甚至常常在气候上都存在天壤之别。这被认为是一项超越时空的事业，但事实上时空是无法被超越的。古老的欧洲文化被移植到新的物质环境中，结果产生了不同的但嫁接痕迹仍依稀可辨的文化。要把经验在新大陆仪式化（ritualize）并固定下来，一定要有取自他方的资源才能实现。

换一种更恰当的说法，美国诞生于这样一个历史的缝隙——这是在口语传统与文字传统之间的空隙。那时，人们古老的结社、政治和娱乐方式通过演说和讲故事得以进行，同时又出现了阅读和书写这种新的识字习惯。古老的口语传统建立在某些习惯与能力之上，但是如果没有书写加以固定、印刷加以强化，就无法得到很好的传播。新兴的书写习俗培养了不同的习惯与实践——人们有了更多的独处时间，可以在不同空间交流，可以独自写作、保存私人记录，也能追踪新闻——这些都有别于口头文化传统。而且，两种文化传统相辅相成，也就是说，除非把口语文化传统中经典的传说转化成印刷记录，或者除非将印刷品的特性和观点通过言谈和话语流传开来，否则这两种文化在实质上都是空的。整个轮回（transmigration）是一个复杂的过程，尽管我们了解这一过程，但它在政治上的意义值得重新审视。 3

从柏拉图、亚里士多德到卢梭、孟德斯鸠，这些先哲都认为民主在政治原理上存在天然局限性，即地理上、人口上的局限，这一共识一直延伸至18世纪末。民主在地理上的模式源自古希腊城邦，当时城邦的规模都很小，据记载，从10×10到70×70平方公里不等。如此小规模的政治单位，使得公民即便住在最边远的角落，也能在一天之内到城邦的政治中心步行打个来回。地理上的情形与人口情形是一致的。罗伯特·达尔（Robert Dahl）在《规模与民主》（*Size and Democracy*，1973）一书中提到，柏拉图经统计得出理想的民主国的公民人数为5 040人。具体数字可能不足为信，但它表达了人人参与的民主愿望，人口太多会使民主商讨与辩论无法进行。在一个以步代行、以口舌为武器的年代，民主与共和体制都受规模的限制。

政治组织受当时交通与传播模式以及技术发展变迁的制约，这是常理。但古希腊民主却化制约为优势。起码从理论上说，民主政体大到足够自给自足（self-sufficient），小至公民能了解彼此的品性，或者大到足够实行自治（autonomous），小至人人承担各自的角色，以建立自治政府（self-government）：一成不变的官僚政治不是民主制度。这是一个建立在集会、辩论、争论、谈话基础上的口语民主，而不只是传达命令、指示与反馈。辩论（debate）为决策提供了一种政体模式，但同时也提供了修辞与辩论艺术的熏陶，同时培养了与个性、教育和政治生活等古希腊理想息息相关的记忆术。

布鲁斯·史密斯（Bruce Smith）在《政治与记忆力》（*Politics and Remembrance*）一书中认为共和政体是一种记忆结构，这一结构“建立在记住（remember）这一指令（injunction）”（1985：7）上。在我们最初的记忆中，共和政体有具体的历史起点，因此也有具体的历史终结。当亚里士多德把人定义为“政治动物”时，他的意思与我们从字面上的理解是有
4 出入的。那时候的人身处的自然空间是希腊城邦，但这一空间是通过言语（speech）和口语传统来界定的，它们培养了记忆的库存：对共和政体荣辱兴衰的记忆。于是，共和制在时间和空间上成为一种关系结构，这种关系是以共和政体的公民和爱国者这类基本术语来表达的。

作为公民，就意味着在空间上与同代人的关系：这是一种无关乎阶层与血缘的关系，所有人一视同仁，都是政治这顶华盖（canopy）下地位相同的公民；作为爱国者，就是在时间上与共和传统产生一种关联：与前辈共享遗产的关系。这些关系广泛而深远，波考克①用“基本限定”（radical finitude）做了有效的概括。

宪法和联邦党人的文件在提到联邦制时都肯定了共和政体的传统，但又试图超越它，并对它提出质疑。在杰斐逊看来，革命永无止境（perpetual revolution），在历史的长河中，每一代人都构成了一个独立的政治时期，也就是把时间压缩为一生（lifetime）的长度。宪法所构想的共和政体在规模上是过去无法想象的：在地域上横跨整个大陆，而且实际上不再有人口的限制。然而，空间和规模的问题由于地形的障碍，如山脉及很少通航的南北河流，使情形变得更加复杂。从地理上看，统一模式并不适合殖民时代的政治发展：大西洋的航运通道容易遭受武力的进犯，穿越南北又慢又危险，纵横的内陆水路系统在布局上也不适合人口与信息的自然流通。也许仅地理上的这些顾虑，就足以打消建立共和政体的念头。

这样一个大陆国家如何结成一体，如何有效地运作，如何不陷于党争、暴政或动乱？用当时的话来说，如何“把联盟凝结（cement）在一

① 波考克（J. G. A. Pocock），英国著名政治思想史学家。——译者注

起”？简而言之，答案就在文字与车轮、运输（transportation）与传递（transmission）中，也就是在印刷机和土木工程的威力中把广袤的地域和庞大的人口凝聚成一个文化整体，或者说得不好听一点儿，形成文化霸权（culture hegemony）。这就需要特别强调识字、报业和教育。在一定程度上，它需要将地方生活从国家生活中独立出来，于是就产生了如何维护两者平衡的问题，这个问题从此一直困扰着我们。如果说凭借传播的空间连接力可以在技术上实现共和联盟，那么，凭借口语和话语的时间连接力，就能实现共和政体的品格与美德。

十八、十九世纪的大部分时间，美国社会多少实践了近似于古希腊的理想，此后对新英格兰镇民大会的影响力一直抱有幻想，东部几个州利用 5
马匹的便利而不是步行组成了紧密的政治联盟，而且，地方社区活动被纳入公民生活中，公民对社区活动相当投入：距离和地形得到了重视，这为杰斐逊的民主理想所勾画的中部风光增添了浪漫色彩。

但问题是，从一开始美国人生活中的一个关键话语（key discourse）就包含了不同的甚至矛盾的传播实践观——一个源自现代印刷业和运输业的发展，另一个则根植于古老理论和口语实践。这一对矛盾几乎没有得到解决，但它却在美国宪法第一修正案中以文字的形式被记载了下来：集会、言论与新闻业（press）被不恰当地相提并论。

联邦党人的文件与孟德斯鸠及其一脉相承的政治理论持有不同的见解，它试图解决美国地理、人口与这些理论之间的矛盾。在倾注了最多心血的第 10、第 14 号文件中，麦迪逊[①]认为传播手段的改进能消除距离，促进美国的大陆民主：“西部与大西洋行政区以及各个地区之间的沟通，因为有了无数相互贯通的、完善的运河系统而变得越来越便利。”（The Federalist，1961：87）麦迪逊还认为，地理条件并不妨碍联盟，反而有助于联盟，新闻业和运输工程技术能解决美国大陆的民主问题。受宪法保护的技术能增进民主商讨，并对政府起制约作用。工程技术（engineering）与传播能将整个国家联结成一体、选举代表以履行公共职责，并把权力下放

① 麦迪逊（James Madison，1751—1836），美国第四任总统，美国宪法主要起草人。——译者注

给选民，为整个大陆的公共话语提供生动的展示机会。

我这里所说的传递（transmission）或运输（transportation）的解决方式，用一句笼统的话来说就是“东西部的沟通（communication）”。在杰斐逊关于中央政府功能的构想中，有一个观念非常贴切地表达了他平均地权的民主思想，这一观念就是发展道路、运河和教育，并使这些成为全国信息与知识的通道。艾伦·特拉亨伯格（Alan Trachtenberg）在《布鲁克林大桥：事实与象征》(*Brooklyn Bridge*：*Fact and Symbol*，1965）一书中曾提到了这个过程。1806 年，杰斐逊为“进步发展”（progress of improvement）宣布了一个雄心勃勃的计划，把高速公路通向乡村，也就是把乡村与城市连接起来作为当务之急。亨利·亚当斯（Henry Adams）指出，这一规划是杰斐逊对美国共和政府最富价值的贡献：全国的公共教育系统和道路系统“与国家的威严相匹配”，道路保证了国家的统一：“新的
6 沟通（communication）渠道将在州与州之间开通，分隔线消失了，它们的利益将得到统一，它们的联盟在新的牢不可破的纽带中得到巩固。”（Jefferson，1854：11）

杰斐逊的财政部长艾伯特·加勒廷[①]在 1808 年发布的一份报告中提议，内陆发展应该受联邦政府的控制，因为这将使整个国家受益：

> 健全的道路与运河能缩短距离，便利商业与个人的交往，而更密切的利益团体把合众国最边远的地区联结在一起。政府的权力中没有一种运作能更有效地加强和维持这种确保永久独立、和平与自由的联盟（Jefferson，1854：11)。

这一政策带来的后果很难说清，它实现了杰斐逊和加勒廷的一部分设想，但也使他们先前的一些想法受挫，尤其是原先关于平均地权的共和之梦受挫。但最重要的是，这件事再一次奠定了每一次技术进步所固有的信条：运输和传播技术有可能在如此大规模的陆地建立起一个生机勃勃的古希腊城邦。在北美，技术不仅是人造物（artifact)，而且是一个行动者

① 艾伯特·加勒廷（Albert Gallatin，1761—1849)，美国政治家、外交家、语言学家。曾任美国第四任财政部部长。——译者注

(actor)；或如我后面将会说到的，它是一种具有目的论洞见（teleological insight）的机制。技术的最新发展往往是这样一种情形：如果把它比作超自然的旅行，那么它在空间上是向外（outward）的，在时间上又是向后（backward）的：是一种既还原（restoration）又前进的旅行。

在这个脆弱的社会，技术与传播使经济、政治和文化有望统一。零星分布的小型市场可以被整合到一个能够得到有效开发的大型市场；分散的小型政治联盟可以被收编至整个政治有机体中；散播于大陆各地的小型文化社区能够融入一个大型共同体中。但同样的技术与地理条件，在燃起希望的同时也激起了疑惧——整个实验性的革新可能沦为派系之争，或更糟，蛊惑人心的狂热可能盛行于世；传递统一文化与联盟的传播思想可能倒行逆施（run backward）——神经过敏的传播系统反而可能积聚反民主的力量、群众运动以及从地方到中央的幼稚的狂热。希望与恐惧反映了文化的脉动。

麦迪逊力图表明“疆域的范围”（extent of territory）让我们拥有希望，而不是疑惧：

> 地域的扩大让你接纳更多的党派与利益，整体中的大多数以某种 7
> 相同的动机侵犯其他公民权利的可能性就会变小；或者说，即使存在
> 着这种相同的动机，人们也更难发觉这股势力的存在，并彼此一致行
> 动（联邦党人，1961：64）。

盖瑞·威尔斯（Garry Wills）在《解释美国》（*Explaining America*）中提醒我们不要只从字面上理解麦迪逊所谓的“疆域范围”会“在后勤方面阻止（logistical block）邪恶联盟”的想法，让我们误以为不健全的道路反而会带来政治联盟和人类美德（1981：220）。威尔斯指出，电报就能驳斥麦迪逊的这一观点。当然，电子传播尤其是非文字性的电影、广播电视的兴起，也能驳倒这个观点。

我怀着同样的希望与恐惧生活在文化的矛盾性与不确定性之中，我不想逃避这些。我的态度与乔治·萧伯纳（George Bernard Shaw）是一样的。萧伯纳怀有同样的希望、恐惧与矛盾心理，他说：“假如你无法赶走你的恐惧，何不干脆与它共舞?”我以下的论文并不旨在驱除传播与技术

的矛盾或美国文化中的不确定性，而是把这些矛盾和不确定性当作一种源泉，探索它们，用克利福德·格尔兹乐观的话来说，“提高令我们彼此烦恼的问题的精确度”。在本书的第一部分，我探讨了文化与文化研究的概念，概述了我对传播与技术的态度，我希望人们走出对传播与技术进步田园牧歌式的陶醉，或者对其威力与统治的可怕描述。如果说文化与技术一开始是相对的两个事物，就像知识舞台上的一对孪生演员，那么在本书第二部分，我们不难发现技术与文化已经合而为一，我们叙述的其实就是我们自己。正如我已经说过的，关于技术的故事对我们理解自身与我们的历史起着独特的作用，技术这一“最硬”的物质人工制品（material artifacts），从其产生之日起就彻底是文化的产物：它所展现的观点和抱负实质上是一种表达与创造。最后，这些论文都表明，传播媒介不仅仅是某种意愿与目的的工具，而且是一种明确的生活方式：它是一种有机体，是反映我们思想、行动和社会关系中的矛盾的缩影（miniature）。

提 要

在本书的第一部分，我探讨了文化与文化研究的概念，概述了我对传播与技术的态度，我希望人们走出对传播与技术进步田园牧歌式的陶醉，或者对其威力与统治的可怕描述。如果说文化与技术一开始是相对的两个事物，就像知识舞台上的一对孪生演员，那么在本书第二部分，我们不难发现技术与文化已经合而为一，我们叙述的其实就是我们自己。正如我已经说过的，关于技术的故事对我们理解自身与我们的历史起着独特的作用，技术这一“最硬”的物质人工制品，从其产生之日起就彻底是文化的产物：它所展现的观点和抱负实质上是一种表达与创造。最后，这些论文都表明，传播媒介不仅仅是某种意愿与目的的工具，而且是一种明确的生活方式：它是一种有机体，是反映我们思想、行动和社会关系中的矛盾的缩影。

但愿我做的能像我想的一样好。这本书汇集了我18年来的演讲和研讨会论文，在时断时续的写作过程中，有些文章的观点有一定的冲突，因此，本书缺少一个明晰的框架，只能算是一次持续的讨论或延伸的交谈。但我所探讨的主题反映了文化的脉搏与肌理。

第一部分

传播与文化

第一章　传播的文化研究取向

一

几年前我决定认真研读传播学著作，一位明智之士建议我从约翰·杜威开始。这个建议让我终身受益。尽管杜威有他的局限性——用威廉·詹姆斯（William James）的话来说，杜威的文笔很糟，但他的著述极有深度，具备开创性思想所共有的超越性，与此同时也带来了惯有的复杂性和令人困惑的矛盾性——但这也正是我们大多数著作所缺少的东西。

在《经验与自然》（*Experience and Nature*）一书中，杜威开宗明义提出了一个看似异想天开的观点："在所有的事物中，传播是最为奇妙的。"（1939：385）他的这句话本想表达什么？如果我们只从字面上理解，那么不是错误就是流于世俗。我们从大众媒介中接收的大多数新闻和娱乐，无非就是那些像梭罗[①]预言国际电报时所说的"阿德莱德公主（Princess Adelaide）得了百日咳的消息"。当然，我们日常浏览的《纽约时报》

① 梭罗（Thoreau，1817—1862），美国著名文学家，《瓦尔登湖》的作者。——译者注

并不是如梭罗所言的那么琐碎，但读报感受也往往沮丧多过奇妙。更有甚者，日常人与人的相遇也是如此，除非你是受虐狂，才会感觉奇妙。杜威的这句话，用任何理性的分析来看，它都不符合我们的日常体验；假如这句话仅仅意味着在某些情形下传播是令人满意和有益的，那也只不过流于世俗。

在另一处，杜威对传播做过一个同样高深莫测的评价："社会不仅因传递（transmission）与传播（communication）而存在，更确切地说，它就存在于传递与传播中。"（Dewey，1916：5）这句话前后的变动，其意义发生了什么变化？[1]杜威采用拟人化的说法，是不是认为社会发布信息，以及通过传播这一特有的行为和渠道，社会才得以形成？这当然是一种合理的说法，但我们并不需要科学家和哲学家来告诉我们这一点。这让我想
12 起罗伯特·尼斯比特（Robert Nisbet）辛辣的评论：如果说你需要社会学家来告诉你有没有一个统治你的阶级，你肯定觉得多此一举；但如果放弃这种一目了然的阐释，那么，一旦剥去语义的复杂性外壳，我们是否还能揭示更实质性的东西？

我认为，杜威的著作揭示了某种实质，而不是在故弄玄虚。我在此不打算象征性地引用他的话（前面我引用的杜威的那段话常常不加评论或解释就出现在传播学的论著中），我们最好解开其内在的复杂性，说不定能够为当前的传播学研究指明方向。我认为，这种复杂性源自杜威在两种不同的意义上使用了"传播"一词。他比我们都明白，传播在西方人的思想中有两种截然不同的定义，他在著作中利用这两个定义之间的冲突作为其创造力的源泉，无怪乎，也正是这种冲突使得他在某些地方误入了歧途。我们用不着满怀欣喜地重复他的洞见，或不自觉地复制他的错误，我们应该抓住他对"传播"一词在理解上的矛盾，拓展他的思想，利用这一矛盾让我们的研究焕发生机。

从19世纪"传播"一词进入公共话语时起，美国文化中就一直存在着两种不同的传播概念，和许多世俗文化一样，这两种定义也都有宗教的渊源，尽管它们所指的宗教经验领域略有不同。为便于把思想做一归类，我们在描述中可以把传播的定义分为两大类：传播的传递观（a transmission view of communication）和传播的仪式观（a ritual view of communication）。

提 要

从 19 世纪“传播”一词进入公共话语时起，美国文化中就一直存在着两种不同的传播概念，和许多世俗文化一样，这两种定义也都有宗教的渊源，尽管它们所指的宗教经验领域略有不同。为便于把思想做一归类，我们在描述中可以把传播的定义分为两大类：传播的传递观和传播的仪式观。

传播的“传递观”是美国文化中最常用的——可能也是所有工业文化（industrial cultures）中最常用的——它是现代词典中关于“传播”一词的最主要条目，“传授”（imparting）、“发送”（sending）、“传送”（transmitting）或“把信息传给他人”（giving information to others）这些词或短语常被用来定义传播。“传递观”源自地理和运输（transportation）方面的隐喻。在 19 世纪（当然空间范围不如今天），信息的移动在本质上被看作与货物（或人）的位移相同的过程，两者都可以用“传播”这个名词来描述，这时传播的中心意思是指为了控制的目的，把信号或信息从一端传送至另一端。传播的这一概念源自人类最古老的梦想：希望增进信息在空间中遨游时的速度与效率。纵观人类历史，上自统一了上下埃及的第一王朝、下至电报的发明，运输和传播都不可分割地联系在一起。虽然通过对书写或印刷的垄断可能使信息得以集中生产与控制，但无论是掌握在信使手中还是被装订成册的信息，如果要达到它们预期的效果，最后都还是得靠高速的运输工具发送出去。电报终结了这种同一性，但并没有改变这种隐喻。在我们思想的最深处，对传播的基本理解仍定位于“传递”这一观念：传播是一个为了对距离和人进行控制而使信息在空间得以传递和发布的过程。[2]

虽然前面的叙述看上去跟政治、经济和技术的关系更为密切，但我认为传递观源自宗教，起码在我们的文化中，传播的“传递观”从根本上有一种宗教取向。下面让我来详细论证这一点，尽管会颇费口舌。

《牛津英语字典》认为，传播的“传递观”其现代含义肇始于美洲拓荒时期。通常我们认为这一空间上的大规模位移是出于政治和商业主义的目的。当然这些动机是存在的，但它们的重要性不能遮蔽同样显而易见的事实，那就是宗教是这种空间迁移背后的另一个主要动机，就像南非荷兰教派与新英格兰的清教徒给我们提供的证据一样。摆脱欧洲的束缚、创造新生活、发现新家园、在马萨诸塞丛林开辟一个新的耶路撒冷，这些愿望就是欧洲白人文明史无前例穿越整个地球的原始动机。最重要的是，这一大规模的、空间上的第一次民主迁移从旧世界迈向了新世界，而且他们深信这一空间上的位移本身就是一种救赎行为，是美国人从不放弃的信仰。

运输[①]使欧洲的基督教徒与美洲的野蛮人发生接触，这种接触被看作一种具有深刻宗教意味的传播方式，因为这次空间大迁移试图建立并拓展上帝的领地，创造一个聆听圣音的环境，创建一个人间天堂。

因此，“运输”一词的精神含义是在地球上建立并拓展上帝的领地，而“传播”一词的精神含义同样如此。到19世纪中叶，电报打破了传播与运输两个词的同一性，但当时一位名叫加德纳·斯布林（Gardner Spring）的传教士欢呼我们即将获得“属灵上的收获（spiritual harvest），因为现在
14 上帝的思想凭借轮船和电磁电报到处旅行”（Miller，1965：48）。同样，1848年“詹姆斯·L. 巴切尔德（James L. Batchelder）宣布，万能的上帝为了传教造起了铁路，塞缪尔·莫尔斯[②]在神的启示下发出了第一条电报信息，这一发明的目的不是为了发布猪肉的价格，而是为了发出‘上帝究竟干了什么’这样的问题”（Miller，1965：52）。电报这一新技术在进入美国人的话语时，并不是作为一个世俗事件，而是在神的昭示下为了使基督教的福音传得更远更快、超越时空、拯救异教徒、使救赎之日早日来临。随着时间的消逝，宗教思想日趋与应用科学联系在一起，新兴传播技术逐渐被视为征服空间和人类的理想之物。对此最有发言权的著名学者佩里·米勒（Perry Miller）评论道：

> 电报和报刊竟然使新教教派达成一致，乍一看好像完全不可思议。它们传递并刊登了“基督教徒为潮水般涌来的巨大恩典而激动万分，每

---

① 运输（transportation），这里指物体的空间位移。——译者注

② 塞缪尔·莫尔斯（Samuel Morse，1791—1872），电报发明者。——译者注

个城市的信众都不约而同地举行集会，其功效大到只需要祈祷交流(praying intercourse)就差不多让整个国家联结成了一体”。这绝非偶然，大西洋电缆开通时也出现了类似的活动，因为两者都是“终极精神胜利的预兆……”1858年的这一次觉醒对美国人的想象力产生了至关重要的影响，那就是意识到将技术宗教化是可行的（Miller，1965：91）。

不久，当科学和世俗化力量得到普及后，那种一目了然的宗教隐喻便消失了，传播技术本身成了思想的中心。更有甚者，19世纪的一位评论家认为传播优于运输，因为电报非常重要，它不只是“改变了事物，而且传递了思想”。传播被看作一种过程和一种技术，它为了达到控制空间和人的目的（有时也出于宗教的目的），更远、更快地扩散（spread）、传送(transmit)、散播（disseminate）知识、思想和信息。

当然也有一些人不以为然，我已经引用了梭罗对电报不那么着迷的言论，而约翰·C. 卡尔霍恩（John C. Calhoun）更加悲观地认为，“征服电流以满足人类对机械的需求……是人类文明的末日”（转引自Miller，1965：307）。但不以为然者只是极少数，传播的“传递观”尽管有一个日渐世俗化和科学化的过程，但从那个时代起，它就主导着我们的思想与文化。而且，在当代流行的表述中，甚至在技术层面对新传播科技的讨论中，我们也不难发现这种由来已久的宗教暗示从来不曾从我们的思想中彻底消失。从电报到电脑，对精神进步的深切期盼始终存在，我们不难发现 15
这样一个规律，教育工作者、传教士、专栏作家都把传播的进步当作解决一切难题的法宝。更具争议性的是，我敢断言（这里就不举例了），在我们关于传播的科学而成熟的绝大部分见解中，这一基本看法仍在作祟。

传播的“仪式观”虽然在美国人的思想中相对淡薄，但它是一种更为古老的观点——古老到字典把它列在“古语”（Archaic）条目之下。从仪式的角度定义，“传播”一词与“分享”（sharing）、“参与”（participation）、“联盟”（association）、“团体”（fellowship）及“拥有共同信仰”(the possession of a common faith）这一类词或短语有关。这一定义反映了“共性”(commonness)、“共有”(communion)、“共同体”(community）与“沟通”(communication，即传播）在古代有着同一性和共同的词根。传播的仪式观并非直指信息在空中的扩散，而是指在时间上对社会的维系；不是指传达信息的行为，而是共享信仰的表征（representation）。

如果说传递观中“传播”一词的原型是出于控制的目的而在地理空间扩展信息，那么在仪式观中“传播”一词的原型则是一种以团体或共同的身份把人们召集在一起的神圣典礼。

传播的仪式观与宗教的关系顾名思义便一目了然，而且它源自这样一种宗教观——它并不看重布道、说教和教诲的作用，为的是强调祷告者、圣歌及典礼的重要性。由此可见，传播的起源及最高境界并不是指智力信息（intelligent information）的传递，而是建构并维系一个有秩序、有意义、能够用来支配和容纳人类行为的文化世界。

仪式观明确的宗教起源虽然同样已被削减，但它从未完全脱离这一基本的宗教隐喻。持这一观点的作者常常从涂尔干（Durkheim）的《宗教生活的基本形式》（*Elementary Forms of Religious Life*）一书中追寻这一传统，此外我们在他的另一部著作中也可以找到这一痕迹：“社会①让我们感觉到一个不同的世界，它替代了由共同体（community）所创造的理想投影。”（1953：95）这个共同体理想的投影及其物质形式的化身——舞蹈、戏剧、建筑、新闻事件和一系列演说——产生了一种人工的（artificial）然而却是真正的符号体系，其作用不是提供信息，而是一种确认（confirmation）；不是为了改变态度或思想，而是为了表征事物的基本秩序；不是为了履行功能，而是为了展示一个正在进行的、易逝的（fragile）社会过程。

传播的仪式观在美国学术界向来不是一个主旋律。美国人的思想和研究都与传播的传递观紧紧连在一起，因为这一观点与美国文化蕴藏的各种
16 思想以及为科学界和我们日常共识提供养分的思想源泉相契合；讽刺的是，我们从未对传播的仪式观进行过探索，可见文化这一概念在美国的社会思想中是一个多么淡薄且容易被忽略的观念。我们知道其他的民族在人类学意义上也有他们的文化，而且我们也时常记录这些文化——这种记录往往存在不怀好意（mischievously）和居高临下的意味；但当我们将批判

① 社会（society），以区别于本句中的 community。——译者注

提 要

传播的仪式观在美国学术界向来不是一个主旋律。美国人的思想和研究都与传播的传递观紧紧连在一起，因为这一观点与美国文化蕴藏的各种思想以及为科学界和我们日常共识提供养分的思想源泉相契合；讽刺的是，我们从未对传播的仪式观进行过探索，可见文化这一概念在美国的社会思想中是一个多么淡薄且容易被忽略的观念。

的目光转向美国文化时，文化这一概念就消解为残章剩篇，只有在心理学或社会学的数据不足以说明问题时才被派上用场。在我们看来，下层民众生活在穷人文化中，中产阶级文化对他们来说是个贬义词，他们偶尔也为我们高级的科学文化（scientific culture）叫好。但是，当文化作为学术话语用于分析美国社会时，并不是一个概念清晰的词。知识界对文化这一概念的反感部分来自我们的个人主义情结，它使个体的心理世界成为一种至高无上的现实；它也来自我们的清教徒思想，致使我们轻视那些不实用的或无功用取向的人类行为所具有的重要意义；它还来自我们把科学从文化中孤立开来，认为科学提供的是与文化无关的真理，而文化提供的是民族中心主义的谬论。

结果，当我们寻求强调文化中心地位和传播仪式观的学术研究时，我们不得不仰赖欧洲的学术资源或那些深受欧洲学术影响的美国学者的研究，其结果便大大增加了误读的可能性。或许，对于传播的传递观与仪式观之间的差别，我们通过考察人们对报纸在社会生活中所扮演角色的不同理解，即能得出一二。

当我们以传播的传递观审视报纸时，发现媒介是一个发布新闻与知识、有时也提供娱乐的工具，它以越来越多的版面报道着空间上越来越遥远的事件。报纸对受众的效果引发了这样一些问题：新闻到底是洞察了现实还是遮蔽了现实？是改变了态度还是强化了态度？是带来了可信还是引发了怀疑？关于新闻与报纸的功能也引发了一系列的问题：它们维护了社会的整合还是令人产生了不适？它们在维护稳定或造成个性不稳定方面究竟是正面功能还是负面功能？类似这种机械的分析通常都与传播的传递观有关。

当我们审视报纸时，传播的仪式观着眼于完全不同的范畴。例如，它更多地不是把读报视为发送或获取信息，而是将其视为好比参加一次弥撒仪式，在那种场合下，虽然人们没有学到什么新的东西，但是特定的世界观得到了描述和确认。新闻阅读与写作是一种仪式化的行为，更是一种戏剧性的行为，呈现在读者眼前的并不是单纯的信息，而是对这个尔虞我诈的世界的描述。而且，当读者通过报纸了解世界的时候，他们就投身于变
17 幻不定的角色或不同的舞台中心。一篇关于金融危机的报道被当作美国人与其宿敌——德国与日本作战的爱国之举；一篇妇女政治党团会议报道把自己扮演成妇女解放运动的支持者或反对者；一篇校园暴力新闻会引发阶级之间的对立与仇恨。所以，传播的仪式观并不在于信息的获取（虽然从中也获取了信息），而在于某种戏剧性的行为，在这种戏剧性行为中，读者作为演出的旁观者加入了这一权力纷争的世界。这时，我们面对的不是信息的效果或功能问题，而是（读报行为中的）呈现（presentation）和介入（involvement）在建构读者的生活与时间中所扮演的角色。从宗教仪式角度看，我们认为新闻变化不大（change little），但本质上让人产生满足感；它的功能不多，但得到了习惯性的消费。报纸并不产生效果或功能，而是使人获得戏剧性的满足感，这并不是说它使人产生愉悦，而是对世界基本面貌的呈现让人产生满足感。从报纸的这个角色看——指报纸作为呈现在我们眼前的文本，就像一场巴厘岛的斗鸡、一本狄更斯的小说、一出伊丽莎白的戏剧、一次学生集会，都是对现实的一种呈现，它为生活提供了一种整体的形式、秩序和调子。

而且，新闻是历史性的现实，它是由特定阶层在特定的历史时间发明的一种文化形式——主要是由18世纪的中产阶级发明的。像所有被发明的文化形式一样，新闻形成并反映了一种特有的“对经验的渴望”，废弃史诗、英雄与传统，偏爱独特、原创、新奇和新鲜，即“新闻”的愿望。这一“渴望”本身根植于中产阶级追求风格和命运变化的特定历史时期，因此，它并不代表普遍的口味，也未必是合理的知识形式（Park，1955：71-

88)，但正如其他的人类发明，某一历史阶段的一项发明会随着发起它的阶级及其可能具有的意义的消失而消解。

从仪式的角度看，新闻不是信息，而是戏剧（drama）。它并不是对世界的记述，而是描绘戏剧性力量与行动的舞台；它只存在于历史性的时间中，在假设的、通常是替代性的[①]基础上，邀请我们参与其中的社会角色。

这两种对立的传播观并不需要彼此否定。仪式观并不排除信息传递或态度改变过程，它只是主张除非人们从本质上对传播与社会秩序采用仪式性的观点，否则他们就无法正确理解这些过程。同样，即使是顽固坚持传播之传递观的学者也必须承认一些东西，例如马林诺夫斯基（Malinowski）的"寒暄性交谈"（phatic communion），最后也证实了仪式性行为在社交活动中的地位。但是，学术上的事往往起点决定终点，对传播的基本立足点在很大程度上决定了随之而来的分析路径。

杜威的著作所展示的才华来自他对传播这两个对立观点的研究。传播是"最奇妙的"，因为它是人类共处的基础所在；它产生了社会联结，无论真情还是假意，它把人们连接在一起，并使相互共处的生活有了可能，正是因为分享信息的凝聚力在一个有机的系统内循环，社会便成为可能。接下来的这段引言反映了这种力量，也反映了他最终对传播的仪式观的强调： 18

> 在共同（common）、社区（community）和传播（communication）这三个词之间，有一种比字面上更重要的联系。人们由于拥有共同的事物而生活在一个社区里，传播即是他们借以拥有共同事物的途径。他们必须共有的事物包括……目标、信仰、渴望、知识——一种共同的理解，也就是社会学家说的想法一致（likemindedness）。这种东西不可能像传递砖块那样靠身体从一个人传给另一个人，也不可能像人们分吃一块馅饼那样切成小块来分享……共识需要传播（Dewey，1916：5-6）。

杜威也跟我们一样，常常违背自己的思想。他对未来过于热切的期望埋没了他的分析所产生的影响。唉！"愿望是思想之父。"他过高地估计了

① vicariously，也可译成"间接感受到的"。——译者注

科学信息与传播技术，把它们奉为解决社会问题之良方与社会纽带之所在。但是，这些观点所形成的张力仍然为传播的重要问题开启了一个领域，因为这些观点不仅代表了不同的传播观，而且与特定历史阶段、技术及社会秩序模式密切相关。[4]

传播的传递观自 20 世纪 20 年代开始，一直占据美国思想的主流地位。我刚涉足这一领域时，发现行为主义或功能主义术语对这一观点的表达已经黔驴技穷，已经成为一种经院式的东西：一再重复过去的研究成果，对明确无误的事加以验证。尽管这也带来了一些切实的学术成就，但即便没有严重的学术或社会后果，它也只能裹足不前。我认为有必要重新开启对传播的分析，借助杜威的著作使这一研究重获生机；最重要的是，我们应该从生物学、神学、人类学及文学中的一些知识材料中另辟蹊径，以免像现在这样原地打转。

二

但是从何处汲取源泉，以获得一个全新的传播研究视野？在我看来，
19 至少这些源泉应该从回溯韦伯（Weber）、涂尔干（Durkheim）、托克维尔

提　要

传播的传递观自 20 世纪 20 年代开始，一直占据美国思想的主流地位。我刚涉足这一领域时，发现行为主义或功能主义术语对这一观点的表达已经黔驴技穷，已经成为一种经院式的东西：一再重复过去的研究成果，对明确无误的事加以验证。尽管这也带来了一些切实的学术成就，但即便没有严重的学术或社会后果，它也只能裹足不前。我认为有必要重新开启对传播的分析，借助杜威的著作使这一研究重获生机；最重要的是，我们应该从生物学、神学、人类学及文学中的一些知识材料中另辟蹊径，以免像现在这样原地打转。

(Tocqueville)、赫伊津哈[1]的著作，以及利用当代思想家如肯尼斯·伯克(Kenneth Burke)、休·邓肯（Hugh Duncan)、阿道夫·波特曼（Adolph Portman)、托马斯·库恩（Thomas Kuhn)、彼得·伯格（Peter Berger）以及克利福德·格尔兹（Clifford Geertz）开始。但基本上，最切实可行的传统（尽管并不完备）还是来自杜威的同事及后人的芝加哥学派关于传播的社会思想：从米德（Mead)、库利（Cooley）到罗伯特·帕克（Robert Park)，直至欧文·戈夫曼（Erving Goffman)。

从这一源头我们可以得出关于传播的简洁明了同时又富有知性与眼界的定义：传播是一种现实得以生产（produced)、维系（maintained)、修正（repaired）和改造（transformed）的符号化过程。

先让我对这个句子所强调的"现实的符号化生产"做一解释。

人们谈及传播时遇到的一个主要问题是，这个名词指的是最普通也是最世俗的人类经验。马歇尔·麦克卢汉说得不错：就像鱼并没有意识到水的存在，媒介构成了我们的环境，并维持着这种环境的存在。同样，传播通过语言和其他的符号形式，也构成了人类生存的周遭环境。我们统称为传播的行为——进行交谈、做出指示、传授知识、分享重要的观点、寻求信息、娱乐或为人提供娱乐——这些行为都是如此的平凡与世俗，以至于很难引起我们的注意。而且，当我们从学术上考察这一过程时，我们常常关注那些微不足道的、毋庸置疑的东西，对于传播神秘且令人敬畏的一面，我们早已习以为常。

一位智者曾经把艺术的主旨（purpose）定义为"使现象陌生化"。有些事物因为太过熟悉，我们已经对它们失去了感觉。但是，艺术能够捕捉海的声音、声调韵律、织物的纹理、人脸的轮廓、风景中光线的舞动，并把这些日常现象从其存在的背景（backdrop）中骤然呈现出来，迫使它们成为思考的前景（foreground)。当司各特·菲茨杰拉德[2]描述黛西·布坎南（Daisy Buchanan）有着"充满金钱的嗓音"时，他打动了我们。如果

---

① 赫伊津哈（Huizinga，1872—1945)，荷兰历史学家，写有《中世纪的衰落》等著作。——译者注

② 司各特·菲茨杰拉德（Scott Fitzgerald，1896—1940)，《了不起的盖茨比》的作者。——译者注

调动我们的经验，这种原本平淡无奇的人的嗓音便犹在耳边，而且可以回味它所蕴含的意味。他捕捉了我们的理解力，把注意力吸引到这种嗓音所显露的人物神秘的个性上。

同样，社会科学能够把最显而易见但作为社会生活背景的事实抽离出来，把它们置于令人惊奇的前台。它们可以让我们思考社会生活特有的奇迹，那些奇迹其实就在我们身边，尽管一眼望去平淡无奇且毋庸置疑。当杜威断言传播是最奇妙之事时，他显然是想激发我们对这一司空见惯的行
20 为产生惊奇与敬畏感。杜威深知当事物变得充满疑问、当我们面对迫使我们去做但又必须知而后行这样的“信息沟”时，知识才能得到最有效的增进。这种信息沟、这一产生疑问的感觉，往往只有通过摆脱生活中世俗的羁绊、运用我们的常识或科学假设，用反向思维使现象陌生化，才能被激发出来。

在某种程度上，这是我提出的第一个条件。常识与科学实在论（scientific realism）都试图证明这样的事实：首先，存在着一个我们可观察的有关客体、事件与过程的真实世界。其次，存在着一种命名真实世界中这些事物并或多或少能描述这些事物的语言或符号。现实是存在的，除了事实，还有我们对事实的解释。我们坚信现实与幻想是有区别的；我们也坚信我们所使用的术语代表着这个世界，就像影子与实体的关系。虽然语言常常扭曲、模糊并迷惑我们对外在世界的感知，但我们很少对真实世界产生怀疑。我们剥去术语与意义的语义学外衣，以揭示存在的更本质的领域。现实是第一位的，语言是第二位的，如同古老的伽利略定理。

但是，我要特意颠倒这种关系。在这里，我不是提出一个宏观的哲学命题，而是通过对传播与现实之关系的重新排位，使传播成为一种更能引起人们思考的行为，而不是日常熟视无睹之事。

我们采用《约翰福音》的做法，把词（word）当作一切的开始，也就是说，词不是对事物的命名，而是借用肯尼斯·伯克的话，事物是词的符号。现实不是既定的，不是独立于语言的人类存在，语言也不是现实苍白的折射。现实是由传播而产生的存在，是由传播创造的——简而言之，是通过对符号形式的建构、理解与运用而创造的。[5]现实是由命名系统创造的，但这并不是符号形态的唯一功能——或者说，现实是由创造这些系统

的人创造的——以这种特定的命名强调了现实的存在。

在现实主义看来，存在具有某种秩序，人类的大脑通过一些本领可以发现并描述这些秩序。我认为，现实并不是等着我们去发现任何重要细节。世界是熵的（entropic），也就是说，它并不是严格按秩序排列的——然而世界的多样性是有限的，人的大脑能够抓住基本的东西并把某种秩序加诸广博而灵动的有限自然。用通俗的话来说，自然界并不存在经度和纬度，但是，如果把这种特定的、虽然不一定是唯一精确的符号结构加诸地球之上，那么空间结构就被赋予了一种秩序，并被确定下来，这就在一定范围内达到了人类的目的。

无论现实是伯克利主教（Bishop Berkeley）头脑中的上帝，还是其他 21
动物眼中的什么，对我们来说，现实是一种大量生产的、具有表现力的创造物——是一种由人类生产并维系的产物。无论这世界有着什么样的秩序，它既不是我们基因中本来就有的，也不是自然专门提供给我们的。正如生物学家 J. Z. 杨（J. Z. Young）所说的，“我们每个人的心智确实创造了他（或她）自己的世界”（1951：61）；埃里克·沃格林（Eric Vogelin）认为历史的秩序是“秩序的历史”——人们赋予这世界重要性、秩序和意义等种种形式，都来自人类自己的智力加工机制。

恩斯特·卡西尔（Ernst Cassirer）说过（这句话被引得太多，它的意义反而被削弱了）：人类生活在一个新的现实维度中，这是一种符号的现实，通过这种能力机制，存在得以产生。但是，虽然常有人这样说，却很少得到验证。我们在这里不只是重复这一观点，而且必须认真对待，并一以贯之，评估这种能力以活跃我们的研究。卡西尔坚持认为我们必须考察传播，甚至应该考察科学传播与数学表达，把它们当作人类经验最基本的现象，而不是作为“相对柔性的”（softer）、从一种“更真实”（realer）的自然存在中衍生出来的东西。

为了避免晦涩，请容我举例说明。朴素而明白的例子可以使意义立刻变得清晰，虽然它可能牺牲内在的复杂性。我们设想教一个六七岁的孩子如何从家里出发去学校上学。孩子曾经由学校开车接送，学校离孩子的家有六七个街区，因此，孩子认识学校，但他对家与学校之间的空间关系不甚明了，对他来说，家与学校之间的空间关系就像是一片不毛之地

(trackless desert)。在这种情形下该怎么办?

有许多种选择。一种是让孩子自己去探路，即使他走的路线不对，也可以在行进过程中加以纠正，这是一种严格模仿实验的方式。另一种办法是让孩子跟着一个大人，就像有人告诉我阿帕奇[①]人把路线“烙”在孩子的脑海里。但最通常的做法是只要给孩子画一张地图，在纸上用线条、角度、名字、方块代表街道和建筑的形状，把一个空白的空间转化成一个有形的环境。有些环境比较容易勾画，有些较难。用符号形式来代表的话，空间就能够被理解和把握了。

地图是环境的一个表征（representation），能够让人们了解不熟悉的环境，它能指导人的行为，与此同时把无差别的空间转化成有形物——也就是可以明白的、领会的、理解的空间。

同时我们也应该注意，某个环境，也就是任何已知的空间，可以用各
22 种方式来描绘。例如，我们可以用诗情画意的描述来重现一个重要的空间，就像歌中所唱的，“先向左拐，再向右转”，空间也可以通过一段如诗的语言来展现其要点，通过开启我们对一首歌一首诗的回忆来展现，也就是说，“地图”可以被保存在记忆中，在一个适当的时刻回忆诗篇，就能有效地使空间具象化。

第三种展示空间的方法是通过一套舞蹈动作。舞蹈动作相当于适当的空间运动，通过舞蹈的学习，孩子了解了空间的表现方法，他学到的这种空间感在其他情形下就能够指导他的行动。

空间可以以不同的方式展现——纸上的线条、空中的声音和舞蹈动作。虽然使用的符号不同——视觉的、声音的和运动知觉的（kinesthetic），但这三种都是符号形式，而且，每种符号形态都拥有两种不同的特征：替代性（displacement）和生产性（productivity）。就像普通的语言，每种语言形式都是用来谈及并代表那些不在眼前的东西。这种替代能力，也就是当“真正”的刺激物在实物形态上并不在场时所产生的某种复杂的行为，是又一种大家经常注意到却没有得到充分探讨的能力。其次，每一种符号形态都是生产性的，掌控符号的人有能力在有限的符号元素基础上

① 阿帕奇（Apaches），美洲印第安人的一个部落。——译者注

生产无数个表征，其他的符号形态也与语言一样：有限的词或有限的音素经过语法的组合，可以生产出无限的句子来。

我们通常认为，一张地图代表着对一个环境的简化或是从一个环境中抽象而来，但并不是环境中所有的特征都需要被模仿，因为表征不是为了表达事物的复杂性，而是为了表现其简单性。简化信息才能把握空间。但如此一来，不同的地图就可以让同一个环境以不同的形式而存在，于是就产生了大不相同的现实，因此，活在不同的地图视野中其实也就是活在不同的现实里。结果，地图不仅建构了绘制地图这一行为，而且它们也建构了自然本身。

更深层的含义就涉及了思想的本质。在支配我们思想的个人主义传统中，我们已经习惯地认为思想本质上是个人的、发生在头脑中的行为——罗丹的“思想者”就是最形象的表达。我在这里却要提出一种截然不同的观点：思想主要是公共的、社会的，它首先产生于黑板上、舞蹈和诗句中。个人的思考能力是派生的、第二性的才能，就个人而言，它是事后以传记形式出现的，对人类而言则是事后以历史的形式存在的。思想是公共的，因为它靠的是一套公开可及的符号体系；从更深层、更强烈的意义上看，思想也是公共的，思考（thinking）就是建构关于环境的地图，思想 23
（thought）则是对某个环境模型（model）的建构，在模型上操作起来要比在真实环境中便捷，可以看出自然状态是否与模型相一致。在前面的例子中，那张从家到学校的周遭地区及道路的地图代表着环境；把手指放在地图上并沿着所画的路线前进，则象征着步行者——孩子。在地图上“行进”比实际走在路上要快捷，相当于一种“实验”或“测试”。

思想就是对这种地图、模型及模板（templates）的建构与运用：黑板上演绎的足球运动、纸上的公式、祭祖的仪式性舞蹈或是行云流水般的散文点缀着我们生活的世界，呈现着传播的本质。

我们每时每刻都在上演的奇迹——创造现实并生活在我们自己的真实创造物之中的奇迹——建立在符号特有的品质之上：符号既是现实的表征（of），又为现实提供表征（for）。[6]

一座房子的设计图为现实提供了一种表征模式：以设计图为指导并对照现实，也就是说设计图表现了一种缩小并简化了的关系，房子由此而建造。但设计图还有另一个用途，如果要对这座特定的房子做一个描述，我们只要指着这张设计图说："就是这座房子。"这时设计图就是现实的一个表征或符号：它以另一种媒介的形式，表达或代表了对特定现实之本质的一个大概的描述。这是一个硬币的两面，它代表着符号形态的双重性能：作为"……的符号"（symbols of）以表现现实；作为"为……提供符号"（symbols for）则创造了它所表现的现实。

在我前面的例子中，一张表现周遭环境的地图是一种符号，也是一种表征，当有人问起孩子的家与学校之间的关系时，就可以在地图上指出来。最终，地图也为现实提供了表征，在它的指引下，孩子找到了从家到学校的路，通过对地图的观察，孩子从地图对路线大概的描述中体验了空间。

宗教仪式并无二致。一种模式表征了人类生活的本质、境况与意义，另一种模式——也就是"for"模式①——虽然看上去它所引发的特征只是一种描绘（portray）②。

所有人类行为都是在做一件异想天开的事（这不禁让我们想起"仪式"这个词）：我们先是用符号创造了世界，然后我们又栖息在自己所创造的世界里。啊！我们的自我欺骗里有着一种魔法。[7]

我们不仅创造现实，还必须同时维系我们所创造的东西，因为新的一
24 代不断涌现，对他们来说原先的创造物可能一开始就存在问题，现实必须重新改造并成为权威。因此，现实必须得到修正，因为它一直在瓦解之中：包括人们在精神和肉体上的迷失、实验的失败、与所创造的表征相反的证据，以及出现精神错乱（mental derangement）等——这些都威胁着现实的模型或为现实提供的模型，结果要做很大的修正。最后，我们不得不带着担心与遗憾，放弃权威的现实表征，开始建构一个新世界。打个比方，我们上床时是一个坚定的行为主义者，深受斯金纳（Skinner）的影响，认为语言是操作性条件作用（operant conditioning）的产物，然后一觉醒来，出于莫名其妙的原因，又成了坚定的理性主义者，在乔姆斯基（Chomsky）的影响下，沿着深层结构（deep structures）、转换分析（transformations）、表面状

---

① 指宗教仪式本身也为我们提供了一种现实。——译者注

② 但宗教仪式同时也创造了一种现实。——译者注

况（surface appearances）这样的方法重新建构我们的语言模式。这是两种完全不同的学术观，我们发现其中一个不合情理便马上改换门庭。[8]

研究传播就是为了考察各种有意义的符号形态被创造、被理解和被使用这一实实在在的社会过程。有些学者认为它缺乏足够的实证依据而对此不屑一顾。我的观点正好相反，我把它看作一种尝试，以清除只会让我们的实证数据失去生命力的现有传播观念。我们建构、维系、修正、改造现实的努力是发生在历史中的、可以公开观察的行为。我们通过对各种符号系统的建构来创造、表达、传递关于现实的知识及对现实的态度，这些符号系统包括艺术、科学、新闻、宗教、常识乃至神话。我们是怎么做的？这些形式之间有什么差异？它们中有什么历史的、可比较的变化？传播技术的变迁如何影响我们具体的创造与理解？社会中的各个团体是如何为定义什么是真实（real）而斗争的？虽然只简单地提到这些，但它们是传播研究必须回答的其中几个问题。

最后，我们强调传播研究具有反讽的一面，我们的研究对象又折回到传播本身以及我们所面临的一大堆伦理问题上。我们从事的行为之一就是对传播本身的传播。但传播不是我们可以揭示的某种纯粹的现象；我们不可能通过完全不带文化痕迹的客观方法揭示传播的本质，我们理解传播是因为我们能够建构传播过程的模式或表征。但是和所有其他模式一样，传播

提 要

研究传播就是为了考察各种有意义的符号形态被创造、被理解和被使用这一实实在在的社会过程。有些学者认为它缺乏足够的实证依据而对此不屑一顾。我的观点正好相反，我把它看作一种尝试，以清除只会让我们的实证数据失去生命力的现有传播观念。我们建构、维系、修正、改造现实的努力是发生在历史中的、可以公开观察的行为。我们通过对各种符号系统的建构来创造、表达、传递关于现实的知识及对现实的态度，这些符号系统包括艺术、科学、新闻、宗教、常识乃至神话。

模式也具有双重性——一面是“……的模式”，另一面是“为……提供模式”。传播模式的第一种形态告诉我们传播过程是什么；在第二种形态中，模式也生产了（produce）其所描述的行为。一些经验主义的方式可以形成
25 传播模式，但这些模式具有不同的伦理意义，因为它们产生了截然不同的社会关系形式。

让我们直接面对这一两难之境。基因并没有告诉我们如何创造并执行可以归之为“传播”一词的种种行为。如果我们从事这一行为——写作、拍电影、娱乐受众、传授信息与忠告，就必须从我们的文化中去发现这些模式，了解这些奇迹是如何产生的。这些模式在常识、法律、宗教传统中，尤其在科学理论中都能找到痕迹。传统的宗教思想中也留存着传播模式，例如，在谈到传播的传递观之起源时，我认为，19 世纪美国人的宗教思想有这样的寓意：宗教思想不仅描述了传播，它也为语言的适当使用、人类的接触方式、传播应该达成的目标以及传播应该表明的动机提供了一种模式。它告诉我们它想要展示的东西。

如今，在科学中比在宗教中更能找到传播模式，但它们的寓意是相同的。例如，美国的社会科学总体上对传播的看法属于传递观的范畴，它要么根据权力（power）模式、要么根据焦虑（anxiety）模式而建构，我们

提 要

如今，在科学中比在宗教中更能找到传播模式，但它们的寓意是相同的。例如，美国的社会科学总体上对传播的看法属于传递观的范畴，它要么根据权力模式、要么根据焦虑模式而建构，我们从信息理论、学习理论、影响理论（权力）以及失调/平衡理论、功能主义和使用与满足分析（焦虑）中发现的东西大致符合这个模式。这里我不可能将这些理论充分展开，但它们把传播在现象学意义上的极其多样性简约为人们或是追逐权力或是逃避焦虑的场所。我们只要检视一下现代组织的所作所为，例如从政策和项目中反映的抽象动机和关系，就不难发现这些模式究竟有多少创造性。

从信息理论、学习理论、影响理论（权力）以及失调/平衡理论、功能主义和使用与满足分析（焦虑）中发现的东西大致符合这个模式。这里我不可能将这些理论充分展开，但它们把传播在现象学意义上的极其多样性简约为人们或是追逐权力或是逃避焦虑的场所。我们只要检视一下现代组织的所作所为，例如从政策和项目中反映的抽象动机和关系，就不难发现这些模式究竟有多少创造性。

因此，传播模式不仅是传播的表征，它也为传播提供了表征：无论是否管用，它都是反映人类互动（大众的或人际的）具体过程的模板（templates）。因此，研究传播应该包括考察传播模式本身的建构、理解与使用——也就是在常识、艺术、科学中的建构，其历史性的特定建构及使用：例如当家长与孩子、广告商与消费者、社会福利工作者与申请者、老师与学生之间产生交集（encounters）时，这些交集的背后就存在着人类交往与互动的模式。

所以，传播模式是我们所创造的东西，但我们假装它是一种描述，用艾尔文·古德纳（Alvin Gouldner）的话来说，结果科学成了某种自反性的（reflexive）东西。事实上，我们不仅描述行为，我们还制造了某种独特的文化困境（corner）——在一定程度上，这种文化决定了我们所栖息的传播世界的性质。

雷蒙德·威廉斯（我在结论部分将引用他的分析）讲到了要害： 26

> 传播始于人们的学习和描述事物的过程中，为了在大脑中开始这个过程并把想法传递给他人，我们需要依赖某种传播模式、规则或习俗彼此得以交往。当这些模式不够完善时我们可以对它们进行改变、修改和拓展。我们为此所付出的努力加上对现有模式的使用，占去了生活的大部分精力……而且，许多传播模式本身变成了社会习俗，例如对他人的某种态度、某种称呼方式、某种语调和风格都具体反映在这些习俗中，并产生了很大的社会影响……这些尚待论证的假设就体现在具体而实际的习俗中，而习俗又为它们得以产生的模式提供了可供借鉴的东西（1966：19－20）。

威廉斯所描述的科学与社会的关系并没有完全被公众所忽略，这多少反映了人们对传播的普遍兴趣。我这里想说的不只是当代人习惯把所有人类困境都归咎为传播问题或沟通（communication）失败，我们还应该认清这种习性：它妄图给现实披上一件陈词滥调的外衣，用语义学的十字架驱除现代恶魔。当然，适当的嘲讽是应该的，但我们别忘了从这些陈词滥调中发现真理的内核。

如果我们追随杜威，便会发现传播问题与共同体问题有关，与我们创造并生活在其中的社区类型所产生的问题有关。[9]对普通人来说，传播只不过是一系列日常行为：相互交谈、传达指示、享受娱乐、展开讨论、获取信息。我们能够感受到的生活品质就是由这些活动以及它们在社区中如何进行所组成。

我们所有的经验塑造了我们的思想和生活——更准确地说是经验的表征（威廉斯就把这种经验称为传播）塑造了我们的思想与生活。如果把社会当作一种传播形式加以考察，那么就可以把它看作一个从中创造、分享、修正、保存现实的过程。当这一过程变得模糊不清、当我们缺乏可用来理解世界的现实模式（及为现实所提供的模式）、当我们不能描述并分享它，当我们的传播模式出现差错而无法与他人产生联系时，我们就遇到了最严重的传播问题。

27 社会上对传播的普遍兴趣来自传播与共同体模式中存在着某种紊乱（derangement），这种紊乱又来自对传播之传递观强迫症般的投入以及在权力与焦虑模式中传播所派生的表征。结果，一想到社会，我们总是受传统的影响，把它看作一张由权力、管理、决策与控制结成的网——也就是把社会视为一种政治秩序。或者，我们从根本上把社会看作所有权、生产与交易的关系——也就是把社会视为一种经济秩序。但是，社会生活不只是权力与交易（它也不只是一种心理治疗，therapy），正如威廉斯所说，它也包括了对美学体验、宗教思想、个人价值与情感以及学术观念的分享——一种仪式性的秩序（a ritual order）。

我们现有的传播模式不是厘清现代文化之混乱，而是加剧了这种混乱，在许多重要方面，我们正在为长期被滥用的，服务于政治、商业与心理疗法的基本传播过程付出代价。以下是三个例子：由于把传播技术的每一次进步都当作为政治、经济提供机遇，我们就毫无保留地献身于政府和商业性事务，很少把这些进步视为扩大人们学习、交流思想和经验的权利；由于我们主要根据政治、经济的潜力来看待教育，结果教育就变成了一种公民身份、专业主义或消费主义，继而越来越成为一种心理疗法；由于我们把城市看作政治与经济的领地，因此城市也就成了技术与官僚的栖身之所——街道的设计为的是容纳车辆，人行道是为了商业的便利，土地和房屋是为了满足经济与房地产投机商。

因此，根据仪式模式重新打造传播研究的目的，不只是为了进一步把握传播这一“奇妙”过程的本质，而是为重构一种关于传播的模式（a model of）并为传播再造一种模式（a model for）提供路径，为重塑我们共同的文化提供一些有价值的东西。

注释

[1] 对此的详细说明，见第四章。

[2] 对这个观点的有趣的说明，见刘易斯·芒福德（Lewis Mumford，1967）。

[3] 唯一用这种方法分析新闻的是威廉姆·斯蒂芬森（William Stephenson）的《大众传播的游戏理论》（*The Play Theory of Mass Communication*，1967）。但斯蒂芬森的分析留下了不少遗憾，尤其是他谈到了一些不相关的方法上的问题，不过这是第一次真正为观察传播提供了不同的角度。

[4] 我相信这些不同的传播观与不同的关于语言本质、思想及符号体系的观点也有一定的关联，传播的传递观使我们将侧重点放在把语言当作实际行动和推理的工具，把思想看作在本质上是概念的、个人的或反映的（reflective），把符号体系视为主要是 28
用来分析的。而传播的仪式观把语言看作戏剧性行为的工具，把思想看作在本质上是情境的、社会的，把符号体系视为主要是基于信用的（fiduciary）。

[5] 这并不像恩斯特·卡西尔常常认为的，语言建构了真实的世界，我试图提出只有通过语言和一些其他的符号形式，世界才能被人类所理解。

[6] 这一表述，还有本文中的许多方面，均参照了克利福德·格尔兹的论著（参见 Geertz，1973）。

[7] 当然，我们不仅创造了一个世界，我们还创造了所有的东西，我们或安逸或痛苦地生活在其中。这个问题就是阿尔费雷德·舒茨（Alfred Schutz，1967）所称的“多重现实”（multiple realities）现象。我无法在这里解决这个问题，但我不得不加上一句，为了理解传播“效果”这一尚不明朗的领域，被创造的现实具有多重性的视角

是必要的。

［8］例子和语言都不是偶然的。托马斯·库恩（Thomas Kuhn）的《科学革命的结构》（*The Structure of Scientific Revolutions*，1962）可以被看作关于科学世界如何被创造（创造范例）、被维持（新一代科学家通过范例进行表达、训练）、被修正（通过去除异常现象，减少相反的证据、殚精竭虑地把自然置于概念框框之内）、被改造（通过教材与科学界的革命与机构化）的一份说明。

［9］参见杜威（1927）。为了维持其观点的一致性，我不得不把托马斯·库恩说过的一句话从其前后文中抽出来加以强调，模式建构与社会的关系是："不同范式之间的选择是在互不相同的社会生活模式之间的选择。"（1962：92）

第二章　大众传播与文化研究

大约从第二次世界大战到朝鲜战争期间，一场关于通俗文化的性质与政治立场的争论又一次在美国学术界展开。但跟往常一样，争论的对象一直没有得到明确的界定，对立双方各执一词、答非所问。在当时的背景下，“通俗”（popular）指的是人口中所有阶层消费的对象和从事的实践，“文化”指的是表达性的人工产物（expressive artifacts）——词语（words）、意象（images）及负载着意义的所有客体。事实上，争论的焦点差不多就集中在大众娱乐——歌曲、电影、故事上。就通俗文化的发展——其历史、意义与重要性——的争论在一批二战与越南战争期间政治幻灭的激进分子、认为通俗艺术对传统带来极大威胁的愤怒的保守分子以及二战后在权力与影响上赢得一席之地而自鸣得意的自由知识分子之间进行。这场争论的领袖人物（至少以他们的鼓动性来衡量）是：德怀特·麦克唐纳德（Dwight MacDonald，1962）、C. 赖特·米尔斯（C. Wright Mills，1959）和爱德华·希尔斯（Edward Shils，1959）。与其政治上的托洛茨基主义相反，麦克唐纳德领导保守的反波普主义者和反布尔乔亚者，以民间和精英（the folk and the elite）的名义攻击通俗文化；米尔斯从左派的立场抨击通俗艺术，以货真价实的民主社会的名义反对政治经济的操纵，反对文化领域内控制工业生产体系的学院派精英；希尔斯则捍卫自由信仰的中心地位，认为口味既没有被降低也没有被剥夺，艺术家变得更加自由，并得到了更好的报酬，观众也得到更好的娱乐，艺术的创造性和知识的生产性保持了与以往人类历史同样的水平。

争论渐渐平息，那些领袖人物转而关注更容易对付但不那么令人兴奋的课题。与其他最具知识分子意味的争论一样，这些问题并无定论。当那些领袖人物最后用坦诚相见的方式谈到这一问题时，显然他们说的都没
30 错：传统确实消逝了；在许多方面确实比过去要好，而且对男女大众也没什么不好；普通人确实生活在没完没了的肤浅和由“权力精英”控制的、可操纵的文化烟幕弹下。但是，如果这是谨慎（prudent）的结论，那它只能说明在知识界，谨慎并不总是我们最需要的东西，我们还不如解决一场争论，起码在当时我们其实并没能解决这一课题。

20 世纪 60 年代，通俗文化研究被纳入或者说消融于功能社会学和行为主义心理学，即“效果”传统中。当然，也有一些不可多得的例外——罗兰·巴特（Roland Barthes）、雷蒙德·威廉斯（Raymond Williams）、约翰·卡维尔蒂（John Cawelti）开始思考这一问题，但通俗文化研究的这一余声，在像《通俗文化期刊》（*Journal of Popular Culture*）这样的论坛，却流于细碎与沉闷，既缺乏热情也没有提出什么学术问题。当 70 年代通俗文化这一课题重新浮出水面时，它剥离了道德、美学与社会问题，被纳入一个压倒一切的问题中：权力与统治的问题。

这一研究过程有得有失。最初的争论提出了一个至今没能解决的学术问题（这个争论在当时就很快变得模糊不清）：由通俗文化的话语构想出来的世界有着什么样的意义？通俗文化这一意识（consciousness）形式与其他如科学的、美学的、宗教的、伦理的、神话的形式存在什么样的关系？当通俗艺术或是替代了这些形式，或是渗透到这些形式之中，或是与这些形式相互并存时，它们之间的关系又如何？

近几年有关通俗文化的争论已不再流行，或者只是把它当作更严肃的批判性与理论性著作不落俗套的开场白。我反对这种潮流，因为我越来越相信这场大众文化争论中的领袖人物逮到了真正的猎物，如果说他们提出的一些争论要点在这些年有所发展的话（这种发展是喜是悲尚难确定），那是因为他们（尽管他们之间有所不同）全都抓住了现代社会如何联结成

一体以及现代社会的发展轨迹这类问题。很少有人能达到C. 赖特·米尔斯在《权力精英》(*The Power Elite*, 1959)中对美国社会细微之处的洞察。大众社会理论是该书的中心议题，它在威廉姆·科恩豪泽(William Kornhauser, 1959)那里得到了极大的丰富与拓展，批判理论、后现代主义甚或“效果”研究领域的学者们至今都无法超越。事实上，随着我们对文化理解的加深，对社会结构的理解反而模糊不清了。虽然通俗文化理论的影响已经非常之大，近来的欧洲学者也做了不少有益的阐述，但这一理论仍然与相对多变的、暧昧的、无政府主义的北美生活环境格格不入，这种生活环境，准确说来就是托克维尔笔下的北美场景。当年那场通俗文化 31
之争和米尔斯—科恩豪泽对大众社会的看法，其价值就在于它们强有力地捕捉了北美社会的结构条件(structural conditions)。

但是，这一理论与这场争论的不足在于他们所提出的文化概念相对粗糙。近几年取得了一些重要的进展，在形形色色的标签下以及在更广泛的领域对文化进行了进一步的分析。本章，我将通过对克利福德·格尔兹《文化的解释》的评价与阐释，对其中一些进展所产生的意义做一回顾。格尔兹著作的优点是，虽然它对重要的欧洲学术见解持完全开放的态度，但它在细微之处仍与塔尔科特·帕森斯(Talcott Parsons)有着一定的关联，格尔兹曾在帕森斯手下学习，早年他在芝加哥大学的氛围下工作过一段时间。因此，虽然格尔兹接受了现象学、语义学、英国哲学及欧洲文学批判的影响，但他仍与美国社会坚硬的表面(hard surfaces)保持联系，即使当他在巴厘岛和印度尼西亚做民族志研究时，也是如此。格尔兹拥抱大西洋彼岸的学术之风，但仍从他所工作的具体环境中汲取养分。

《文化的解释》是格尔兹历时15年写成的论文集。作为一名人类学家，格尔兹在这些论文中始终在探讨活生生的文化概念。按年份阅读这些文章(它们在书中并不以时间顺序编排)就是见证日益准确、有力的文化理论的发展过程，也就是文化理论日渐变成传播理论的过程。对于学习传播学的人们来说，该书具有两重性：它试图建立一种文化理论，这种文化理论有助于理解对特定文化所做的阐释，它通过详细阐述一种符号理论和与社会秩序有关的符号过程来实现这一意图。我们也来做同样的努力。让我们先来考察传播研究所面临的两难困境，然后考察其与社会科学的矛盾之处，最后对格尔兹的论文进行简单的剖析。

一

20世纪70年代早期，我听说雷蒙德·威廉斯这位当时剑桥大学耶稣学院（Jesus College）的著名学者在伦敦的一次会议上说：“我们自以为是的‘大众传播’研究极其严重地损害并扭曲了传播学研究。”斯图尔特·霍尔（Stuart Hall），英国伯明翰大学当代文化研究中心主任回应说，研究中心曾经想过用包括“传播学”（communications）等各种标签来描述他们
32 的研究工作，但在他看来，他们所做的最明智的决定是把伯明翰中心与当代文化而不是与传播学或大众传播学联系在一起。对于我们这些受过“传播学”和“大众传播学”课程洗礼的人来说，威廉斯和霍尔想告诉我们什么？

威廉斯提出，从现在（10多年前）开始不应该再把“大众传播学”（mass communications）作为一个系、研究项目或会议的名称。他认为，“大众传播学”这一称谓十分有害，原因有三。首先，它把研究仅仅局限在一些特定的领域，如广播和电视（统称为broadcasting）、电影以及被误称为“通俗文学”的部分，事实上“言语（speech）和写作中话语的共同领域也值得研究”；其次，“大众”一词以其最不可靠的含义进入了我们的语言，它指的是“大量的受众”（the mass audience），它阻碍了我们对“特定的现代传播环境以及最独特的现代传播习俗（conventions）与形式”的分析；最后，由于受众被设想为大众，那么唯一值得一提的问题便是：电影、电视、书籍是如何影响或腐蚀（corrupted）人们的，以及电影、电视、书籍是否对人产生影响或腐蚀。结果，此类影响研究（impact studies）总是比其他方面的研究更容易得到经费。

威廉斯这番与众不同的高论很容易被忽略。他认为大众传播学在研究上产生了令人难以接受的局限，而且带来了某种盲目。盲目的是“大众传播学”一词在总体上忽略了传播首先是一套实践、规范和形式，但研究一旦被置于“大众情形”（mass situations），这些现象就被假设是存在的，

而且从来没有经过检验。其次，由于排除了对言语和写作形式、规范和实践的关注，因此也必然扭曲对大众媒介的理解，从而使研究受到限制和孤立。威廉斯的这一番强调，部分针对的是欧洲马克思主义，但我们不该无视这样一个事实：美国实证主义也存在同样的问题。

斯图尔特·霍尔反对使用“传播”一词的理由有点含糊，但我认为他和威廉斯的想法是相似的。霍尔认为“传播”这个词在实质上和方法上使研究变得狭隘而孤立。在实质上，它的研究视野狭窄到只涵盖由大众媒介生产与发布的产品，于是，一方面传播学研究在整体上从文学与艺术的研究中孤立出来，另一方面也从日常生活，如宗教、交谈、体育这类表达与仪式的形式中孤立出来。“文化”一词在人类学意义上把我们引向总体生活方式的研究，但它被“传播”取代了，于是把我们引向某个孤立的生存片段。在方法上，“传播”一词使我们与在人类学、文学研究以及当代马克思主义中占核心地位的批判的、阐释的、比较的研究方法整个地割裂开来。

当然，我们可以把他们的观点当作一种误解，声辩我们强调的是传播 33
学，而且大众传播学并没有脱离对言语、写作及其他当代产品的研究，这

提　要

霍尔认为“传播”这个词在实质上和方法上使研究变得狭隘而孤立。在实质上，它的研究视野狭窄到只涵盖由大众媒介生产与发布的产品，于是，一方面传播学研究在整体上从文学与艺术的研究中孤立出来，另一方面也从日常生活，如宗教、交谈、体育这类表达与仪式的形式中孤立出来。“文化”一词在人类学意义上把我们引向总体生活方式的研究，但它被“传播”取代了，于是把我们引向某个孤立的生存片段。在方法上，“传播”一词使我们与在人类学、文学研究以及当代马克思主义中占核心地位的批判的、阐释的、比较的研究方法整个地割裂开来。

方面的部门机构和学术杂志也着实不少。或者，我们可以辩解在研究范围与眼界上确实存在着局限，但一个学科有其适合的科学方法与科学理论。不过这些托词太容易脱口而出，所以最好不要急着做出判断，直到我们对威廉斯—霍尔观点中的一些独特之处有更多的了解。

要了解威廉斯和霍尔的独特见解，途径之一是假设关于文化和传播的学术研究来自不同的学术问题，而且它们建立在两种不同的传播隐喻上。当然，这一概括过于宽泛，而且活生生的例外比比皆是，但是我认为占主导地位的思想趋势是与不同的社会环境结合在一起的。正如我前面提出的，美国的研究根植于传播的传递（transmission）或运输（transportation）观。我们基本上把传播视为一种为控制的目的传递远处信息的过程，于是，传播的典型情形是劝服、改变态度、转变行为，通过信息传递实现社会化，影响或调节个体对阅读和观看的选择。我称之为传播的传递观或运输观，是因为其中心词的界定与19世纪人们对“传播”一词的使用有共通之处，当时“传播”即“运输”；它也与19世纪人们渴望利用传播和运输以扩大对更广的空间和更多的人口的影响、控制与权力有关。

相比之下，传播的仪式观把传播看作创造（created）、修改（modified）和改造（transformed）一个共享文化的过程，于是其典型的情形是：对那些从人类学角度来看传播的人来说，传播是仪式和神话；对那些从文学批评和历史角度涉及传播的人来说，传播就是艺术和文学。传播的仪式观不是指空间上信息的拓展，而是指时间上对社会的维系（尽管有人发现这种维系以统治为特征，因而并不合理）；它不是一种传递信息或影响的行为，而是共同信仰的创造、表征与庆典，即使有的信仰是虚幻的。如果说传播的传递观其核心在于以控制为目的的信息在地理上的扩展，那么传播的仪式观其核心则是将人们以团体或共同的身份召集在一起的神圣典礼。

这样，这两种观念的差异便一目了然，它们在实质上和方法上会产生
34 不同的结果。显然这两种观念来源于不同的问题意识，也就是说一种传统所提出的基本问题与另一种传统所提出的基本问题并无关联。

文化与社会之间的关系如何——或者说在其表达形式之间，例如艺术和社会秩序之间存在什么样的关系？总体上，美国学者都没有把这个问题

当回事，在他们看来这只不过是个体的选择或这样那样的决定方式。当然，存在着艺术，也存在着社会，但要传播学者描述它们之间的关系，那就像是在复述一件显而易见的事，是毫无必要的。然而，许多欧洲学者的一项首要的（虽然并不是唯一的）学术任务就是研究表达形式与社会秩序之间的关系。

英国社会学家汤姆·伯恩斯（Tom Burns）对此做了很好的论述，他发现艺术的使命在于发现生活的意义，因此，社会科学的使命是理解我们从生活中发现的意义。根据这一推理，社会科学工作者就得走近他的素材（material），这种素材指各种文化形态，如宗教、意识形态、新闻业、日常言谈，就像文学批评家应该面对小说、戏剧、诗歌一样，他必须理解这些作品的意义和这些作品对其所代表的生活的阐释，以及这些作品与历史上人们对生活的理解有着什么样的关联。

但伯恩斯有点想当然了。一方面是生命、存在、经验和行为，另一方面是在这种经验和行为中发现意义与重要性的意图。依照这一理解，文化是特定的人在对艺术、宗教等的体验中所发现的意义与重要性，研究文化就是在这些形式中寻找秩序（seek order），赤裸裸地显示出它们的主张与意义，系统地阐述趋于同一目的的多重形式之间的关系：提供可理解的经验及这些经验所产生的影响。但是，被称为文化研究的东西也可以被称为传播研究，因为在这一情形下我们研究的是经验如何得到理解，然后又如何被散播和颂扬（celebrated）的（这种差别在交谈中就不明显）。

美国的传播研究直至近期才出现不同的意向。过去人们觉得传播最值得关注的问题是发生劝服或社会控制的条件。这里我如果将形形色色的美国传播研究归结为一点的话——我承认有点简单化了，但它还是抓住了要害——美国的传播研究，包括大众传播与人际传播研究，都致力于对态度的改变、形成、强化与行为的稳定或转变（redirected）时的心理和社会条件做出准确的陈述，另外就是探讨把社会秩序联结在一起的自然的或抽象的功能。文化的特定形式——艺术、仪式、新闻——差不多都只是间接地 35
进入这一分析（如果真有这种分析的话），而且也只有当它们对这类社会条件起作用或构成这类心理的作用力时，才得到分析。换言之，只有在探讨心理状态、理性或非理性动机、劝服技巧、家庭组织的不同形式、现实与虚构型传播之间所呈现的显著差别或者大众媒介在维系社会整合中所扮演的角色时，才会引进这些文化元素，虽然是间接的。但是对传播学者来说，一旦发现适合关注的学术对象与行为或态度有关而且数据也能说明问题时，文化的表达形式就完全派不上用场了。这些文化形式与社会秩序的关系、它们的历史性转型、它们对意义这一主观世界的介入、它们相互之间的关系、它们在创造整体文化（一种生活方式与一种意义模式）中的作用，都从来没有得到认真的对待。

这一实质与意图之间的差异也与我们在处理社会科学一直存在的方法上的困境时所采取的不同策略有关，尤其与我们对“经验主义”一词的不同理解有关。在这些关键问题上，我们最好求助于克利福德·格尔兹和他的《文化的解释》。

二

《文化的解释》一书的中心议题是北美学术界历来关心的平等与社会阶层问题。我们都一本正经地信奉人的理性是政治行动的手段（instrument），假如没有这份固守的信念，那么除了个人口味、选择和权利之外就没什么公共政治生活可言。然而，当莱因哈特·本迪克斯（Reinhard Bendix）在《社会学和对理性的质疑》（Sociology and the Distrust of Reason，1971）中谈到这一问题时，认为现代社会科学同样信奉人的行动要么是个人偏好（individual preference）的产物，要么受内在的、无意识的或外在的、环境的法则与功能的支配。这一观点的后半句话尤为重要，它几乎没有为理性、意识甚至由个体所决定的选择留下任何余地。行为由条件作用（conditioning）和强化（reinforcement）这类法则塑造而成，抑或由前逻辑功能（prelogical functions）、前意识冲动（preconscious urges）、创伤（如自卑情结）、权力意志塑造而成。这样就马上产生了一个问题：那些法则和功能从何而来？我们别无选择，只能得出这样的结论：它们或者是由作为统治阶级一分子的科学工作者有意捏造出来的，或者这些法则和功能是自然的一部分，支配并决定了科学工作者的行为以及他们研究对象的行为。但是，作为科学工作者，如果他们的行为由条件作用和强化、由个性和社会制度的功能需要、由恶魔般的和无意识的冲动所决定，那么 36
还有什么理性可言？科学思想可能与真理无关，因为它无法用真理来解释；科学思想也可以说是一种偏见和激情，尽管它显得十分专业。如果人类行为法则同样支配了科学工作者的行为，那么他们的工作就毫无价值；如果不是，那么科学思想由什么样的意识构成？

这一难题正是格尔兹文章的核心，他直截了当地通过意识形态分析来探索这一核心问题。意识形态是一个科学术语，它是哲学家的遗产，并已转化为一种武器。知识分子一般不认为自己受制于某种意识形态，也并不愿意被称作意识形态主义者（ideologists）。结果，我们通常在政治学或理论与意识形态之间划清界限，认为前者能够以理论的或经验的方式捕捉真理，而意识形态则是连篇的谬误、歪曲、利己主义，就像“法西斯主义意识形态”里的思想那样。结果，我们宣称“意识形态的终结”，因为现在已经有了关于政治的科学理论。但这些形式之间到底存在着什么样的区别？科学工作者的政治理论也许只是另一种意识形态：是服务于利己、激情和偏见的歪曲与幻觉。

这是一个难解的问题。格尔兹称这一困境为“曼海姆悖论”（Mannheim’s Paradox），因为卡尔·曼海姆（Karl Mannheim，1965）在《意识形态与乌托邦》（*Ideology and Utopia*）一书中敢于与这一难题较劲，虽然他打的是一场无解之仗。“那么意识形态在何处终止而科学又从何处登场？这是现代社会科学思想的司芬克斯之谜，也是其论敌百试百验的武器。”（Geertz，1973：194）但这个难题具有普遍性：条件作用何处终止而科学登场？阶级利益何处终止而科学登场？无意识何处终止而科学登场？对于本文来说这一难题的重要性是双重的：首先，随着“知识社会学”领域的发展，传播研究粉墨登场，于是我们不得不直面这一难题；其次，传播学者所采用的主要策略却是回避曼海姆悖论。

大多数社会科学家在采纳某种研究策略时，并没有对他们所从事的工作做太多的思考，当然他们也并不认为自己在解决曼海姆的悖论。但是审视社会科学研究传统的一个重要途径，是我们能够认识到对待“社会学及对理性的质疑”（“sociology and the distrust of reason”）存在着不同的策略。在传播研究中，有三种攻克这一问题的策略，不过本质上它与其他社会科学所采用的策略如出一辙。第一，把传播看作一种行为科学，其目的在于阐明规律；第二，把传播看作一种形式科学（formal science），其目
37 的在于阐明结构；第三，把传播看作一种文化科学，其目的在于阐明意义。下面我根据格尔兹对意识形态这一永恒主题的分析，粗略地谈一谈这三种策略。

对意识形态的两大最重要的解释来自行为科学。格尔兹称之为利益理论（interest theory）和紧张理论（strain theory），但我们更乐于称它们为因果解释和功能解释。因果解释试图把意识形态根植于社会结构这一坚实的土壤中，它对意识形态立场的解释是认为它源自不同团体，尤其是不同社会阶级的利益，它也试图根据阶级成员来预测他们所采取的意识形态立场，由此从预设的因果关系（antecedent causation）中得出意识形态。但最终这个观点不灵了，因为根据阶级或其他任何变量都很难预测意识形态。虽然意识形态比其他许多社会现象更容易预测，但阶级地位与意识形态立场之间因果解释的净值（net result）相关性很低。当这种“本质主义”（essentialism）形式——一个阶级对一种意识形态——失效后，就出现了另一种解释工具。在功能解释中，意识形态被认为并不是由结构性力量引起的，而是为了满足人格或社会的某种需求或功能。格尔兹称这后一种观点为紧张理论，因为它源自人格与社会长期的“不良整合”（malintegration），该理论假设生命不可回避地纠结着重重矛盾、不适和不调，这些矛盾引起了紧张，从而为意识形态提供了一种解释。如果说因果解释认为意识形态源自前因（antecedent factors），那么在功能解释中意识形态被理解为一种机制，这一机制能使因现代生活的矛盾而失调的系统恢复平衡。在有的模式中，意识形态是一种进攻的武器；而在功能模式中，意识形态却是用来释放紧张的装置。在因果模式中，小资产阶级店主的反犹太主义可以用阶级立场来解释；在功能模式中，同样的反犹太主义可以解释为一种心理的宣泄——将压力移情于象征性的敌人。

同样的解释模式在行为科学中都有迹可循，它们都试图用类似的功能或因果法则来解释现象，但两者都有缺陷——因果法则在预测方面常常苍白无力，功能法则在解释那些容易理解而又强大的功能上往往含糊其词。

而且，这两种解释模式都建立在实证数据的基础上，数据通常与操作性概念（如宣泄或利益）有关，但对这些概念的操作性定义又往往是可疑的、武断的。

但这里我们质疑的主要不是这些解释的力度，而是看它们如何对待曼海姆悖论。行为科学在两个方面试图解决曼海姆悖论。第一，他们申辩说行为法则能解释的只有统计学意义上的事实。因此，就像力学作用于我们每个人，如果这些行为法则普遍地运用于每个人，那其实它对谁都派不上 38
用场。同样，如果说这类法则只不过解释了数据中的一部分变量，那么他们也可以辩解说科学工作者的行为不一定受这类法则的支配。第二种逃避困境的方法就是简单地声称这一法则并不适用于科学工作者这一特殊身份，科学工作者在理解法则的行为中摆脱了法则的力量，因为专业知识给了他一种特殊的追求，这种追求就是对他人的论断做出评判，尤其是揭开那些带有意识形态的论断中虚幻、自利（self-serving）的本质。

如今这些策略都不灵了，但他们对意识形态带来的最大危害——或者说对其他任何符号形式带来的最大危害——是他们采用了命名（naming）法来应对这一现象。他们以为在演讲或写作中采用呆板的科学形式——那种所谓的超然而客观的独特品质，是真理能够得以阐明的唯一模式。他们反对的是意识形态（在修辞上的）夸张法（hyperbole）。

美国的传播研究一直忙于创立一门行为科学，用来解释行为的法则或功能，因此传播研究遇到了所有社会科学都会面临的困境。

实际上，传播的形式理论（formal theories of communication）从来不曾在美国学术界活跃过，倒是相关领域出现过一些有见解、有力度的形式理论，至少它们在想象力上对传播学研究产生了影响。现代语言学、系统论、控制论对于建构社会现象的形式理论做出了不同的努力。更有甚者，在诺姆·乔姆斯基（Noam Chomsky）语言学的影响下，认知心理学、认知人类学和人种学（ethno-science）等都力图用形式理论替代行为的解释方式。主要源自列维-斯特劳斯（Lévi-Strauss）的形形色色的结构主义被当作形式理论运用于大众传播研究中，在想象力上（即使不是在操作上）产生了一定的影响。

形式理论通过摒弃行为研究来处理曼海姆悖论。因此，形式理论研究者避免假定或论证这类支配研究对象或科学工作者的行为法则，我们从语言学理论的两个主要形式——能力（competence）与表现（performance）的差别或语言（language）与言语[1]的差别中，可以清楚地看到这一点。现代语言学家不再费力解释语言的行为或表现（也就是实际研究对象实际运用的句子），而是解释其语言能力（也就是从原理上解释某个土生土长的说话者说出某种语言的语法句子的抽象能力）。于是形式理论工作者开始从一个无可辩驳的、经验主义的世界——人类创造新的说话方式的能力
39 （指过去从未听过也没有说过的句子），或者如列维-斯特劳斯所说，在所有文化中出现的对立的符号系统（如上/下、停/走，红/绿）——转向为这种语言的创造能力搭建理论性的工具、模式和结构，也就是从日常行为稍纵即逝的材料中搭建人类心智或文化的深层结构。当然“后结构主义”已经不再从事这项工作，但仍留有很深的痕迹。

我们可以对同一论题做出不同的理解。当意识形态进入大众传播研究时，它们常常被当作一种驱动力（force），或是一种功能。除非对意识形态的深层结构采用某种形式分析（事实上尚无成功的先例），否则我们只能继续摸索意识形态的效果或对它的使用与满足。通常的研究轨迹无非是从前者转向后者[2]，也就是从把人当作无足轻重的机器（machines）转化为把人当作复杂的系统。这种从因果解释向功能解释的转换不只是创立不久的传播学研究的产物，更重要的是，它反映了整个社会科学的历史，尤其当社会科学面对具有明确符号性的人造物（artifacts）或表达（expressions）的时候。当然，从某种意义上说，所有的人类行为自始至终都是符号，但有一种实用的便于分析的区分，借用格尔兹的观点（他的观点也是从肯尼斯·伯克而来，1957），造一栋房子和为造一栋房子所画的设计图、做爱和一首关于做爱的诗是有区别的，但多数符号和人造物在日常生活中都融为一体，为了分析的需要，就有必要将它们区分开来。不幸的是，每当不得不呈现符号的构成（symbolic component）时，社会科学就会遭遇理论上的笨拙。一旦面临对文化形式做出清晰的表述时，社会科学工作者

---

① speech，即语言行为。——译者注

② 指从效果转向使用与满足。——译者注

就把一切搞得晦涩难懂，并将他们的研究对象简约为与社会结构或心理需求有关的东西。他们似乎无以把握文化本身（这里的文化指的是一个虽然是矛盾的和异质的但又是有序的的符号系统），他们只会探讨符号的社会和心理的起源问题。

在一些符号和意义极为重要的社会学分支领域，也经历了同样的历史。意识形态、宗教、神话和通俗文化研究做了同样的努力：把符号形态简约为前置的或因果的变量。当这一方法失败后（这是不可避免的），有人提出改变研究策略，将文化形式简约为系统维护现象——也就是转换为功能解释。研究策略转向的背后伴随着想象力的转换：从现象的权力模式转向焦虑模式，从行动的利益理论转向紧张理论，从行为的被动的、非理性的概念转换为主动的、功利的概念。

大众传播研究一开始试图从传播过程中的因果关系来解释传播效果， 40
受行为主义心理学和信息理论的启示，这种解释方式引发了传播的权力模式，其重点放在环境的作用力，以及被设想成相对被动的接收者。这一模式所采用的科学研究不仅可能而且必然把文化现象归结为前因（antecedent causes）。有些原因被明确地界定为心理变量——信源的可信度、信息的吸引力，其他一些原因则被植根于接收者的结构性情境——阶级、地位、宗教和收入中（Hovland，Janis，and Kelley，1953；Lazarsfeld，Berelson，and Gaudet，1948）。

提 要

大众传播研究一开始试图从传播过程中的因果关系来解释传播效果，受行为主义心理学和信息理论的启示，这种解释方式引发了传播的权力模式，其重点放在环境的作用力，以及被设想成相对被动的接收者。这一模式所采用的科学研究不仅可能而且必然把文化现象归结为前因。有些原因被明确地界定为心理变量——信源的可信度、信息的吸引力，其他一些原因则被植根于接收者的结构性情境——阶级、地位、宗教和收入中。

这一前因模式的优势是：它把文化现象置于社会结构的坚实的土壤中或置于个体的条件作用过程中。然而，它的劣势在于对行为的预测十分含糊。它最多能得出前因与后果变量的有限的相关性，而且即使是这种有限的结论也常常要通过对测试人口的仔细筛选（Katz and Lazarsfeld，1955）以提高显著度的值才能获得。

大众传播研究的历史与社会科学中涉及文化形态的其他领域的历史是齐头并进的。无论是越轨（deviance，Matza，1964）、艺术（Geertz，1973）或宗教（Berger，1967），首先试图在先前接触和刺激的基础上，或在种族、阶级、收入等社会结构性变量的基础上对信仰、意识形态、越轨模式或行为变化的表现加以预测，结果却不理想，得出的结论无非是“有的人这样，有的人不这样”。根据条件作用、阶级或同类的其他原因变量，结论也无非是有的人是有信仰的，有的人没有；有的人以这样的方式投票，有的人以那样的方式投票；有的人参与了法西斯分子的运动，有的人对此无动于衷。不幸的是，人们无法从基本的模式中对行为者做出预测，因为数据中只有极少数变量具有显著的相关性，而且显著度又常常小于0.5，所以只能通过一系列更复杂的变量才能做出解释。因此，正如大卫·莫利（David Morley，1980，1986）近年来的受众研究所显示的，与其说是哲学不如说是数据使我们面临“反本质主义”（antiessentialism）的窘境。从整体上把文化想象成一种权力——人民的鸦片、皮下注射针、环境的产物——否定了心智作用的自主性，并把研究对象降格为无足轻重的机器，文化符号丰富的历史、复杂而富有意义的交流（如宗教）最终只不过成了刺激和结构的影影绰绰的衍生物。

41 功能模式的兴起是对预设的因果关系模式所遇到的实证难题的一个回应。而且，它在想象力和关注点上发生了转型：从把传播当作一种权力转化为把传播当作释放焦虑的一种方式，从信源利益转化为受众利益。但最重要的是，它也反映了解释机制的转型，因为功能解释首先强调的不是决定行为的前提或来源；为了维护思想、行动或社会团体系统，它强调的是决定行为的起因或后果。这不是从因果论（etiologically）而是从意识形态（ideologically）出发解释社会现象：在一个系统中作为维系或恢复平衡机制所表现的行为方式。

功能解释由此从原因转向了结果，它被当作维系（或破坏）个人性格或更复杂的社会生活系统的一大作用力。无论研究对象是意识形态、宗教、神话，效果都一样。宗教不再是历史条件的产物，如今它表现为维护社会稳定，“我们同在一起”（We're all in this together）理论。意识形态不仅仅由阶级利益引起，它提供的是宣泄，通过把焦虑转移到替罪羊身上或借替罪羊来消除焦虑，即“妄想症患者也有敌人”（Even paranoids have enemies）理论。大众传播不是引起某种态度或行为的原因，而是通过让受众把注意力从烦恼中转移的方式，为维护规范化的社会角色提供反馈：这就是“我们所做的一切都有用”（Everything we do is useful）理论。

由此，功能主义来自系统（如社会、个性、认知）潜在的不良整合（malintegration）。它对现象的解释不是归咎于前因而是放在未来的状况（通常是维持或破坏）上：在社会功能机制层面研究紧张问题——这种紧张包括监视敌意的环境；在个性层面研究焦虑问题；或者与社会学功能主义相对应，从心理学角度探讨失调（disequilibrium）问题。结果，功能主义给我们留下了模棱两可的概念：大众传播可能颠覆社会共识或加强社会共识，监视环境或欺骗受众，促进稳定或加深仇恨，释放社会压力或加剧社会紧张，在危机中相互团结或分裂社会。各种证据可以用来证明所有这些互为矛盾的论点，却没有办法具体说出什么时候或在什么情形下，大众传播具有某些或所有这些功能。

虽然使用与满足分析有时接近大众传播消费背后隐藏的动机，但在试图区分行为所产生的结果时，这一分析就含糊其词了。由某一组动机形成的行为模式却出现了貌似可信但风马牛不相及的巧合，例如有人为了娱乐坐下来观赏电视节目，但经过一些莫名其妙的过程，结果释放了他的压力，鼓舞了他的志气，或增强了他与社会的凝聚力。这些结果都以极为模 42
糊、不确定和没有说服力的方式与行为的动机产生联系，这个问题常常困扰着所有的功能分析。格尔兹对此总结道：

> 一群原始人满怀诚意地出发祈雨，结果强化了群体的社会团结；一个选区的政客本来勉强获选或正处于事业的低谷，结果却成了未能融入社会的移民群体与没有人情味的政府官僚机构之间的调停人；一

> 位理论家本来只想公开表达一下他的怨气，结果转念一想，发现自己也在为维持这个令他不满的体制出力（p. 206）。

潜在功能（latent functions）或虚假意识（false consciousness）是一种装置，通过这种装置，行为的意图与后果之间的差距就不复存在了。这一设想来自马林诺夫斯基以及他关于原始思维之本质的思想。在马林诺夫斯基的构想中，人类行动表面上显然是非理性的、迷信的，通过一种隐藏的迂回（hidden indirection）不可思议地与本质上理性的、常识性的意义相连接：原始思维反映了一种功利性思维，这种思想方式为我们研究人的行为只留下了两种选择：要么本质上是原始的，因而是非理性的和迷信的；要么它受内在智慧的暗示，很容易转化为思维的功利形式——思维的无意识层面促成了人格或社会秩序的稳定。

这两种策略都会把经验的内容——特定的仪式、祈祷者、电影、新闻报道——消解为某种前逻辑或原逻辑（pre- or protological）的东西，而不曾把经验本身看作意义符号的有序系统加以考察。当然，难就难在大众传播研究中除了符号过程的基本概念外，实际上就没有什么其他的东西了。不少研究涉及了逃避、找到象征性发泄途径或产生了社会稳定，但这些奇迹是如何实现的，却从来没人能说得清。在这类分析中，从来没有人把注意力认真地放在经验内容上。例如，对娱乐的研究认为，白日梦（fantasy）不完全是“非理性的”，因为它缓解了紧张、促进了稳定、增长了知识——这种观点对任何目睹一个社群因电影内容产生分歧或亲身经历过被萦绕不去的电影形象所烦扰的人来说，都是荒谬的。研究者很少对电影台词进行分析，什么都得到了强调，就是没人注意电影具体讲了些什么。

大众传播行为的发生原因与其效果之间的联系似乎是偶然的，因为它们之间的相关因素是某种潜在的功能，而且没人关注过符号形成的自发过
43 程。与因果分析一样，功能分析也直接从信源到效果，没有认真考察大众传播作为一个由互动的符号和交织的意义所构成的系统，必然以某种方式与动机、情绪相关联，由此产生了符号性的宣泄。有研究者采用了内容分析，但要么分析内容所反映的需求，要么是社会系统的维护，没有用来解

释其他方面的主题，也没有阐明任何一种语义学理论。

尽管如此，我还是希望既不要否定也不要嘲笑大众传播的研究传统。万事开头难，人人皆如此。我只想说，受过专业训练的知识分子尚有未竟的使命，还有第三种看待传播学学术目标的途径。文化研究就没有回避曼海姆悖论，我很乐意告诉大家，文化研究是怎样对待这一问题的。虽然格尔兹本人不以为然，但文化研究其实冒着陷入相对主义的危险；而且，文化研究的目标远比其他研究传统来得谦卑（modest），它既不是按照支配法则来解释（explain）人类行为，也不是将之消解为基础结构，文化研究追求的是理解（understand）人类行为。文化研究不是试图预测（predict）人类行为，而是试图诊断（diagnose）人的意义。在更积极的方面，它绕过了行为研究的抽象经验主义与形式理论空中楼阁式的玩意儿，并深深扎根于经验世界中。因此，至少从更忠实于人的本性和日常经验这点看，把传播学的目标设想为文化学（cultural science）较为适合，且更具人性。许多文化研究学者都把马克斯·韦伯作为一个起点，格尔兹也同样如此：

> 诚如马克斯·韦伯所言，人类是一种悬挂在由他自己编织的意义之网上的动物。我把文化看作这些网，因此，对文化的分析不是寻找规律的实验科学，而是寻求意义的一种阐释性科学。我追求的是解释

提 要

> 文化研究的目标远比其他研究传统来得谦卑，它既不是按照支配法则来解释人类行为，也不是将之消解为基础结构，文化研究追求的是理解人类行为。文化研究不是试图预测人类行为，而是试图诊断人的意义。在更积极的方面，它绕过了行为研究的抽象经验主义与形式理论空中楼阁式的玩意儿，并深深扎根于经验世界中。因此，至少从更忠实于人的本性和日常经验这点看，把传播学的目标设想为文化学较为适合，且更具人性。

（explication），也就是对表面上神秘莫测的社会表达做出诠释（Geertz，1973：5）。

这些还太抽象，让我用传播研究人员容易检验的、朴素而明晰的例子对格尔兹所寻求的意义做一说明。假设有一场关于死亡意义的谈话。第一位参加谈话的人是当代医生，他认为脑电波停止就是死亡，这是可以凭经验观察来判断的，而且其更大的好处是死者的器官可以立刻移植给其他急
44 用的病人。另一位是典型的中部美国人，他认为心跳停止时人就死了，这也可以通过经验加以判断，这比死亡发生于脑电波停止时要合理，这样不但生命得到了延长，而且由于心脏一直是人类情感的象征，因此这一看法承认了死亡的情感层面，把死亡与正在进行的社会生活联系在了一起。第三个参与谈话的人是一位爱尔兰农民，他对前两位的死亡定义大不以为然，认为心跳停止后三天才叫死亡，这也是可以检验的，只要数一下日子就知道了。在这过渡期，也就是在爱尔兰人的守灵期，那个人仍被当作是个活人。“当作（活人）”流露出许多信息：人在心跳停止后还活了三天，也就是说，这些农民心目中的死亡实际上是社会性死亡，即这个人最终脱离了人类社会；在这（指脱离人类社会）之前，无论如何，他仍被当作一个没有功能（functionless）的活人。第四个人认为心跳停止前七天就是死亡。他是科林·特恩布尔（Colin Turnbull）活灵活现的小说《山人》（*The Mountain People*，1972）中一个部落里的人，对这些饥饿的人们来说，当食物紧缺难以为继时，生命也就停止了，在我们看来他还活着的时候，他就被当作已经死了。同样，如果我们忽略这种“当作（死了）”，那么这一对死亡的定义就像出自神经外科医生（neurosurgeon）之口，在认知上是确切的，在感情上也可以让人接受，这一定义只不过是一部分人赋予死亡的特殊含义。

面对这种场景我们该怎么办？我们当然不能说这些对死亡的定义有的是基于科学真理，有的是奇谈怪论。死亡并不是由死板的生理学和科学工作者所给予的毫不含糊的经验，早在有人工生命维持系统之前就一直如此。但是，我们能够发现不同的死亡定义是如何指向不同的价值观和社会意图的：注重用“人为方式”延长生命，意在保持社会存在的延续性，缓

解生死之隔的剧变。但是，如果在科学的基础上对这些死亡定义做一选择的话，我们仍然是不可知论者（agnostics）。

在这种情景之下，我们还能做些什么？我们是不是想问是什么原因使这些个体持有不同的定义？也许我们接下来就会提出这个问题，但没有人能够就此设想出一个“规律性的”结论，除了重复诸如“所有人对死亡都有自己的界定，尽管定义各式各样，但毕竟死亡是一个必须面对的问题”。我们唯一可以设想的原因是一种历史性的解释：从基因上解释长期以来这种观念在不同的人们中间是如何发展起来的，以及这些观念是如何变化、置换（displaced）和转变的。但这样的分析不可能产生任何规律性的结论，45
因为从直觉上看，显然每个人都有各自的历史：有多少持不同死亡定义的理由，就有多少关于死亡的定义。

我们需要探寻这些不同定义所提供的功能吗？我们可以这样去做，但不一定有什么结果。确实也没有一个预设的原因可以假设这些（有关死亡的）定义服务于什么功能。我们可以从巩固社会稳定这个角度对死亡的功能进行详细的探讨，但这又陷入了所有功能分析的怪异之中：一个族人一开始只是想弄清楚什么是死亡，结果却巩固了社会的稳定。这两种行为之间其实没有必然的联系。“潜在功能这个概念，”格尔兹认为，“通常运用于论文中一些反常的事物状态，它只是命名了现象（现象的真实性不成问题）而并没有解释现象，其结果就是功能分析……仍然无可救药地模棱两可。”（p. 206）

面对这一情形，我们是否需要探寻表面上各不相同的定义所包含的深层思想结构？也许有人会这样做，但这种做法也很难帮助我们理解死亡这一特殊的场景。我们可能会用列维-斯特劳斯的方法，寻找这些死亡定义所包含的语义学结构的共性，由此在这形形色色的定义中产生出一个放之四海而皆准的关于死亡定义的绝妙的设想。但这种做法类似于一种猜字游戏，正如格尔兹（1973：359）在文章中对列维-斯特劳斯的总结，有那么多特定个体和特定场景，就像我所说的“任何在人的身上寻找一成不变的真理的学说——例如从‘思维结构’得出的‘原始逻辑’——只是看上去显得别致而已，其实不过是一种学究式的好奇”。

我之所以举死亡这样一个简单易懂的例子，是因为它是人人都能明白的、通用的、超历史的、跨文化的现象。同样，死亡这种实实在在的东西，完全无法简约为我们能想象的规律、功能、权力、利益。即使到了后现代，我们也会以某种生动的方式、按照某种生动的理解[1]走向死亡。对于我所设想的那些场景以及每天都需要我们做出评价的无数事物，我们所表现出来的无能为力（inability）并不是因为我们不了解人类行为的规律或社会实践的功能，我们可以在一定范围发现这些事物的真相，但我们对它们还了解得不够；同样，我们面对实证结果却说不出个所以然来，也不是因为我们不了解大脑的普遍结构或认知的本质——虽然我们还可以对此知道得更多。面对一些事物如死亡场景时我们所表现出来的无能为力，坦率地说，是由于我们缺乏对这些事物的理解：理解意味着能够领会行动者
46 的行为作为符号所呈现的想象性空间。正如传播研究始终面对的挑战是解开"复杂的概念结构之多样性，它们之间大多相互重叠、缠绕，结果变得陌生、不规则、不清晰，（学者们）必须先想方设法理解它，然后再对它做出陈述"（Geertz，1973：10）。重复一下，我们面对的挑战是理解人们在词语和行为中所建构的意义，要把这些意义、也就是人们对生命和经验的看法清晰地表达出来，这样我们才有可能对这些事物做一个公允的判断。

社会科学工作者当然会把意义加诸他们研究对象的经验之上：告诉我们研究对象的思想和行为意味着什么，他们都在做些什么。但科学工作者所构建的这些意义不一定与他们研究对象的主观意图或主观理解有关。有人曾尖刻地说："社会科学工作者到处告诉人们他们[2]在想些什么。"所以格尔兹建议社会科学要做的第一件事是根据人们如何埋葬死者来理解符号充满意义的结构，在方法上，这就叫"理解"（verstehen）。不过，这不是遥感大脑，而是解读人们为其经验所编织的阐释（interpretations），一种可以被公开的阐释。

因此，传播的文化学把人类行为（human behavior）——或更准确地说是人类行动（human action）——看作一种文本（text），我们的任务是

① 指对死亡意义的理解。——译者注

② 指人们。——译者注

建构这一文本的“解读”（reading）。文本本身是依次排列的符号（a sequence of symbols），比如言谈、书写、姿势，它们都包含了解释。就像文学批评家的任务是对解释做出阐释（interpret the interpretations）。格尔兹在“深层游戏：巴厘岛斗鸡”一章中对这一立场做了精妙的总结：

> 一个民族的文化是一种文本的集合体，是人类学家隔着文化真正拥有者的肩头努力解读出来的文本集合体。……在斗鸡中，巴厘人形成并暴露了他的性情及其社会品性。或更准确地说，他形成并暴露了这些性情和品性的一个特殊的面向。在巴厘岛，不仅存在着其他许多能够说明地位等级及自尊的文化文本，而且除了社会分层外，巴厘人生活中还存在着其他许多值得关注的重要方面……只不过斗鸡对巴厘岛人生活的解释还没有遇到其他同样雄辩的文化陈述的挑战。但文化中也存在着令人无比惊奇的事物，例如拉辛和莫里哀居然活在同一个时代，有一个民族既喜爱菊花艺术又精通铸剑（1973：452－53）。①

通过某种文本的隐喻来谈论人类行动已经不再稀罕，只不过仍令人困扰。隐喻（metaphor）强调文化学家的使命更接近于文学批评和《圣经》 47
学者，尽管有所不同，但他与这两者的关系比行为科学工作者更为接近。“文本”并不一定印在纸上或铭刻在石头上，通常我们研究公共言论（public utterance）或具体行为的文本，就像文学批评一样，我们需要探究文本说了些什么，建构一个关于文本的解读。从事传播研究（或文化研究，或格尔兹所说的民族志）“就像努力解读（在‘建构关于……的解读’这一意义上）一份手稿——陌生的、字迹模糊的、充满省略的、前后不连贯的、有可能被篡改过的或带有偏见的评论（commentaries），而且这部手稿不是用约定俗成的音符写成，而是用有形行为的稍纵即逝的例子写就”（p. 10）。

再向前走一步，假设我们剥下死亡场景的外衣，也就是说去掉描述性的东西，剥去词语的外套，我们考察的就不是一场交谈，而是一系列的行

---

① 1973年英文版的《文化的解释》第452页至第453页的原文与这段引文内容不同，可能是由引用版本的不同造成的。——译者注

动（actions）。我们之所以对行动感兴趣，是因为行动是有意义的——它们是动作符号（gestural symbols）的合奏。我们需要解码（decipher）——虽然没有破译密码那样机械——也就是行动表达了什么，我们考察的是人们肃穆地守灵、测量脑电波、让他们的亲人滚入山谷等等。通过这些瞬间的、片段的资料，我们不得不对这种情境建构一种解读：阐释这些动作符号所包含的意义。这种技巧就是联系具体社会结构来解读"文本"，而不是把文本简约到结构中去。没有人会提出异议认为这过于简单。在今后很长一段时间内，许多方法论上的问题将一直困扰我们。我们要以这种方式看待传播：将传播作为一种阐释，一种从经验中分析得来并建立在经验之上的意义，也就是为人所提起并解释的东西；让我们将注意力集中到研究对象身上，而不是放在解释研究对象的一些外在而武断的套路（formula）上。

为什么我们要建构一种解读？答案显示了传播作为文化研究的谦卑与重要。文化研究的目标主要不在于回答问题，而是正如格尔兹所说，"为我们提供了在别的山谷看护另一种羊群的另一种人对问题的答案，从而把这些答案归于记载人类曾说过什么的可供查阅的记录中去"（p. 30）。这是一个谦卑的目标：理解他人加诸其经验之上的意义；建立起一个他人在其他时间、其他地点、以其他方式说过什么的诚实记录；通过理解他人在说些什么以扩大人类的交谈。这一目标虽然谦卑，但没能（inability）投身于这种交谈却是现代社会科学的必然失败，它们[①]不了解自己的研究对象，不去与研究对象交谈，而是把意义强加在研究对象身上。社会科学工作者拥有政治理论，但他们的研究对象却带有政治意识形态；社会科学工作者
48 的行为是自由的、得到的知识是理性的，而他们的研究对象却受习惯、迷信的制约和主宰——对于民主社会来说，这不是一种良好的学术氛围。

格尔兹认为，社会科学最迫切需要的，也是文化研究无与伦比的特长，是创立一种虚构（fictions）的理论。这里所用的"虚构"一词取其原始含义——fictio，指的是一种"制造"（making），一种建构（construction）。人类的思想成就及其在文化中的延伸（它既是一种成就，也是一种

① 指现代社会科学。——译者注

卑微的需要）是千差万别的文化形式的创造，通过这些文化形式，现实就能够被创造出来。科学，号称是唯一反映现实真实图谱的文化成就，但是对于我们理解这一奇迹是如何实现的，科学既引领我们向前，也拉了我们的后腿。近期社会理论的最大进步是19世纪晚期学术界展开的那场概念大战已经偃旗息鼓，其特殊意义在于放弃了妄图发现“原始”与现代思维之间存在最细微差别的努力。这些差别被认为是土著人无拘无束的迷信与公民自由自在的理性之间的差别——在原始巫师受感情控制的生活空间和现代科学工作者冷静的几何学世界之间的差别。请容我大胆地说一句——现在看来它只是让我们更多地了解了社会科学工作者的政治意图和个人抱负而不是人类思维的本质。一旦刺穿原始思维与现代思维那层学术之膜，这两个研究领域同时会受到影响，原始人的思维慢慢会产生逻辑结构和原始模式（并不就是错误的模式），而现代人的智力活动模式也将更鲜明地凸显出来。

发现人类思想共性的意义并不是说我们同时具有原始和现代的两面性，也不是说我们是理智和迷信兼具的动物（这一发现很容易产生这种想法）。发现人类思想共性的意义在于，我们认识到人类思想并不存在于客观世界不容置疑的图谱（指科学）这样的产物中，也不存在于对神秘的现实错误百出的描述中。在新模式中，人类思想是人们应用于经验的阐释，是对形形色色意义体系的建构，而且这绝不是科学方法的证据可以穷尽的；因为人们所创造的不只是一种现实，而是多重现实。现实不可能为任何一种符号形式所穷尽，无论这种符号形式是科学的、宗教的，还是美学的。结果，真正的人类天赋和需求就是以不同符号类型——口头的、书面的、数学的、姿势的、身体运动的——为中介（agency），并通过不同的符号形式，诸如艺术、科学、新闻、意识形态、日常言谈、宗教、神话——这些只是其中的一部分——建立关于现实的模式。因此，在试图理解人们 49
加诸经验之上的意义时，有必要先研究虚构理论（theory of fictions）：这一理论解释了这些符号形式是如何运作的，采用了什么样的语义装置，它们所承载的意义以及给经验增添了什么样的特别色彩。

正如格尔兹所说，只要思考一下仪式，就能理解文化之复杂性：

> 我们可以在一种文化形式的全部剧目的任何地方开始阅读，并在

> 任何地方结束。我们可以在某个单一的、特定的文化形式中持续停留，也可以在不同的文化形式之间来回，以探索更广泛的联系或进行对比，甚至可以比较来自不同文化的形式，在对比中确定它们各自的特征。但无论在哪个层次上操作，也无论它多么的错综复杂，指导原则是同样的：社群（societies），如同生活包含了其自身的解释。人必须学习如何才能走近它们（Geertz，1973：453）。

在循环往复的每个点上，我们的任务是相同的：抓住人们对存在（existence）所做的阐释，并把这些阐释系统化，我们就更容易理解它们。这是一个见微知著的过程：研究特定的仪式、诗歌、戏剧、谈话、歌曲、舞蹈、理论、神话，并慎重地将它们与某种文化或某种生活方式的方方面面联系起来。对于传播学者来说，还面临着另外一些问题：传播技术形态的变迁是如何影响经验建构的？传播技术是如何改变经验从中得到理解和表达的社会形态的？在历史、技术与社会的各种力量作用之下，思想表达了些什么，它为谁而表达？也就是说，只有将传播与技术、社会结构的生动意义联系在一起，才能确保我们对文化有进一步的理解。

要提出一个行之有效的通俗文化理论需要对人（persons）这一概念做出界定，这里的人不是作为心理学或社会学的人，而是作为文化的人。这就意味着，理解文化的最佳方式不是追寻文化的心理学和社会学的条件，或仅仅探讨其政治或经济条件，而是将其视为一种基本的文化特性的呈现，以符号形式对经验进行层层叠加。这些文化形态对调研者来说可能不合情理，但在美学上是自洽的，在概念上也是可信的（veridical），它们提供了有意义的本体（identities），连同一个可理解的世界。

如果人类行动不是被动的或完全依赖于外部刺激，那么其结果是行动并不只是基于生理需求的释放，或者是由社会促发的习性。相反，根据人
50 类神经系统的本性（Geertz，1973：68），人类行动是文化的，它包含了一个塑造和表达任何人类本性、需求或存在特性的符号容器的建构过程。正如本文多次提到的，马克斯·韦伯（1946：281）在写到宗教问题时，对此做了最好的表达；同样，社会学家诺伯特·韦利（Norbert Wiley）借用了萨特（Sartre）的话，试图“用本体论的观点看待无意义性（meaninglessness）”：

> 世界上出现过形形色色的信仰。在它们的背后通常有着关于现实生活的某个立场，这个立场人们在经历时往往是“无知觉”（senseless）的。因此，人的这个精神需求意味着：世界的秩序从整体上能够或应该是一个意义的“宇宙”……这种对意义宇宙之形而上学的精神需求，其路径、结果和功效（efficacy）千差万别。

当文化这一观念进入传播学研究时，它是作为被维护的有机体或系统的环境，或是施加在研究对象身上的一种力量而出现的。无论这些观点的真实性如何（它们都有一定的真实性），文化都必须首先被看作一系列实践，一种人类行动模式，一种现实由此被创造、维系和改造的过程，尽管大部分可能随后具体化作一种独立于人类行动的力量（Berger and Luckmann，1966）。这一行动允许人类神经系统通过创造和维持一个富有意义的宇宙来发挥功能，这个宇宙还同时兼具美学上的满足感和智力上的合理性。准确地说，它是一种关于文化的理论——或者，你也可以把它看作关于意义的理论、一种语义学（semantics）或符号学（semiotics）——假如将文化从权力或环境中分离出来的话，就有必要这样做。

通常这种理论可以避免把人类的需要和动机置于历史与文化之外——18 世纪理性主义认为，如果剥去文化的（也就是符号的）虚饰，人类的本性具有普遍的相似性（Geertz，1973：35）。但只有把传播研究放在历史和文化中才具有精确性或说服力，放在历史和文化中也就是放在特定民族的历史经验中。

然而，文化从来就不是单一的（singular）、单义的（univocal），它就像自然本身，是多样的、多元的、变种的（varietal）。每一个人也是如此。因此，诚如舒兹（Schutz，1970）所言，我们必须从多重现实（multiple realities）这一假设开始。但大众传播研究通常始于这样一个假设：有一个文化和符号之外生硬的外部现实，人类想象性的产品需要得到这个外部现实的最后验证。如果拿通俗音乐的分析为例，这个观点就显得十分滑稽，通俗音乐中的商业性爱情歌曲被定义为幻想和忧郁，而反战歌曲被定义为现实（Carey，1972；Hayakawa，1957）。事实上，这些形式之间的差别并不在于一个是真实的、另一个是幻想的，它们只是反映了为不同经验模式提供的不同听众口味。 51

我们不应该按认识论的正确程度对经验进行等级排序，而应该运用更有用的假设：在生物学意义上我们是什么样的人，从实践的角度看文化又是什么。从质上看（qualitatively），人们生活在按不同方式组织起来的文化形态的不同经验圈内。很少有人满足于仅仅通过常识这一知觉的平面镜来理解事物，大多数人不断把感知转变为不同的模式——宗教、美学、科学——以发现这些意义框架所蕴藏的特有的神奇。科学的自负（conceit）是假设处在科学这一意义框架中毫无疑问要比置身于美学、常识、宗教这些意义框架来得优越。这种自负的缺陷在于它无法理解人们生活中所运用的、富有意义的话语领域。

通俗艺术所产生的即时意义与效果、功能没什么关系。通俗艺术首先是一种体验，用罗伯特·沃肖（Robert Warshow，1964）的话来说，是一种“即时的体验”——必须用它自己的术语加以理解。但是，无论人们在通俗艺术的世界里生活得多久、与它的关系有多密切，通俗艺术也只是文化世界中的一部分，它根本不可能与人们的生活相一致、相等同。从整体上看，这些文化世界之间几乎没什么关联，除非人们在回答社会科学的问卷时，才不得不将他们的娱乐与宗教生活联系在一起。人们能够在通俗艺术中发现的至多是一些特定的情绪——悲伤、喜悦、忧郁——像雾一样沉下去又浮上来的感觉，以及特定的动机——情欲的、好斗的——具有矢量的（vectorial）性质（Geertz，1973，p. 97）。但这些情绪或动机是否曾延伸到它们存在的域界（例如剧院或音乐会场）之外，进入其他戏剧正在上演、其他旋律正在回荡的实验室（laboratories）、街角和教堂，是很值得怀疑的。一般情况下是不会的。大众传播分析必须考察人们同时身处的几种文化世界之间存在的张力（这种张力常常十分强烈）、各不相同的情绪和动机模式以及它们之间的相互渗透。与此同时，我们必须表明这样一个假设：科学世界里遇到的需求与动机只不过是许多文化观中的一种，而且并不存在评判其他经验模式之真实性（veridicalness）的最后法庭。

三

不幸的是，一提到文化研究，大多数传播学者又会想到几十年前曾经燃起的那场关于大众与通俗文化的战火。雷蒙德·威廉斯称这场争论是一场灾难。不过，许多通俗文化研究者的思路是正确的。由他们提出同时又被他们自己搞蒙了的问题，其实是一个简单而又深刻的问题：生活在由通俗艺术传递意义的世界中意味着什么？在通俗艺术中发现的意义与在其他形式，如科学、宗教、日常言谈中所发现的意义之间存在着什么样的关系？在现代社会，经验是如何被累积、如何被阐释又如何凝结为知识与理解的？ 52

克利福德·格尔兹杰出的著作——无论从实质内容还是从方法上看都是杰出的，尽管本文没有对后者进行展开——像许多现象学、诠释学和文学批评的研究一样，已经为我们厘清了传播文化学（cultural science of communications）的目标，并对阐释性社会科学的范畴做出了界定。对于传播、大众传播或当代文化的研究者来说，目前的任务是把文化学的这些进展移植到当代生活特有的产品上去，这些产品包括新闻报道、官话（bureaucratic language）、爱情歌曲、政治修辞（political rhetoric）、日间连续剧、科学报道、电视剧、谈话节目以及更广泛的当代休闲、仪式与信息。或许是异想天开，这就是我们需要研究的一些习俗、形式与实践，也是雷蒙德·威廉斯认为我们在自以为是地把研究领域称为大众传播学时，曾经错过的一些东西。

提 要

对于传播、大众传播或当代文化的研究者来说，目前的任务是把文化学的这些进展移植到当代生活特有的产品上去，这些产品包括新闻报道、官话、爱情歌曲、政治修辞、日间连续剧、科学报道、电视剧、谈话节目以及更广泛的当代休闲、仪式与信息。或许是异想天开，这就是我们需要研究的一些习俗、形式与实践，也是雷蒙德·威廉斯认为我们在自以为是地把研究领域称为大众传播学时，曾经错过的一些东西。

第三章　对“大众”和“媒介”的重新构想

根据理查德·罗蒂（Richard Rorty）的观点，诠释学的任务是把装在套子里的思想家从他们自我封闭的象牙塔中解放出来，以交谈（conversation）的方式发现学者们相互之间的关系，这种交谈不是事先就指望讲话者能站到同一阵线上来，而是“只要交谈还在继续，就永远有达成共识的希望”（Rorty，1979：318）。根据这一观点，学者不是纠缠于为普遍真理而战，而是在社会中联合起来：“那些在通向生命之路上走在一起的人们，不是以一个共同的目标更不是以一个共同的战场，而是以一种文明的方式联合起来。”（p. 318）

这一诠释学的观点，正是大众媒介理论探讨中最需要的东西。在传播学的所有领域和次领域，大众媒介对纯理论表述（theoretical formulation）的抵制是最激烈的——事实上，甚至对系统性的讨论也同样抵触。当概念和方法运用于人际传播时，情形还不至于让人难堪；但运用于大众媒介时，则非常糟糕，甚至有点犯傻。虽然复杂性是其中一部分原因，但不完全是因为复杂才造成这一局面。许多关于人际传播的问题可以放心地将它与周遭的环境隔离开来，并用相对简单的模式和直截了当的方法对待，但大众媒介却不行。对大众媒介来说，政治权力和制度变迁问题是无法回避的，那套研究生院兜售的像烹调书一样的标准配方，简直毫无用处。

本章我想就此做一些基本的探讨，起码对大众媒介中那些一直不令人
满意的问题提出一点我的看法。我在这里先提出一个结论。在有关电报发
展史一文中（见第八章），我试图论证作为 19 世纪中叶最重要发明的电报
技术是大众报业创新背后的驱动力。我也试图展示电报是如何创造一系列
新的社会互动、新的概念系统、新的语言方式和新的社会关系结构的。总
之，电报扩大了传播的空间限制，开启了一个互动领域（zone of interac- 54
tion）的未来；电报为农产品开辟了未来市场、创立了标准时间（standard
time），由此引发了新的时间概念；电报还淘汰了一些新闻样式——如恶作
剧（hoax）和吹牛（tall tale），促使其他写作样式诞生——例如海明威当
通讯记者时学到的简练的“电报”文体。最后，电报打破了 19 世纪上半叶
占统治地位的城邦（city-state）资本主义模式，促成了一个全国性商业中
产阶级的产生。我在这里重复这些人人皆知的结论，主要想阐明一个能为
充满细节的历史-经验的（historical-empirical）研究提供佐证和通则的理
论框架。但是，围绕媒介的理论空白使我们在通往具体的研究之路上必然
要走许多弯路。

一

在启蒙与反启蒙（Counter-Enlightenment）之间有一个含糊的、不确定的分水岭——比如在笛卡儿与维柯之间，在当代媒介研究中则表现为批判研究与行政研究之间的对立。笛卡儿的作用（action）与维柯的反作用（reaction）对西方人的想象力产生了深刻的影响，其特征表现为三点。

1. 起点的非偶然性（the noncontingency of starting points）：有一个开始解开任何问题的特定的点和问题被解开的特定的点。

2. 不容置疑性（indubitability）：在解开问题时会有某些具有普遍性和适用性的概念和方法，如果没有这些概念和方法的话，就无法对知识做出断言。

3. 本体性（identity）：所有的问题独立于观察者的头脑但又可以为观察者的头脑所理解。

简而言之，如果我们从起点开始掌握不容置疑的概念和方法，而且站在一个观察者的立场关注独立于自己的现实，那么就会有一条通往实证知识的路径。总之它描述并确保了通向实证知识的方法，并且产生了一种以认识论为核心的哲学。最重要的是，他们在整体上为文化设立了科学范式——它怀疑或至少是贬低了与笛卡儿的范式不相符的其他人类行为。

阿尔卑斯山另一侧的意大利则为这一切设置了分界线，这个传统流传至今，那就是科学对人文、客观对主观、理性主义对浪漫主义、分析（analysis）对阐释（interpretation）。维柯的思想有三个方面值得一提，不
55 过我得承认，这稍微有点离题。首先，世界并无本质（essence），因而无所谓真正的独立。“真实”（real）是不断的调试和重建，以适应人类的目标，包括人类本身的改造。这样的人类行为世界，才能得到最清晰的理解。其次，笛卡儿的科学不应该在整体上被看作文化的范式，而应该被视为人类表达的另一种形式——用维特根斯坦的话来说，这是语言的一种新的边缘地带（suburb）。从这一观点看，科学是人类交谈的另一种声音，是自我表达的另一种装置，是与他人的一种交流（communication）。今天，我们必须这样来理解，从诠释学的角度看，科学也是拓展交谈的一个部分。最后，不存在可用来理解事物的永恒不变的方法、概念或原理，只有通过对某种特定文化来说多少是独一无二的、有界限的（bounded）符号和知识，这个世界才能呈现出能为人们理解的一面。

我在这里勾画了一幅容易产生误导的、极端两维的画面。启蒙的分界线没有对人做出清晰的划分。有些机灵的学者试图脚踩两只船，还有的在不同的著作中或在他们学术生涯的不同阶段采取不同的立场，那些人试图保留两种传统中有价值的东西。另外还有一些人（例如现代文学评论家）把笛卡儿的思想吸收到维柯的思想中去，把实证科学仅仅变成了另一种文学类型；另一些人则把维柯的思想吸收到笛卡儿思想中，把所有的文化都“科学化”（scientize）。最后，有些人，如威廉·詹姆斯（William James）认为这种争论徒劳无益，因而不予理会。

我不打算对上述观点做一番讨论，我只想让差别来得更加尖锐，用查尔斯·泰勒（Charles Taylor）的话来说，这一差别就是“客观主义”（objectivism）与“表现主义”（expressivism）的差别。

泰勒认为笛卡儿的观点具有客观主义的特征。笛卡儿把人看作主体，是拥有自己关于世界的图像的主体（这与上帝决定世界的观点相反），并有一种内在的动机。这种自我界定的特征同时带来了世界的客体化（objectification）。也就是说，世界并不是被当作一种宇宙秩序，而是一个只有当人作为旁观者与世界发生联系时的中立的、偶然的事实领域。这一领域通过相关关系的探寻绘制成图，并最终为人类意图所操控。而且，这种客观化的、中立的世界观在其作为掌握自然的重要基础之前，它的本体性就得到了确认，然后，这种客观化从外在的自然扩展到人类生活和社会（Taylor，1976：539）。

这一客观主义的观点不仅与根深蒂固的宗教信仰相抵触，也与世俗社会格格不入。多数人在大部分时间里感觉到现实表现了一些东西，这种表现是一种铭刻（inscription）或是一种形似（resemblance）。通常，这种表现被看作唯心论或万物有灵论，现实表现了灵魂或神灵、超验的东西。而表现主义学说正是笛卡儿最不屑一顾的。在他看来，现实什么也没有表 *56*
现，它是中立的、偶然的、环环相扣的（concatenated）。

但是，表现主义并没有因为笛卡儿的攻击而销声匿迹，而是以各种各样的形式现身于浪漫主义。更重要的是，“现实具有表现性”这个观点在黑格尔那里又以“精神”（geist），即理性的自由发展得以重现。后来，用泰勒的话来说，“马克思赋予精神以人类学的意味：他将精神移植到人的身上”（Taylor，1976：546）。在马克思和多数马克思主义者看来，现实不是中立的、独立于人而存在的；相反，现实在其作为人类行动的产物这个意义上表现了人类。用威廉·詹姆斯的一句妙语来说，“到处都是狡猾的人（serpent）留下的痕迹”。在任何历史时刻，现实表现了人类的目的、目标、意图和欲望。技术、社会关系以及所有的人造之物都是社会的象形文字（social hieroglyphic）。现实是具有表现力的（expressive），并不是因为它揭示了任何自然、人类或神迹，或任何事物一成不变的本质，而是因为它是人类在这个世界中以及加诸这个世界之上的行动的产物。

世界的这一客观主义与表现主义之分野，而非行政研究与批判研究的区分，在传播学者之间划出了一条基本的分界线。但我采纳这一区分只是

提 要

世界的这一客观主义与表现主义之分野，而非行政研究与批判研究的区分，在传播学者之间划出了一条基本的分界线。但我采纳这一区分只是作为修正它的一个前奏。至少在有限的范围内，我赞成现实是人类行动的产物。但这一论断既非哲学的，也不是元科学的，它仅仅是一种历史观。现实是由人类行动造就的，而且是逐渐造就的。正如结构主义者所展示的，它经由某个过程使自然转化成了文化，或者经由一种相似的但又逆向的过程，使文化渗透于自然之体。

作为修正它的一个前奏。至少在有限的范围内，我赞成现实是人类行动的产物。但这一论断既非哲学的，也不是元科学的（metascientific），它仅仅是一种历史观。现实是由人类行动造就的，而且是逐渐造就的。正如结构主义者所展示的，它经由某个过程使自然转化成了文化，或者经由一种相似的但又逆向（inverse）的过程，使文化渗透于自然之体。列维-斯特劳斯用蔬菜变为美食、动物转化为图腾这类简单的例子揭示了第一个过程；用情绪引起胃溃疡或更具危险性的化学反应产生原子裂变来说明第二个过程。其普遍性在于：物种的历史同时也是现实转型的历史。事实上，通过显微镜或放大镜，已经没有一个空间领域尚未被人类所重塑。渐渐地，自然界剩下的也就是我们特意留在那里的东西。如果真是这样的话，那么现实就不是客观的、偶然的、中立的。在刘易斯·芒福德（Lewis Mumford）看来，对客观主义科学的幻想事实上等于在设想一个没有人类的世界（Mumford，1970：57－65）。如果一切诚如斯言，那么就产生了这样一个哲学后果：没有什么给定的起点，没有所谓的阿基米德支点或不容置疑的概念，也没有什么高人一等的方法。我们拥有的唯一基点是人类意图随历史而变化的本质。

在谈到表现主义立场时，我故意掩饰了这一传统中存在的重要的甚至
57 是基本的分歧，即通常所谓的“唯物主义”和“唯心主义”之分，它们按

照现实是否应该被看作人类心智（mind）的表现——用恩斯特·卡西尔的话来说，就是“（人的）心智在大自然中的地位”，或者取决于现实是不是人类行动和劳动力（labor power）的表现。无论对这一分界的辨别有多重要，在接下来的解读中，我们都既可以用唯物主义者也可以用唯心主义者的方式加以理解。心智——联想的、协作的心智，其在文化上的延伸和在技术上的实现，都是最重要的生产手段。人类心智最重要的产物是对现实的生产和维系。

现在我想离开哲学大陆这一片原野，进入美国研究这一更加世俗的村落。在接下来的篇章中我可能不再提到这些最基本的东西，但是借用斯图尔特·霍尔的一句妙语：“它们不再出现却沿途可寻，就像飞机飞过在空中留下的痕迹。”（Hall，1977：18）

二

我想找出行政研究和批判研究之间的区别——这里转化为客观主义与表现主义之间的差别——我把它放在欧洲传统之外的美国研究领域内进行。一提到批判研究与行政研究，就令人不由自主地想起来自魏玛的两位著名的流亡者：阿多诺（T. W. Adorno）和拉扎斯菲尔德（Paul Lazarsfeld）。因此，这场争论的内容事先就取决于拉扎斯菲尔德的研究与资助者的类型，也为阿多诺的马克思主义研究与“黑格尔化的”（Hegelianized）视角所决定。事实上，“批判的”一词并不能很好地描述其所采取的立场，它可能隐藏着马克思主义者流亡时期的敌意。但以美国文化为背景的“交谈”（conversation）中，尤其是20世纪20年代李普曼与杜威的那场思想交锋，对重新确定行政研究与批判研究之间的分野是有益的。这样做并不是为了夸大李普曼和杜威的重要性，而是强调人应该先理解自己国家有过的交谈，才有可能理解别处的交谈。如果我们接受起点的偶然性（我们所处的时间、地点），“我们就得从人类同行中接受遗产，并与他们交谈，将此作为指引方向的唯一源泉”（Rorty，1979）。若逃避这种偶然性，其结果就会成为被编程的循规蹈矩的机器，这正是我们研究生教育经常干的事。为简单起见，我们又回到了杜威和李普曼，看看在我们自己继承和塑造的传统内能否理解他们之间的交谈。如果我们能够理解一二，就能将它作为进入其他交谈——外国的、陌生的、晦涩的交谈的一个切入口。

沃尔特·李普曼（Walter Lippmann）的《公众舆论》（*Public Opin-*
58 *ion*，1922）是美国媒介研究的奠基之作。它不是美国第一部关于大众媒介的书，但却是第一部关于大众媒介的充满哲理的、分析性的严肃之作。书名虽是《公众舆论》，但其主题与主角却是大众媒介，尤其是新闻媒体。该书确立或至少为我们厘清了这一研究传统。最后，李普曼在书中重申了大众媒介研究的中心议题。

早期与大众媒介有关的论著都信奉功利主义传统，它们关注的中心议题是自由（freedom）。功利主义者认为，严格说来，人类行为的目的是随机的或由外因造成的。人的价值或意图无法通过理性知识来获取，我们最多能用理性判断目的与手段是否相符。人可以获得手段与既定目的之间资源分配的理性知识，但不可能获得目的选择的理性知识。苹果和橘子一样好，棒球和诗歌一样好。人唯一能决定的是理性手段，以满足主观的、非理性的欲望。在这种传统中，真理的特性就是对手段做出理性的决定。反过来，手段的合理性（rationality）有赖于信息的自由与可获得性（availability）。更准确地说，正是自由保证了完善的信息（perfect information）的可获得性，而完善的信息又保证了手段的合理性。概言之：如果人是自由的，那么他将拥有完善的信息；如果信息是完善的，那么他可以理智地选择最有效的手段来达到个人的目的，如此一来，似乎无须太多解释，就会产生社会善行。所以，在盎格鲁血统美国人（Anglo-American）的传统中，研究新闻的人关心的问题是如何确保自由的环境，以对抗破坏自由的势力，那些势力被认为是政治的和机构的，而不是心理的。在对抗这些势力中一旦拥有自由，真相与社会进步就能得到保障。

李普曼使这个问题发生了转向。他认为一个自由的传播体制并不能确保完善的信息，因此即便在自由的条件下，也不能确保事物的真相。而且，自由的敌人不再是国家和不完善的市场，而恰恰是新闻和新闻采集的本质、受众的心理以及现代社会的规模（scale）。需要注意的是，李普曼从道德和政治转向了认识论，重新界定了报业问题。这一转向的结果是严重低估了国家与阶级权力所扮演的角色——实际上导致了公共领域的“去政治化”（depoliticization）。在这样一本关于政治的著述中，这是自相矛盾的。

李普曼在绪论中（这是该书最著名的部分）所用的标题“外面的世界与我们脑海中的图像”揭示了他的一个基本假设：如果我们能准确地再现（represent）我们脑海外的世界，那么我们就能了解这个世界。大脑能够
建构再现这一方法决定了知识的本质与可能性。李普曼哲理性的一面在于 59
他试图论证一个关于再现的总体性理论，这一理论把文化分成能很好地再现现实的领域（如科学）、不那么擅长再现现实的领域（如艺术），以及根本无法再现现实的领域（如新闻），尽管新闻装模作样地在再现现实（Rorty，1979：3）。李普曼的观点是，现实是“可以用图像呈现的”（picturable），通过符合某种独立的、客观的、图像化的现实而不是相应的语言，才能获得真相。但新闻不能像图像一样呈现现实或提供相应的真相，就像雷达扫描时的光点，新闻只能提供一种信号，表示有些事正在发生。它更多地提供有伤风化的照片与刻板成见的伪现实（pseudo-reality）。只有当现实可以简约为统计报表（statistic table），如体育得分、股票交易、生老病死、结婚、事故、法院判决、选举、经济交易（如国际贸易与收支平衡）时，新闻才大致是真实的。李普曼的主要观点是：哪里有一架好的记录机器，新闻系统就能准确地得以运转；如果没有，新闻系统就只会散布刻板成见。对于这一困境，李普曼提出的解决方法是一个正式的、类政府（quasi-governmental）的智囊机构，它能简化（reduce）现实中所有有争议的方面，直到汇总成一张一览表（table）。

我们不必复述著名的现象学和民族志方法对官方记录与表格的批评，就能看出李普曼这部名著犯了笛卡儿传统的错误，也就是说，对视觉、情报、制图（mapping）、画面以及用于日常陈述的再现（例如玫瑰是红色的，芝加哥小熊队以 5∶7 输了，IBM 的股价是 67.5 美元）这类隐喻（metaphors）的深信不疑，同样可能运用于重要的、具有争议性的问题中。可是，数字可能生动地反映了股票市场，但数字无法告诉你中美洲发生了什么事或我们应该对东欧做些什么。

《公众舆论》还有一些其他的假设和学说，这里我只举两个例子。书

中对传播的基本隐喻是视觉（vision），传播是看清事物的一条途径，由于李普曼对传播的看法基于认识论的准确性（exactness）要求，因此，传播就相当于一种传递准确性的方法。在理想的状态下，传播是独立于权力的、对可靠且有根有据的真相的传递。因为离开笛卡儿的科学就无法获得这种真相，所以有必要雇用科学精英来确保准确的再现，这样报纸才能准确地发布公众舆论。

李普曼留下了一份至今仍具影响的知识遗产，不过事实上在后来的著作中，他推翻了自己的许多观点，尤其是他赞同声势浩大的进步运动（progressive movement），并进而提出了一套信仰。在李普曼看来，拥有关于社会的科学是可能的，科学家由此可以建构一种新的“神职”（priest-
60 hood）：他们因为拥有一套被一致公认的决策方法，因而也就成了真相的拥有者。于是，大众媒介能够通过发布正确的舆论成为公众的代表，而公众舆论只不过是由新闻媒介发布的个人意见在统计上的集合。大众传播的效果源自新闻系统在认识论上的缺陷，还有先前的刻板成见、偏见与受众的选择性认知。如果要发掘真相，智性的政治行为（intellectual-political activity）就必须专业化。最后，概而言之，李普曼暗示讨论大众媒介的基础必须从公众、权力、自由等问题转向知识、真相和刻板成见问题。

提 要

在李普曼看来，拥有关于社会的科学是可能的，科学家由此可以建构一种新的“神职”：他们因为拥有一套被一致公认的决策方法，因而也就成了真相的拥有者。于是，大众媒介能够通过发布正确的舆论成为公众的代表，而公众舆论只不过是由新闻媒介发布的个人意见在统计上的集合。大众传播的效果源自新闻系统在认识论上的缺陷，还有先前的刻板成见、偏见与受众的选择性认知。如果要发掘真相，智性的政治行为就必须专业化。最后，概而言之，李普曼暗示讨论大众媒介的基础必须从公众、权力、自由等问题转向知识、真相和刻板成见问题。

约翰·杜威在1922年3月发行的《新共和》(*New Public*)杂志上发表了对《公众舆论》的评论。他承认《公众舆论》的优点，但他最尖锐的结论是：《公众舆论》是有史以来对民主最严厉的控告。四年后，杜威在安提阿(Antioch)学院的一次演讲中对李普曼做出了回应，并于1927年出版了《公众及其问题》(*The Public and Its Problems*)一书。该书是杜威又一部极为晦涩之作，因此我不在这里试着概括他的意思，而是在最后三页中找出了一段，在不改变原意的基础上压缩了这段引文(去掉了很多省略号)。

> 民主社会的产生与有民主表达能力的公众将我们带离知识方法问题，转向实际的程序问题。但这两个问题并非没有关联。只有当地方公共生活在一定程度上成为现实时，才能确保智力(intelligence)的传播与创新。通过符号(signs)、象征、语言这些传播手段，共享的经验得以传承和延续。但交谈(conversation)至关重要，是成文的固定而冰冷的文字所不具备的。系统地调研印刷业的发布条件，是创建一个真正共同体的先决条件，但这只不过是手段而已，最后的结果还要通过直接的说与听这种面对面的关系来完成。这一过程的逻辑就是“对话”(dialogue)一词的原始意义。那些没有经过传播、分享、在表达中得到重生的想法只是自言自语(soliloquy)，而自言自语只不过是断裂的、有缺陷的思想。就像物质财富的获取，财富是协作劳动的产物，但交换却是出于个人目的……只有在地方社区内的人际交往中才能实现人在理解与判断上的发展。耳朵与耳朵之间的联系远比眼睛与眼睛之间的来得亲近且丰富，因为用于倾听的耳朵带着重要而乐于向外表达的思想和情绪。视觉是一个旁观者，而听觉却是一个参与者。出版物是局部的，结果公众得到的告知是不全面的，公众的形成也是成问题的，除非思想能够口口相传。当地方共同体在传播方面能 61 做到口口相传时就会产生源源不断的社会情报，从中获得的智力资源将用之不竭，只有这样才能产生真正的公众舆论。正如爱默生所说，我们坐拥巨大的情报宝库。但这些情报是隐匿的，其传播手段是断裂的、难以表达的、微弱的，除非地方共同体能够成为信息的媒介(medium)(Dewey，1927：217－19)。

这段引文意蕴深刻，许多地方应引起我们的注意。我把它拿出来主要是想突出杜威与李普曼之间的冲突，为我接下来的论述提供一个舞台。这段引语最尖锐的部分是杜威对听觉隐喻的认同胜过了对视觉隐喻。杜威的论述充满思想，而且这种思想几十年后在哈罗德·英尼斯和马歇尔·麦克卢汉身上得到了重现，但关键是，我们要注意杜威在政治与认识论两种形式上对再现主义（doctrine of representation）进行了抨击。他选择听觉隐喻而不是视觉隐喻，为的是表明语言是一种行为方式，而不是一种再现系统，说话（speech）比印刷纸这样的静态形象能更好地捕捉这一行为。语言作为一种行为装置，它并不履行再现功能。用威廉·詹姆斯的话来说，“真相就是我们更应该相信的东西”，对真相这一命题的检验视其是否足以适合我们的意图（Rorty，1979：10）。

在杜威看来，词语（words）承上启下且与实际行为有关，而不是借助于表征性的字符。由此，词语从使用它们的人们那里获得特权，用罗蒂（Rorty）的妙语来说，词语不是来自“其对真实的透明性”。科学并不是一套被赋予特权和有根据的再现，科学只不过是我们文化的一种交谈，尽管是极为重要的一种交谈。科学是一种话语模式，出于各种历史原因、为了获取客观真相而被我们采纳，通过科学获取的客观真相比起我们现在拥有的其他对世界的解释，无所谓孰优孰劣。

换言之，杜威提出了交谈（conversation）而不是照相（photography）是人们理解知识的终极语境（ultimate context）。科学是一种（只是一种）交谈的线索。科学为人们所称道并不是由于它具有再现的特权，而是由于它的方法，如果我们对方法的理解不是指技巧而是指某种宝贵的习俗的话，比如全面的揭示、提供原因的意愿、经验的公开或提供系统批判之所。杜威不要一个由专家掌管社会的科学，他想要一个来自社会的科学：
62 一种通过开展交谈以澄清思想的方法。在这个意义上，每个人都是科学家。杜威不要一种将社会客观化的新科学，他想要一种能澄清我们的目标、促进我们相互理解、允许合作行动的科学。在这种视野中，我们不能将新闻当作交换刻板成见的科学的退化形式（degenerate form of science）加以评判，而是将新闻当作可以听到另一种声音的公开讨论和行动。

最后，如果现实是我们愿意相信的、用来支持我们共同目标的事物的话，那么将现实视为由人类行动尤其是符号行动和特定的协同行动所建构的，则更为恰当。因此，现实的本质不在于被发掘，它的特性是在一定范围内被建构。政治行动和民主政治秩序的产生机制，就是我们称之为“公众”的集体生活方式。因此，如果公众是原子化的、受蒙蔽的，并成为一种幻影（phantom），那么民主就不可能实现。

让我们对李普曼和杜威做一总结。在李普曼看来，当个体大脑（它是构成“公众”的基础）拥有对外部世界的准确再现时，有效的公众舆论才得以存在。当报纸将这种关于世界的准确再现传递给公众的每个个体成员时，报纸就履行了它的民主功能，由此，这些准确再现作为统计学意义上的集合就可以形成有效的公众舆论。但这在目前是不可能的，因为还存在检查制度、时间限制、人们联络方式的局限，加上被压缩的词汇以及人类面对事实时莫名的恐慌等等。但是最大的局限还在于新闻的本质，新闻没有足够的再现性，最多只能传递事件的信号，它灌输并引起刻板成见。因此，准确的公众舆论的形成需要独立的社会科学精英在类公共官僚机构（quasi-public bureaucracies）［标准局（the Bureau of Standards）就是一个榜样］任职，运用最新统计程序生产真实的现实再现——然后将这种再现传递给构成公众的、嗷嗷待哺的个体。

杜威的许多观点与李普曼大相径庭。他认为当个体拥有环境的准确再现（即使准确再现是可能的）时，也无法形成公众舆论。公众舆论只能在讨论中而且在活跃的共同体生活中才能形成。虽然新闻存在着许多李普曼所指出的不足，但新闻的主要缺陷并不在于无法再现现实。完美的图像与刻板成见之间的界线很难划分。新闻的目的并不是再现或告知，而是发送讯号、讲述事件及引发深入的调查；接下来的调查也只是一种交谈或讨论，而且是对事物更系统的看法。我们所欠缺的是开展这种交谈所必需的方法，即公众得以形成并能够产生意见的公共生活机制。新闻业从其告知公众的角色看，它并没有承担起开展文化交谈之中介（agency）的角色。 63
我们缺少的不只是一个有效的新闻业，还有某些至关重要的习俗：密切关注某场争论、领会他人的立场、拓展理解的疆域、商讨其他可追求的目标等的能力。

在杜威这些表面化的批判背后还隐藏着更深刻的东西，它引出了认识

提 要

杜威的许多观点与李普曼大相径庭。他认为当个体拥有环境的准确再现（即使准确再现是可能的）时，也无法形成公众舆论。公众舆论只能在讨论中而且在活跃的共同体生活中才能形成。虽然新闻存在着许多李普曼所指出的不足，但新闻的主要缺陷并不在于无法再现现实。完美的图像与刻板成见之间的界线很难划分。新闻的目的并不是再现或告知，而是发送讯号、讲述事件及引发深入的调查；接下来的调查也只是一种交谈或讨论，而且是对事物更系统的看法。

论和政治-新闻意义（political-journalistic senses）上的再现问题。在这一点上，杜威与李普曼针锋相对。杜威认为李普曼是他最反对的知识旁观者理论（the spectator theory of knowledge）的代表人物。李普曼把公众当作二等旁观者，即旁观者之旁观者。科学家观察现实并再现现实，然后把这一准确的再现再传递给作为接收者的、易受影响的受众。杜威对照言语（speech）与视觉（vision）之不同，表达了他对李普曼观点的不满。我们把知识与视觉联系起来，是为了强调在建构与生产知识的语言游戏的过程中，我们只是旁观者而不是参与者；我们把政治与视觉、旁观者联系在一起，结果否定了公众的所有政治角色，只认可了一个被再现的政治世界——一个专家已经为我们做了所有重要抉择的“去政治化的”世界。杜威坚持认为，我们不是既定世界的观察者和旁观者，而是真正创造这个世界的参与者。我们如何建构这个世界，靠的是我们的目标和远见能力，也就是我们对理想政治之可能状况的想象能力。

三

杜威的思想中也有诸多缺憾，正如我曾经指出的：他天性中的乐观、带有小镇气息的浪漫、对技术致命的简单化思维等。但他确有真知灼见，我们应该发展他对大众传播所抱的实用主义构想（pragmatic conception）。

从杜威入手，我们就必须从文化的内在危机、共同体生活和公共生活的危机中分析大众传播。这种共同体生活危机源自一种失落，或更确切地说是一种失败——没有认识到西方传统中联结社会的最具活力的源泉，即所谓的民主社会秩序。虽然危机的根源可以用各种方式加以描述，但以传播学看来，这些根源可以追溯到某些主导日常生活的传播模式，根据这些模式，我们构想的社会关系排除了共同体生活的可能性。这些模式信奉这样一种社会科学：把传播的本质很实用地归结为人们要么寻求影响、要么逃避焦虑，它们分别源自社会科学的因果模式和功能主义模式。事实上，危机有一部分来自《公众舆论》已经提到的传播、知识和文化模式。这些 64
模式不仅构成了新闻，而且构成了我们所有文化产品、对这些文化产品的讨论与争执以及传递这些文化产品之媒介的基础。

用更通俗且具哲理性的话来讲，语言这一人类生活的基本媒介逐渐被定义为一种用于操纵客体的工具，它不是确定真相的装置，而是让他人相信我们希望他们相信的东西。正如阿尔伯特·加缪（Albert Camus）所言，“交谈和人际关系已经被宣传和论战所替代”（Pirkin，1972：329）；或者如汉娜·阿伦特（Hannan Arendt）所认为的，这种语言观的后果是：我们不再承认语言具有揭示真相的可能性，因此，我们切断了凭语言之力建立真正关系或创建“公共空间”（public space）的路径，而“公共空间”是可能分享公共辩论与自由政治行动的制度性领地（Pitkin，1972）。再回到杜威（虽然以下的引言出自阿伦特之口）：“言语与政治生活有一种亲密的联系，正是言语使人成为一种政治的存在（political being），而且从定义上看，只要言语的适用性出现危机，就会成为政治性事件。城邦制是一种生活方式，在那里，言语而且只有言语才有意义，在那里所有市民关心的中心问题是相互交谈。”（Pitkin，1972：331）我把以上的观点都集中到一点：如果将真相（truth）从话语和行动（discourse and action）中分离出来——也就是将传播工具化（instrumentalization），那么不仅增加了宣传的可能性，而且使真相这一概念陷于混乱，因此也就破坏了我们对自己在这世上所处境况的感知。

如果这一判断大致正确的话，我们就得对传播这个概念重新加以阐述：传播不仅是一种反映（reflection），而且是行动（action）。用维特根斯坦的话来说，如果传播是我们生活的主要方式，那么改变用来描述传播的模式将开启改变生活方式的可能性；事实上，改变的不只是谈话方式，而是整个人类的联结方式。

让我重申对传播概念做重新阐述时所应遵循的方向。首先，我们必须放弃语言是某种指涉、对应（correspondence）、再现或语言的功能首先是表达对这个世界的断言等诸如此类的观点；我们必须代之以这样一种观点：语言（即传播）是一种行为方式——或更准确地说，是一种互动——它不仅仅是再现或描述，事实上它是对世界的形塑与建构。

在考察传播作为一种建构、维系与改造现实的过程时，我要强调这样的传播并无本质可言，也无放之四海而皆准的特性，它不能在自然中得到再现。传播只不过建构了一套随历史而变化的实践，以及对这些实践的反
65 映。这些实践将积淀在社会关系中的技术方式与人类概念和意图汇集在了一起。关于传播的本质，我们唯有引用海德格尔（Heidegger，1968：277）的话："我们——人类——是一场交谈（conversation）……人类的存在（being）是在语言中被发现的……通过语言，人类生生不息，语言令我们思考，它是我们这个物种的反映。"我把这个研究取向称为文化研究，其中心议题是"意义"（meaning），为的是将其与把传播视为探寻规律与功能的观点区别开来，并将研究的重点放在阐释上。从这一观点看，意义不是再现，而是行为的建构，通过这一建构，人类以互动的方式赋予这个灵

提　要

让我重申对传播概念做重新阐述时所应遵循的方向。首先，我们必须放弃语言是某种指涉、对应、再现或语言的功能首先是表达对这个世界的断言等诸如此类的观点；我们必须代之以这样一种观点：语言（即传播）是一种行为方式——或更准确地说，是一种互动——它不仅仅是再现或描述，事实上它是对世界的形塑与建构。

动而又顽固的世界以足够的凝聚力（coherence）和秩序，并以此实现他们的意图。他们采用的方法当然是再现，但不只是这个世界的再现。当符号试图描述世界时，它的威力是巨大的。因为符号具有“关于……”（of）和“为了……”（for）的两重性。这一两重性让我们通过符号创造了世界，并栖息在自己创造出来的世界中。这是传播的仪式观，它强调的是创造一个有凝聚力的世界，然后假定这个世界出于所有实践的目的而存在。它强调的是范式的建构与维系，而不是实验（experiments）；强调的是假设，而不是命题；是框架，而不是图景。

这样做所要达成的目的——考察如何组织传播活动的实践、这些实践假设的概念，以及由此产生的社会关系——也就是阐释学的目的：这种方法力图发现他人在干什么，或至少他们对所做的事是怎么想的；它清晰地表达（render）指引他们行动的明确的概念和意图，并描绘一个与他们密切相关的世界；它力图拓展人类的交谈，通过理解他人在说些什么，从而将另一个舞台上表演的人们纳入我们的世界。理解他人或他种文化是头等目标，也是传播学研究被荒废的资源，这与理解一种科学的理论没什么差别。这种研究将着眼于人们所从事的实践、由这些实践预设并内含的概念世界，以及这些实践所显示的社会关系与形式。

传播是一整套社会实践，它以概念、表达方式和社会关系为切入口。这些实践建构了现实（或是否定、改造了现实，或是用仪式展现了现实）。传播是将人类关系中那些融合了技术（technique）和概念的符号形式自然

提 要

传播是一整套社会实践，它以概念、表达方式和社会关系为切入口。这些实践建构了现实（或是否定、改造了现实，或是用仪式展现了现实）。传播是将人类关系中那些融合了技术和概念的符号形式自然地展现出来的过程，在实践的每时每刻，关于真实的概念、人类的表达方式以及被期待、被达成的社会关系都同时进行着，我们可以在这每一个点上对实践进行拆分。

地展现出来的过程，在实践的每时每刻，关于真实的概念、人类的表达方式以及被期待、被达成的社会关系都同时进行着，我们可以在这每一个点上对实践进行拆分（unhinge）。技术带来的社会形式和关系本身也为技术
66 所设想和预见。技术是矢量的（vectoral），在历史进程中不完全是中立的。一幢建筑物，其精确的建筑设计预见并设想了它所允许和期待的社会关系。电视信号也是如此。阶层、地位与权力这样的社会关系同时要求某种人的概念结构和某种使它们行之有效的技术；反过来，概念结构从来不曾游离于实现它们的表达方式，或使它们产生能动作用的社会关系。

于是，传播便成了一种人类行为（包括活动、过程、实践）结构，成了表达方式的总和，以及一个被建构了（structured）的与正在建构（structuring）的整套社会关系。描述传播并不只是描述被奉为经典的群星荟萃的思想；它同样也描述被奉为经典的实践，并在一套技术与社会形态中确定这些思想。正如克利福德·格尔兹所指出的，至少从维特根斯坦开始，就没有必要坚持认为这一论断背离了唯心论，背离了关于社会现实的主观主义构想（subjectivist conception），背离了人们在各种情形下有自己的作为和选择的信念，背离了对思想力量的天真的信仰，背离了创造性想象能任意超越所有积淀于自然、社会、经济或无意识（如生物的、集体的或生命的）中的力量这种浪漫主义的想法（Geertz，1981：134）。现实并不是美国人草率得出的私有财产形式或是一种与趣味有关的东西；它也不是永恒的既定物（eternal given），等着人的大脑一旦清空了历史或传统，或者只要揭下虚假意识的面纱，或是人类有了更加先进的传播技术，个体的大脑就能产生准确的再现。现实是劳动与行动的产物，是集体的、协作的劳动与行动的产物。它在生活的日常事务中得以形成和维系、修正和改造、崇拜和颂扬。用这种方法思考现实既不是否定和忽略社会冲突，也不是对社会冲突加以神秘化；事实上，它致力于找出社会冲突的由来，并使之容易为人所理解。

最重要的是，现实是一种难得的资源，像其他稀缺资源一样，人们为此你争我夺；它被分派给各种目标和计划、被赋予特定的意义与潜力；它被消耗、被保存、被合理化、被分配。权力的基本形式就是界定、分配与展示这种资源的权力。一旦世界这张空白的画布被涂抹、被勾勒，它也就

被占有、被限定了。因此，艺术家所描绘的以及作家所写、言者所言、电影所拍、电视所播的，同时也就成了社会对现实的必争之地。它不是无实质力量的观念冲突，也不是关于技术的冲突，或就社会关系发生的冲突，它是观念、技术和社会关系同时且共同发挥决定作用的冲突。因此，最重要的冲突不是传播效果，而是作为效果本身的行为与实践的冲突。

关于传播学的冲突也别无二致。它发生于范式与理论、公式（formulas）与成见、配方（recipes）与程序（programs）层面；也就是说，不仅 67
在谁决定真实这件事上有冲突，而且在排斥、压制、否定这样的关键时刻，当思想、技术和社会关系被抛到真实的光环之外，进入一种不可理喻、颠覆与耻辱的黑暗中时，也会产生冲突。在我们这个时代，现实的稀缺在于我们缺乏接近现实的途径：控制这个机制①的人少之又少。有说的就有听的，有写的就有读的，有拍电影的就有看电影的，但前者毕竟只是少数。因此，你可以说我们是主动创造这个世界的物种；但与此同时，你也可以说我们是无法接近这一机制（它令创造世界的奇迹得以实现）的次等物种（subspecies）。我们不得不同时接受这两种不同的说辞，这里我并无讽刺的意思。它同时也揭示了——或特别暗示了——传播中不仅有阶级冲突（class conflict），而且还有地位冲突（status conflict）。现在大家似乎都愿意证明阶级统治的存在，而且不乏考究的细节，可惜我们不太愿意提到统治阶级内部的分歧，以及处于主流地位与非主流地位的知识分子对现实生产机制的接近权，这些现实生产机制包括教室、期刊、书籍，甚至报纸、电影和广播电视。地位似乎不如阶层来得真实，但也有一些人拥有很高的阶层却没什么地位。

约翰·杜威关于公共生活的想法是天真的，因为现在我们回过头看来，他对传播中阶级、地位与权力所扮演的角色相当无知。李普曼的观点看起来要老到些，尽管他的思想容易让人产生异议，因为他理解并接纳了新的媒介技术及其所包含的阶级权力形式。杜威对一个民主社会的构想是一个平等的社会，人们运用理性思维程序以发展共同的目标。他对富有探询精神的社群（即公众）的强调，也就是在最大限度的平等、灵活与可接

① 这里的机制指具有接近现实的途径并建构现实。——译者注

近的媒介（medium）基础上，强调公众对现实的共同决策过程。人人都要有发言权。他比大多数人更清楚地看到了公共生活的衰退与没落，也看到了新一代职业化专家的兴起以及新兴大众媒介所表现出来的传播模式。但是，随着我们头脑中这个世界日渐丑陋、声音日渐愤怒，我们很难追随杜威的思想，更不用说是信仰他的思想了。

无论传播还是其他，我们都是民主的倡导者，但我们也多少热衷于权力。在《企鹅岛》（*Penguin Island*）一书中，阿纳托尔·法朗士（Anatole France）说过："在任何一个社会，财富都是一件被膜拜的东西，在民主政体中，财富是唯一被膜拜的东西。"毫无疑问，他错了，我们可以用"权力"代替"财富"一词；关于传播的现代思想——无论是肯定的还是批判的——揭示了对权力同样的贪婪。传播的批判理论必须确认我们眼前之所见，并构想一个起码更令人向往的世界，以超越现在。

第四章 克服文化研究的阻力 68

我再次重申：大众传播学者面临的主要问题是研究过程中整体框架的宏观问题，因而也就是我们声称的知识的性质、目的及针对性的问题。为了对这个框架重新定位，我一向主张对大众媒介采取一种特别的视角——也就是我经常提到的文化研究方法。这一观点间接地告诉我们，如果能更多地放弃我们所信奉的、已经主导了研究领域50来年的某些解释模式，那么大众媒介研究将更有作为。我们一直在寻找“圣杯”（Holy Grail），也就是寻求关于大众传播的某种确实可信的科学，用以阐明人类行为法则以及大众媒介普遍而明晰的功能。现在我们该放弃这个念头了，我们应该轻松地放弃约翰·杜威几十年前就说过的“对确定性的神经质追寻”。放弃传统的框架，不仅能给我们的研究带来生机，也能把我们从一系列糟糕且有害的思想中解放出来，尤其从这个研究框架所蕴含的社会秩序模式、对功利主义的曲解以及所谓的动机，即我以前所说的传播的权力模式和焦虑模式中解放出来。用一句通俗的话来说，我们应该卸下“效果传统”这副担子。为了说明如何去做及为什么这样做，我首先对支撑媒介研究的功利主义做一番回顾。

历史上，功利主义为西方民主的社会秩序提供了基本模式和解释，因此，功利理论（utility theory）是最具影响力的一种社会理论。功利主义

提要

我们一直在寻找“圣杯”：也就是寻求关于大众传播的某种确实可信的科学，用以阐明人类行为法则以及大众媒介普遍而明晰的功能。现在我们该放弃这个念头了，我们应该轻松地放弃约翰·杜威几十年前就说过的“对确定性的神经质追寻”。放弃传统的框架，不仅能给我们的研究带来生机，也能把我们从一系列糟糕且有害的思想中解放出来，尤其从这个研究框架所蕴含的社会秩序模式、对功利主义的曲解以及所谓的动机，即我以前所说的传播的权力模式和焦虑模式中解放出来。

源自这样一种假设：促发人类行动的欲望是个体的、主观的，因此要么对观察者来说是不可知的，要么纯粹是系于外因的（exogenous）。这些主观欲望也就是特定的个人偏好反映在人类行为的功利最大化取向，或者是由欲望的满足而产生的愉悦和幸福上。经济理论和资本主义经济就建立在这
69 种功利最大化原则的基础之上。其他的社会科学通常对这一理论表示不满，因为功利理论往往回避或没有考虑到社会秩序问题；而去主观化（desubjectivize）功利把问题引向人类头脑以外的世界，也就是引向客观世界。后来社会科学又把功利重新定位于我们的基因、环境与社会中，社会达尔文主义及其现代化身社会生物学即是上述前一个策略的例证，行为主义与社会学的功能主义则是第二、第三个策略的例证。

后者的立场，尤其是行为主义和功能主义的立场，为大众传播研究提供了基础。事实上，传播学研究几乎没有涉及功利理论的经济学或生物学模式，只有一个例外——这是一个少有的例外——某些关于语言与传播的理论假设（如再现理论、意见自由市场中的自我修正过程）在经济学家和传播研究人员中曾经形成过这样一种信念：对功利的追求能产生进步的社会秩序，“看不见的手”在意见市场与产品市场中都能发挥作用，因此，人类行为和社会的功利主义概念成了传播研究隐含的潜台词（subtext），但它已经歪曲了其原有的主观框架，被重新置于环境与社会结构的客观世

界中，尽管如此，它仍是一个功利主义模式：这是一种自然生态观（natural ecology）的客观功利，是促进人类生存或特定社会秩序的功利（这方面的论述引自 Sahlins，1976）。

许多人不无欣慰地认为，他们从事的小规模的实证调查和研究不用理会社会秩序这样的大问题，只需要关注人与社会如何才能有效运作就行了。但不幸的是，事实并非如此。我们的研究不可避免地与这些更加宏观的理论有着内在或外在的关联。外在的关联在于，它们必须向涵盖面更广的知识界借用语言、概念与理论假设；内在的关联是它们为这些社会理论的可靠性提供证据。态度、效果、使用与满足等概念都是从功利理论那里借鉴过来的；而“效果”研究的证据被用来支持大众社会的某些理论，如自由主义、功利主义或多元主义理论。实际上，只有当有效地与那些更为宏观的立场相联系时，传播效果研究才有意义，才具有针对性。我们可以奢望传播效果研究是另外一种东西，但在复杂的社会问题面前不存在中性的立场。

我相信眼下有大量令人信服的文献，它们充满了知识、伦理与美感，从认识论和伦理-政治的（ethico-political）角度对行为主义和功能主义科学进行了有力的抨击。唯心主义和实用主义已经从根本上削弱了客观性 70
（objectivity）与客观真实（objective truth）这两个概念，而它们是行为主义和功能主义科学这两种解释机制的基础所在。马克思主义、存在主义以及形形色色的欧洲哲学家也已经阐明了行为主义和功能主义这类科学对政治与道德、行为与实践的有害后果。但是，我们没有必要对这一切或争论不休或过于哲学化。

我们可以从小处着眼来得出结论。与伯纳德·贝雷尔森（Bernard Berelson）25 年前做出的可怕的预言相反，大众传播领域到现在仍没有枯萎；事实上，它现在是一个成功的、方兴未艾的、已经高度机构化的学术事业。尽管它在学术上是成功的（这种成功是以课程、学生、期刊、专业教师来衡量），但它在智力上（intellectually）却停滞不前，越来越令人感到索然无味，而且，学生们的雄心与教师们的学术和意识形态姿态之间日益加大的鸿沟也困扰着它。部分问题（虽然只是一部分）是效果研究的主流传统已经失灵，而那些没有失灵的，却又显然是反民主的（antidemocratic）、与其从业者所认同的信念格格不入。

提 要

与伯纳德·贝雷尔森 25 年前做出的可怕的预言相反，大众传播领域到现在仍没有枯萎；事实上，它现在是一个成功的、方兴未艾的、已经高度机构化的学术事业。尽管它在学术上是成功的（这种成功是以课程、学生、期刊、专业教师来衡量），但它在智力上却停滞不前，越来越令人感到索然无味，而且，学生们的雄心与教师们的学术和意识形态姿态之间日益加大的鸿沟也困扰着它。

从第一点看，效果传统在行为法则和传播功能方面并没有就解释力和相关性达成共识，这就意味着这类研究并不成功。整个研究领域退化为一种纯学院主义的东西：一本正经地重复一些不容置疑的东西。我们的努力已不是一种前进，而是阻碍了对事物的探索，这类研究的结论只是重复那些让我们彼此都烦得要命的含糊其词或可以预见的东西。这种状况最明显的迹象是长期以来研究只限于方法而牺牲了实质，似乎方法上的正确就能保证结论的正确。

“效果传统”如果在学术上更成功的话，那它在社会与政治上将是更大的失败，因为功利理论使民主产生典型的两难困境。功利理论的实践源于经济学家的假设，即前面提到过的，每个个体的欲望都是独特的，与任何其他个体的欲望都不相同。如果人类的能动性受与他人的感受毫不相干的主观欲望所驱使，那他们如何去创造并维系民主这样一种相互合作的社会生活方式？为什么人们不只是无所不用其极地尔虞我诈？没人能完全回答这个问题。通常我们假设这样或那样“形而上学的”概念，如用市场那只看不见的手来回避这个问题。客观功利理论家为我们提供了一个答案：基因使我们成为民主主义者，或者环境、社会规范使我们信奉民主，虽然这有点滑稽可笑。除了有那么点儿过分乐观，客观功利理论家为构想他们理想中的民主还付出了昂贵的代价：他们放弃了所有像主观能动、自治、
71 自我管理这类主体概念，而“新”的主体却受生物、自然或社会等法则的控制或制约，他（或她）别无选择，只有屈从于这些法则。这就是大众传

播研究整个传统为之苦苦挣扎的人类图景和民主困境。它是李普曼的《公众舆论》这部奠基之作所探讨的核心问题，也是保罗·拉扎斯菲尔德的研究之所以如此重要的原因。可是，《人民的选择》得出的结论全然不是人民的选择，而是社会经济地位指标的选择。这种行为法则是反民主的，它或是揭示了一个不适合民主的主体，或是可以被用来操控一个仅仅是假设的民主中的主体。学术著作经常出现这种情形：我们所回答的问题偏离了我们提出的问题——或更有甚者，这些问题被刻意地隐瞒了。结果，来自哲学方面对行为主义或功能主义的最尖锐的批判如今已销声匿迹。在这种情况下，我们可以在传统研究框架内继续坐等牛顿的出现，但这种感觉越来越像在等待戈多；或者我们可以试着改变这个研究框架，同时保留效果传统中有价值的东西，我们甚至可以用另一套概念词汇对它进行重新打造。

我想对大家容易疏忽的问题做一个清晰的说明。放弃效果传统并不一定废弃其研究方法，包括更高级、更深奥的统计方法，那些东西在我们的研讨会上占用了大量的时间；它也不要求像《华氏 451 度》[①] 一样，将书付之一炬。没人要求我们必须停止统计，也没人建议我们不去读效果研究的经典文献。但是，用如今一个时髦的词来说，这种文献需要被重新“解构”(deconstructed)、被重新阐释，要采用新的方法、技巧。对此，我试图保持开放的心态——不仅是为了郑重起见，也是出于严肃的哲学目的。如果我们没有认真地联系、衔接我们所继承的效果传统，或者没有把我们的研究建立在效果传统之上，那么，我们这一研究领域就不会有什么进展。假如我们对过去半个世纪好不容易形成的理论、方法、洞察及技术进行大幅舍弃或切割，将必然导致失败。要是人的智力能永远超越范式、方法所带来的局限就好了。但更关键的是，效果传统力图解决美国政治与文化中的重大问题，至少其主要实践者的初衷是如此，这本身已经成了美国文化的一部分，好像谁不这样做谁就不合时宜。

然而，若要对大众传播研究进行重新定位，就必须改变我们在这一研

① 《华氏 451 度》(*Fahrenheit* 451) 是美国作家雷·布拉德伯里 (Ray Bradbury) 于 1953 年出版的反乌托邦小说。——译者注

72 究领域的自我形象、自我意识和自我反省：包括我们对所从事研究的看法、我们共同拥有的历史、我们在学术圈内所处的位置，还有我们对知识所做的声明。这比更改阅读书目、取代参与观察（substituting participant observation），或详细解释因子分析和线性回归方程式要来得简单，但也是一种更痛苦的让步。如果依我所言实现了转型，借用理查德·罗蒂的说法，我们就会少谈些范式与方法，多谈些实质性的进展，少谈精确，多谈原创，我们将多用诗意或政治的词语，少用玄学和宿命的辞藻，并且与我们所研究的社会和研究者同行产生比现在更紧密的联结感（这一论点来自Rorty，1979，1982，以及一些他未出版的著作）。最重要的是，我们将进一步认清学术研究与社会的自反性关系（reflexive relationship），祛除加诸知识分子身上的咒语：一种非此即彼的信念，要么是社会法则之观察者的中立阶层，要么是拥有学历证书、被授予操纵社会机器之权力的新神职（priesthood）。最后，我们会发现真理和知识并不是社会秩序的客观图谱，大自然告诉我们，用威廉·詹姆斯（William James）的话来说，信仰之路上的善，将引领我们到想要去的地方。

文化研究为我们打造了一种载体（vehicle），它能够改变我们的自我形象，发扬我刚刚提到的学术态度。至少这一立场能够重新回到中心议题，审视与大众媒介有关的文化概念，并重新处置效果与功能的概念问题。我认为眼下只有极富冒险精神、不知足的天性、不懈的勇气才能离开舒适而无趣的效果研究之村落，追求未知而令人惊叹的文化研究之原野，这是一片我和他人未曾标出疆域、形成完整地图的原野，弥补这一缺憾是今后的主要任务。我目前能做的是鼓励人们在另外的概念话语和文献中转一转，为这片无名之地标出疆域。

为了让一切变得熟悉（虽然并不确切），我们将媒介研究与那场大众文化和通俗文化的争论联系起来，这是20世纪50年代关于大众媒介效果的大讨论中相对温和但十分重要的一部分。当然，这场争论本身需要重新建构。其基本线索在英国学者雷蒙德·威廉斯和理查德·霍加特的早期著作中已经着手进行，当时他们试图将人类学或原始社会中的文化概念运用到工业社会的生活与人们中，运用于语言、工作、社会生活以及经历了威
73 廉斯所谓的“漫长革命”的媒介之中（Hoggart，1961；Williams，1958）。

但文化研究与马克斯·韦伯著作之间的联系更为重要。韦伯试图同时提供两件东西：其一是工业社会的现象学——描述工业社会人们的主观生活或意识，包括他们个性化行为的目的与意图；其二是分析工业社会典型的统治和权威模式。韦伯在自然科学（Naturwissenschaft）和文化科学（Kultursissenschaft）的长期辩论中，将他的这一工作称为“文化科学”（cultural science）。我更愿意用文化研究而不是文化科学，因为我痛恨“科学”一词被堆砌了太多的敬意。正如托马斯·库恩近来所说的，“科学”一词出现于18世纪末，是指一系列仍在形成中的学科，以与医学、法律、工程学、哲学、神学及其他研究领域相区别（Kuhn，1983）。但这一分类学的意图很快被附加了敬意：科学与非科学的差别如同柏拉图哲学中知识与观点的差别。这后一种差别，连同相关的主观与客观、首要与次要的差别，正是文化研究首先需要消解的东西。而且，我更愿意取“研究”一词中谦卑的甚至有点自贬的内涵：它使我们不至于将鱼的故事与鱼混为一谈。它甚至有可能使我们对研究对象产生一种真正低调的姿态，并与身处大众媒介形式研究之外、有待于被纳入研究现象之中的公民同胞，产生休戚相关之感。

在美国这块地盘上，约翰·杜威和从美国实用主义发展出来的符号互动传统已经对文化研究做了最有力的表达。杜威的学生罗伯特·帕克为适合美国土壤的大众文化提供了最有力的解析（虽然帕克没有称之为“大众文化”）。不经意间，杜威、帕克及其他芝加哥学派的学者把韦伯的社会学移植到了美国的土壤中，尽管他们乐于以实用主义者的角度消解自然科学与文化科学之间的差别。但不那么令人欣喜的是（虽然能够理解），他们也失去了韦伯社会学的锋芒，尤其是韦伯对权威、冲突与统治的强调。这是我们必须恢复的传统。

虽然名字不解决问题，但名字起码能够提出一系列的概念与观点，从而使媒介研究能够围绕着这些概念和观点有效地进行。以下是我已经提到过的一部分概念：体验（experience）、主观性（subjectivity）、互动（interaction）、冲突（conflict）、权威（authority）、统治（domination）、阶级（class）、地位（status）以及权力（power）（Carey，1983）。在20世纪四五十年代学术界的那场争论中，当时的一些学者——大卫·里斯曼 74

(David Riesman)、C. 赖特·米尔斯（C. Wright Mills)、哈罗德·英尼斯（Harold Innis）和肯尼斯·伯克（Kenneth Burke），正是围绕着这些关系与问题，发掘出媒介研究中并不起眼却是永恒的主题，这一传统是历史的，同时也是阐释的、批判的。在美国的学术氛围中，文化研究就是试图对这一传统进行重申与重构。

在这个国际主义（internationalism）时代，我认为我所提出的观点是从民族中心主义（ethnocentrically）出发的；但我这样做是出于一种哲学的立场，而不是民族主义者（nationalist）的立场。起码从报刊诞生之日起，社会分析在表述上历来都是民族中心主义的。想要避开这种表达方式，从别处全盘引进并非根植于自己本土的另一种分析方法，那不过是一种姿态，是作为"观察者"的另一条途径。这不是说其他山谷的他种声音就不能对研究做出重要的贡献：韦伯曾被我提起，马克思也是避不开的；我对威廉斯和霍加特也表达过敬意。在当代场景中，我们不能忘记另外四位来自欧洲的精神大师的声音：哈贝马斯、福柯、吉登斯和布尔迪厄(Bourdieu)。但是这些声音必须被嵌入并紧密地联系话语线索与经典证据，而且他们的论点只有放在特定国家的社会、政治及知识分子传统中，才可以被解读。

围绕文化研究的问题变得既复杂又丰富，当伯明翰大学"当代文化研究中心"的研究在美国声名鹊起，尤其当中心的活动与斯图尔特·霍尔联系在一起时，情形更是如此。霍尔的著作是理论的、历史的，而且在经验方面是一流的，他所获的声誉当之无愧。这个中心的研究取向具有显著的英国特色，因而也是其局限所在，它吸收了欧洲理论与政治的某些传统，尤其吸收了马克思主义和结构主义的传统，但有意思的是，它并没有吸收法兰克福学派的种种批判理论。英国文化研究可以简单地或更准确地被描述为意识形态研究，因为他们以种种复杂的方式将文化和意识形态同化了。更准确地说，他们在整体上将意识形态变成了文化的指代（synecdochical)。意识形态研究，用霍尔的一句有趣的话来说是"恢复媒介研究中受压制的部分"。依此理解，意识形态一直是效果研究鲜为人知的潜台词。心理量表（psychological scales）所显示的不同意见，有可能掩盖了至关重要的政治分歧中存在的结构性断裂，通过大众媒介所取得的"共识"，只

提 要

> 霍尔的著作是理论的、历史的，而且在经验方面是一流的，他所获的声誉当之无愧。这个中心的研究取向具有显著的英国特色，因而也是其局限所在，它吸收了欧洲理论与政治的某些传统，尤其吸收了马克思主义和结构主义的传统，但有意思的是，它并没有吸收法兰克福学派的种种批判理论。英国文化研究可以简单地或更准确地被描述为意识形态研究，因为他们以种种复杂的方式将文化和意识形态同化了。更准确地说，他们在整体上将意识形态变成了文化的指代。

不过是从社会构成（social formation）中排除了“越轨者”：将政治分歧简约为“不合常规者”（normlessness）。实证科学没有提供意识形态（或文化的）分析；相反，实证科学是现实社会过程的一部分，它以意识形态的形式掩盖并维护了社会秩序（Hall，1982）。

霍尔以及其他许多人的著作对北美学者运用形形色色的马克思主义和 *75*
新马克思主义理论分析资本主义社会，起到了复兴的作用。可惜，这一复兴给传播研究领域带来的震动常常被描述成陈腐的、没什么建设性的行政与批判研究的比较，而批判研究又被当作法兰克福学派流亡时期留下的遗产。文化研究与实证科学之间的不同，不是简单意义上支持或批判社会现状之间的差别，虽然有人愿意这样认为。

英国和美国的文化研究有一些明显而重要的相似点，它们源自某些共同的起源与影响。两者的创立时间都可以追溯到 20 世纪 50 年代早期，而且或多或少都源于关于大众文化的那场争论，都受威廉斯、霍加特和汤普森（E. P. Thompson）著作的影响。尽管采用的方法有所不同，但两者都广泛地吸取了符号互动理论。在英国方面，符号互动只限于为亚文化和“越轨问题”提供一种分析路径；在美国，它提供了更具普遍性的社会行为模式。同样，这两种传统都受到了马克斯·韦伯的影响。英国研究主要运用了韦伯的“合法化”（legitimation）概念；美国学者曾经对韦伯的阶级、地位、权威分析非常重视，但大部分都被忽略了。最后，英国文化研究主要是在意识形态的各种意义中打转，这些意义在马克思主义者的内部争论中尤其在马克思主义与法国结构主义的交锋中已经被提出来过。事实上，从威廉斯、霍加特和汤普森开始，英国的文化研究就远远地绕开了法国结构主义，而且经过交锋后，两个派别更是泾渭分明。相反，结构主义在美国没有取得什么进展，但美国的文化研究必须应对更具影响力、来自信息理论和转换生成语言学（transformational linguistics）的形式主义（formalisms）。

斯图尔特·霍尔却能在这些涵盖面极广又常常矛盾的影响力中保持非凡的平衡。他有一种独特的能力，既能开放而慷慨地吸收当前的思想，又能在新马克思主义的框架内坚持把文化研究的中心放在意识形态分析上。但是，尽管霍尔的分析精妙而有力，我想它仍可能加深而不是减轻美国对文化研究的抵制。虽然能够理解，但这种抵制显然缺乏眼界。

对文化研究的抵制有两种主要形式，一种是实证的方式，另一种是现象学的方式，虽然这两个标签像其他标签一样，可能不太恰当。这两种抵
76 制方式有重合之处，而且有一些相同的要点，但它们有着不同的起源，因此以不同的困境告终。

实证主义对文化研究的抵制并不是出于惯常的愿望——在硬科学（hard science）与软学术（soft scholarship）、知识与观点之间保持分明的界线，而是根植于深层的政治本能。对实证科学来说，物理学是其典范，而心理学是冒牌货（pretender）。实证科学的发展过程不仅与资本主义，而且与议会民主有独特的历史关联。这些科学是西方文明成就的皇冠。在许多方面，它们远不像资本主义或民主那样含糊其词。事实上，实证科学在认识论上为民主奠定了基础，为真理战胜观点提供了保证，最重要的是，为人们可以据此判断并修正政治实践的自由传播（uncoerced communication）提供了典范。简而言之，实证科学在历史上与某些宝贵的实践有关，没人想要放弃它。因此，文化研究在批判实证科学时，就得借用一些道德或政治词汇，如果不这样做，即便不是反民主的，起码也是对宝贵的政治实践与某些智力习性紧密相连这一点不够敏感。而且，没人会彻底忘却实证科学在历史的两次危难关头，即在大萧条和二战时期支撑了议会民

主。实证科学定位于这样一种真理观：独立的政治由开放的传播（open communication）而实现，并存在于自然权力法则中。因此，它为抵制集权统治的诱惑提供了一种手段。

实证主义对文化研究的这种抵制方式值得同情，但最终这种同情用错了地方，并且起了反作用。我们不必因为实证科学在两次危难关头为民主政治提供了保障，就认为实证科学能够如此或将永远如此。事实上，我已经提到，二战以后，实证科学越来越表现出一种反民主的特征，这在行为主义和功能主义科学中已见端倪。行为法则与社会功能之类的概念在很大程度上抹杀了民主的整个传统，它们用意识形态和强制性实践（coercive practice）替代经由自由交谈（uncoerced conversation）而达成的社会共识过程。如果"我们打算干什么"这一主观想法背后潜藏着制约我们行为的基因、历史或社会功能，那么我们的主观世界、目的和意图统统只是幻觉，是附带现象（epiphenomena）。了解真实与表象的差别、掌握行为与社会法则的人，只有统治群体和他们的奉命者，也就是科学和技术的精英。他们解释社会行为与功能的法则，使人们在不自觉的情形下更有效地 77
接受统治。沃尔特·李普曼在《公众舆论》中最早提出实证主义必须取代自由传播的建议。约翰·杜威马上做出回应，认为该书是有史以来对民主最严厉的控告。到了越南战争时期，杜威被证明是有预见性的，因为行为主义科学要对当时知识界、道德及政治上的灾难负主要责任。

民主有可能毁在实证科学的手中，而且民主并不需要实证科学的支持，或拿实证科学做自我辩护以证明自己的正当性。也许我们用理查德·罗蒂所谓的"不设标准地摸着石头过河"（criterionless muddling through），也就是拿那些具有宽容、自由探寻之品质，以不带偏见的传播为追求的社会，跟那些没有这种品质与追求的社会做一下对比，就能更好地为智力和政治启蒙的宝贵实践和习俗辩护。我们在这种对比中不需要指定某些方法和理论作为真理的保障。当然，文化研究有一些稍加修饰的道德和政治词汇，但所有的学术词汇都如此，包括实证科学词汇。如果这个领域的研究者还没有从肯尼斯·伯克那里学到这一点的话，那他的学习能力就太成问题了，概念性词汇（conceptual vocabularies）总免不了带有某种态度或动机的修辞（rhetoric）。假如我们不采纳一种能同时定义、描述、评价及表现社会现象的语言，就无法从事学术工作。因此，在大众媒介研究中拒绝将意识形态问题置于中心地位或将文化研究作为一个视点，这相当于事先就对现代社会做出了道德判断——整个西方民主是如此，而美国尤甚——这完全是消极的、苛责的，好像一旦涉及意识形态的玩意儿就得献身于政治行动的革命路线，或起码献身于社会重建的重大计划。这种恐惧是真实的，但多少有点犯傻，因为如今到处都没有革命分子，最多周围还有一小撮反革命分子。

假使行为与功能的科学包含了道德与政治的词汇，也不必去做将科学从道德与政治中剥离出去这种吃力不讨好的事，与其这样做，还不如去发现这些行为方式之间不可回避的内在关联，并使这些关系变得更加清晰、更加可靠。行为科学和文化学除了已有的粗糙而简约的意识形态分析外，还应该包含一整套意识形态分析。与此同时，它们应该明确自己的意识形态内涵及说服力，站在自己的地盘进行辩护，而不是装模作样地搬出"科学怎么怎么说"（我们当前的一大矛盾是，以新保守主义为代表的右翼学者很少从事意识形态分析，但这帮学者是有意识形态的；左派有十几种不同的意识形态分析，但从其政治行动计划看，却没有意识形态）。

78 文化研究将意识形态和理论当作同一文化内的不同表达方式。它们在语义上、文体上以及表达与接受所依照的条件上各有差异。但相同的是，它们都包含了真理与谬误、知识与观点、事实与想象。我们的任务是考察意识形态、理论（还有我们的文化）使我们陷入了一种什么性质的困境，然后寻求走出困境的途径。

我已经提到了功利理论、社会科学、自由主义意识形态让我们陷入的困境，我们该如何将资本主义所放纵的个人欲望与社会联结，与公正、平等、民主所必需的相互关怀等要求加以调和？这一两难之境已经够糟了，但如果用客观科学的途径来解决这个难题（别担心，公正就在我们的基因或在我们的制度中），我们终将陷入更糟的境地。左派对此已经做了一针见血的批判：我们有一个社会科学的统治阶层（他们自然是不带偏见的），用纯洁无瑕的真理维持社会秩序。我们有权对这一神职提出质疑。如果社会科学家接受了这种先知先觉的角色，我们就可以认为，他们的地位并不是建立在知识的基础上，而是建立在他们有能力将权力和影响力置于社会结构的垄断地位上。马克斯·韦伯就把知识分子的这种资格看作阶层封闭的装置，韦伯在这一点上可谓目光犀利。一个社会中稀缺资源的供给，包括稀缺的职业往往极为有限。工业社会是按等级组织在一起的，因此，稀缺的职业可以通过收入、福利和声望来确定并显示。在英国经济学家弗雷德·赫希（Fred Hirsch）著名的划分中，好的职业是一种地位财富，而不是物质财富；好的职业之所以稀缺，是因为其供应十分短缺，也由于它附带着权力，即垄断稀有文化资源的权力：垄断客观的、也就是未被意识形态污染的知识，那种只有社会科学家才能掌握的知识。对于民主来说，这很难说是一种健全的氛围。没人知道该如何走出这一困局，除非我们对自己身处的困境有所认识，否则我们几乎无计可施。

无论如何，打着科学的旗号以摆脱或贬低意识形态和文化，都不能达到“走出困境”的目的；只有让科学更深地投入文化与意识形态的怀抱才行。所有的实践和表达形式，包括科学，都是文化的形式。只有在文化这束光芒中才能理解一切。

这里有一个颇具启发性的例子（虽然我很少为实证主义和新保守主义摇旗呐喊），即丹尼尔·贝尔（Daniel Bell）和欧文·克里斯托（Irving Kristol）于1965年创办的《公众利益》（*The Public Interest*）期刊。当时 79
传统左派（区别于激进左派）控制了美国政界，贝尔和克里斯托认为，美国社会遭到了由左派掌控的社会计划及文化和对外政策的严重破坏，他们策划了《公众利益》作为同仁的阵地，力图勾画一个更加宏大的社会计划，以改变美国社会的发展方向。我可以向你保证，他们并没有把时间浪费在辩护或解释实证主义的理论和方法上，没有在知识分子的象牙塔里寻求形而上学的答案，只是召集了一批社会科学家，离开书斋，投身街道。他们甚至没有在原来的知识殿堂中留下任何痕迹，只是断然离去，并在另一个知识分子的领地另起炉灶，新的领地不会轻易被反实证主义批判所撼动。他们无心过问方法和理论问题，只是系统地运用他们的聪明才智重构社会秩序的基础，着手社会重建计划［这是我们对它更公正的叫法，也许霍尔会称之为“霸权项目”（hegemonic project）］。他们并不需要一种过时的科学哲学来建构他们对民主和知性工作的想象。尽管写了《意识形态的终结》，他们还是毫不羞愧地承认意识形态与科学之间的相互关联，他们的世界观和依此的行动方式成了一个独特的个案，而且是一个十分成功的案例。那些确信文化研究目前的思想会败坏、威胁到民主实践的人，他们的任务不是退回到无价值取向的客观主义科学，而是发掘、明确、批判他们自身那份工作的道德和政治义务。知识分子的工作有赖于一个能够清晰描述社会秩序的总体框架——意识形态就是用来表达社会秩序的——社会秩序不是由宇宙中的阿基米德支点（archimedian point）创造出来的。没有一个所谓的“在那里”的观察者，正如格特鲁德·斯泰因[①]在谈到加利福尼亚的奥克兰时所说的，“那里”其实并不存在。如果有人反对当前文化研究的做法，那么唯一的出路就是把效果传统中已经表述过的理论、实践和意识形态都分析清楚——简言之，就是放弃旁观者的姿态，切实地担负起用智力改变、修改、重建社会秩序的职责。总之，答案是走近文化研究的视角，而不是转身离去。

现象学对文化研究的抵制就很难概括，因为现象学在许多方面与文化研究有共通之处。其实，现象学家非常愿意彻底放弃人类传播学中实证主义的框架，或在最低限度内安于科学和人文学科的分工。他们愿意追随文
80 化研究的路径，将大众媒介作为一种语境（context），从中进行现代经验与意识的现象学研究。现象学家希望描述主观生活，用雷蒙德·威廉斯一句很到位的话来说就是，现象学家希望描述现代的“感觉结构”（structure of feeling），传播媒介就是与意识形成有关的最重要的经验形式之一。实际上，这只是达到了威廉斯和霍加特早期研究的水平，而且没有触及我们在面对法国结构主义时所遇到的智力、道德及政治的窘境。严格意义上的现象学家在方法上致力于通过像“理解”（verstehen）这种简单的方法，或通过诠释学（hermeneutics）这种复杂的方法来重构意识。当现象学家认识到现代意识一旦与大众媒介发生关系或受大众媒介的激化而充满悖论和矛盾时，当他们坚定地站在现代资本主义社会许多生活方式的对立面时，现象学家仍然拒绝将权力、冲突、统治或任何既定的社会结构性因素纳入他们分析的中心。

同样，我本人对这种抵制并非毫无同情，但我还是认为这种抵制用错

---

① 格特鲁德·斯泰因（Gertrude Stein，1874—1946），美国作家、诗人。——译者注

了地方。显然，意识形态和文化分析完全可能成为另一个柏拉图式的切入口，用知识与意识形态的差别取代知识与观点的差别；这样做的唯一好处是“意识形态”一词有了更加明确的政治含义。但研究者将意识形态和政治置于中心地位会出现什么问题？当意识形态作为一个术语用来描述人类全部的生活方式，或者它就是正在发生的一切的代名词时，现代社会在现象学上丰富的多样性就简约为对阶级和派系冲突的单调分析。就像经济学已经成了沉闷的科学，文化或意识形态研究将有重蹈覆辙的危险。

经济学之所以成了一门沉闷的科学，其原因对我们是个重要的提醒。功利主义作为古典经济学的基础，在很大程度上将社会生活简约为贪婪和积累的惯性轮（flywheel）。经济意义上的人成了整体意义上的人、唯一的人。然而，对攫取的单调乏味的重复，并不是使经济学变得如此沉闷无趣的唯一原因。社会成了一个“永无尽头的世界”，在那个世界，由于马尔萨斯的幽灵，贪婪成了永远无法填满的欲壑，每一分财富的获取都被人口的增长所抵消，我们珍爱的孩子只不过是转动谋生之轮的暴君（tyrants）。

如果将社会在现象学上的多样性简约为单纯对权力与统治的探究，那么文化研究也可能变成一门沉闷的科学。在“前革命”时期（prerevolutionary era）排除多样性的结果是“后革命”社会只剩下了从事革命这一个动机。事实证明，对权力的追求既让人筋疲力尽，又令人乐此不疲，正

提 要

经济学之所以成了一门沉闷的科学，其原因对我们是个重要的提醒。功利主义作为古典经济学的基础，在很大程度上将社会生活简约为贪婪和积累的惯性轮。经济意义上的人成了整体意义上的人、唯一的人。然而，对攫取的单调乏味的重复，并不是使经济学变得如此沉闷无趣的唯一原因。社会成了一个“永无尽头的世界”，在那个世界，由于马尔萨斯的幽灵，贪婪成了永远无法填满的欲壑，每一分财富的获取都被人口的增长所抵消，我们珍爱的孩子只不过是转动谋生之轮的暴君。

81 如人们对财富的追求。但是，对权力的追求以及使这一追求合理化的理论还是抓住了我们所处的某种困境。权力以及伴随着权力的声望，是官僚政治时代的原型（archetypal），就像财富代表了便士资本主义时代。除了实证主义者，传播现象学没有理由避开权力与统治现象，但要避免将所有人类关系及所有符号都仅仅简约为权力和政治的术语。我赞同现象学的研究，因为我相信任何健康的社会都应该具有包容多样化经验的精神，这种精神承认多样化经验必定是一个不断被丰富的过程。我们承认权力是意识和行为家族中的一员，但没有必要让权力占据所有的空间，就像来了一位不速之客，我们没必要让他占据整个住宅。

所有派别的现象学家都把形形色色的人类经验归结为提供最深层的快乐、消耗资源以及现代社会最复杂的问题。去除这种多样性（即使被称为相对自主的多样性）、揭示意识形态和政治深层而单一的结构，就会像行为主义者与功能主义者一样碾压人的主观意识。我们总不希望拿著名的斯金纳盒子里的魔鬼来换取不怎么出名的阿尔都塞盒子里的魔鬼吧？因此，任何围绕社会结构因素（包括阶级、权力、权威）将意识的多样性问题搪塞过去的学术活动，都是自我封闭的自行其是，这也正是行为主义阵营中的现象学家在这个世纪的大部分时间里想方设法竭力逃避的。为什么要放弃丰富的多样性而去建构一种自我封闭的千篇一律的东西？正是现代社会在现象学上的多样性产生了激动人心的但又棘手的学术与政治问题。我们不必为这种多样性而热血沸腾，也不一定要赞同这种多样性，或者把它当作一种有益的多元主义而欢欣鼓舞。我们只需要认识到这种多样性在与传播媒介的特定关系中不断产生的意识上的特有张力。

这两种对文化研究的抵制方式都意义重大，而且对两者我们都不能轻率地打发了之。对于两者，我都不赞成。我已经说过，我不相信社会民主需要以实证科学为基础的客观主义者来维系，实证科学正是客观主义者的薄弱环节；我也不相信如果我们在审视学术界包括科学界的工作时，对摆在我们面前的历史、传统和当代生活所处的困境糊弄了事，我们的研究就会有很大的起色。而且，我不认为我们要放弃意识形态这一概念，或对现代社会所具有的权力、权威、统治形式统统视而不见，才能公正对待其在
82 现象学上的多样性问题。在我们这个社会中，冲突和矛盾与其他任何社会

同样典型，同样是社会整体的组成部分，而且同样无法去除。

我在这里谈到的还不只是种族、阶级与性别这样的主要矛盾与冲突，还有许多一般的矛盾，它们与我们接受教育的经历密切相关。例如，学生们对“主修课”兴趣的摇摆总体上反映了职业结构（occupational structure）中的地位竞争。另一个我早先提到过的矛盾，就是赫希所说的对“地位财富”的争夺。我们也看到——实际上常常也参与了（虽然我们持自由主义的意识形态）——家长们通过给有声望的大学支付学费，尽量为他们的孩子在职业结构中谋个职位。还有一个老掉牙的故事，那就是联邦资助与贷款项目是更民主还是更不民主（当然，更多的时候反而更不民主）。有些职业被认为是对优秀教学和学习成绩的激励和应得的权利，但它却反映了我们这个号称平等主义社会的一大矛盾。我们参与的这种由收入决定的就业竞争无形中加剧了单调、低收入的工作与那些被认为出人头地的职业之间的鸿沟，从而暴露出我们社会的另一大矛盾。这两大矛盾就反映在我们的教室和课程表中，但我们无计可施。而且，一旦解决了这些矛盾，还会出现其他的麻烦。同样，即使我们解决了种族、阶级、性别这样的主要矛盾，马上就会出现一个新的统治阶级，虽然推测这个阶级的样式需要科幻般的想象力。

矛盾和冲突在所难免。因此，意识形态和权力是社会生活的中心议题，尽管它们不是生活的全部。在现代生活中意识形态扮演着更为重要的角色，因为毕竟高压政治所起的作用相对小一些，意识形态的国家机器在很大程度上替代了国家的镇压机器，这毕竟不是一件坏事。至今没有一个人能对权力、冲突、矛盾和权威做出充分的分析。但这正是马克斯·韦伯丰富多彩而又充满忧患意识的研究工作的中心议题。事实上，现象学对文化研究的抵制一部分来自一个简单的事实：在韦伯的论著中，行为和主体性是与权力、权威这样的概念紧密联系在一起的，现在的研究者却更多地从涂尔干这位社会整合主义者（social integrationist）那里获取思想的源泉，而涂尔干根本无视权力与权威的存在，甚至连提都不提。结果，研究者的分析常常滑向功能主义，只有少数最有勇气的学者没这样做。可能是现代社会特有的不平等和统治方式是如此的令人憎恨，它只能由悄无声息的、隐而不现的文化再生产机制来维护，就好像文化一直躲在它“主体” 83

的背后。倘若社会秩序真的能在文化和结构无声无息的再生产中运行，那是再好不过，我们将免遭冲突与对抗带来的所有不幸。

但不幸的是，社会秩序并不是这样运行的，我们生活在社会秩序再生产的动荡与不确定性之中。与马克思主义者的传统相比，涂尔干这位社会整合理论家显然低估了权力与冲突因素。受人类学对社会再生产复杂性研究的启发，涂尔干发明了“集体表征”（collective representations）和“集体意识”（collective conscience）概念，用来解释社会在冲突与紧张中如何保持完整性（intact）。当他将这一分析运用到现代社会时（我记不清年代了），他试图表明资本主义社会如何为了生存和稳定而依赖一个承续的“前资本主义”社会，即所谓的契约的“前契约”因素（precontractual elements of contract）。受功利与契约调节的法理社会（Gesellschaft society）如果没有无功利观的、有信仰的、传统的礼俗社会（Gemeinschaft society）的整合机制，就无法运行。有这么一句老话：西方是金钱，其余的是血缘。涂尔干又加了一句：血缘在先进的社会中仍然有整合的功能。在某种意义上，涂尔干颠倒了经济基础与上层建筑之间的关系：资本主义经济是在传统社会制度的基础上繁荣起来的。涂尔干的这个观点一直显得非常重要而实用。但即使文化为契约提供了有利的土壤，也没有必要认为文化是无意识的、非理性的、强制的和机械的，客观功利主义者或机械马克思主义者就持这种观点。但是，如果将文化一下子当作无意识或深层结构的一部分，又让我们很难区分马克思主义与功能主义之间的差别，除非——这是个重要的例外——他们对正在悄无声息的、自动整合的社会秩序做出截然不同的评价。

总之，我相信，推动文化研究不一定要把文化简约为意识形态，把社会冲突简约为阶级斗争，把共识简约为顺从，把行动简约为再生产，把传播（communication）简约为高压政治（coercion）。我认为要做到上述这些是可能的。而且，尽管我们知道这里有风险，也有所保留，但所有幸存的文化研究形式都显示了放弃那些过时的科学原理（甚至要放弃科学哲学）的好处所在，并把大众媒介置于中心地位（而不是作为一个课题或学科）来研究社会理论的普遍问题：通过形形色色的变化与差异、冲突与矛盾，社会生活的奇迹是如何产生的？社会是如何进行自我生产和再生产的？社

会的生产和再生产从来就不是确定的、自动的或机械的，社会现象所产生 84
的问题常常在冲突与矛盾的瞬间，在政治暴力、社会动乱这类罕见却又激烈的片刻，得到了最好的揭示。但无论社会生活之生产和再生产的细节如何，通过传播、通过符号与社会结构的整合关系，社会（或我们最熟悉的事物）才得以创造、维系与改造。

第二部分

技术与文化

第五章 电子革命的神话*

一

桑顿·怀尔德（Thornton Wilder）的《第八日》（*The Eighth Day*）描写了伊利诺伊一个小镇庆祝世纪之交的场景，反映了当时美国人的期待之情，以为变化与希望会随着1900年而到来。19世纪末，亲历了工业化破坏后果的美国人常常渴望本土乐观主义的再生和科学技术光明前景的复兴。怀尔德这部小说的题目取自一位社区领导人的演说，它道出了那个时代对进化信仰（evolutionary religion）的殷切期待。怀尔德的这位代言人设想，在创世纪之后有一个名为"第八日"的新纪元，那里有新的人种，他们没有过去，是未来的后嗣。

20世纪末的我们正目睹另一个"第八日"的预言，它穿插着"千禧年""人类2000"之类蛊惑人心的幻想，以及"电子革命"的宣言。过去，在工业展览会和世界交易会上，一些名人致辞常被用来抬高技术发明的声

---

* 本章与约翰·J. 奎克（John J. Quirk）合著。

望，代表科学以博取公众舆论的支持。如今，对 2000 年、未来世界的承诺成了预言的代名词；公众甚至可以亲身参与富勒（R. B. Fuller）精心设计的“未来世界游戏”。然而，一提到“技术”这个词，当代未来学话语中就难免含有某种世俗的狂热崇拜的意味。

这种未来主义者的心态与启蒙主义哲学家、19 世纪道德学家对工业革命所发表的观点如出一辙，当时那些人把工业革命看作进步、道德与物质
88 的载体。而眼下有关未来的意象同样回响着类似“第八日”的希冀，它预言了一个与历史及当今人类环境毫不相干的世界，这一新时代的黎明被称为“后工业社会”“后文明”“电子技术社会”“地球村”等等，不一而足。栖息在这一未来世界的新人种则被称为“后现代人”“千面人”（the protean personality）或“后电子人”。

有一种日渐流行并深入人心的未来主义风尚，将电与电力、电子学与控制论、计算机与信息这类事物和新兴的共同体、去中心化、生态平衡、社会和谐等同起来。这一套观念与麦克卢汉的关系最为密切，他的思想流派已经被喋喋不休了几十年，在我们时代有不少他的代言人。为电子革命大唱赞歌的人形形色色，包括前面提到的游戏设计师富勒、音乐学家约翰·凯奇（John Cage）、未来学家艾尔文·托夫勒（Alvin Toffler）、政策学家兹比格涅夫·布热津斯基（Zbigniew Brzezinski），还有新左派成员、受夏尔丹[1]启发的神学家们以及像爱德华·费根鲍姆（Edward Feigenbaum）这样的计算机学家。在知识分子圈子外，还有广告商、工程师、企业与基金会执行人，就连政府职员也时不时提到并信奉电子革命。

这帮形形色色的人聚集在电子革命这面旗帜下，他们是真正意义上的“第八日”后裔，是为了回应社会危机与技术变革而重新浮出水面的“千禧冲动”（millennial impulse），他们以世俗的神学家自居，为电和技术的后裔谱写神曲。

尽管所处的背景各不相同、在其他问题上立场各异，但所有对电子革命的歌功颂德都有一套共同的理念，这些思想均传递着这样一个印象：电

---

[1] 夏尔丹（Teilhard de Chardin），1881—1955，法国耶稣会神父，中文名“德日进”。——译者注

提 要

> 尽管所处的背景各不相同、在其他问题上立场各异，但所有对电子革命的歌功颂德都有一套共同的理念，这些思想均传递着这样一个印象：电子技术是人类的伟大施主。同时，这些思想都将电子技术奉为人们期待的社会变革的动力、重建人道主义社会的关键所在、回归珍贵的自然乐园的途径。他们的共同信念是：电将克服曾经妨碍实现乌托邦理想的历史力量和政治障碍。

子技术是人类的伟大施主。同时，这些思想都将电子技术奉为人们期待的社会变革的动力、重建人道主义社会的关键所在、回归珍贵的自然乐园的途径。他们的共同信念是：电将克服曾经妨碍实现乌托邦理想的历史力量和政治障碍。

布热津斯基的未来观确信："我们所处的已不再是传统革命时代，我们正在进入人类历史一个全新的转型期"，"它赋予美国人特殊的使命"，即缓解美国社会与世界其他地区因对抗"所产生的痛苦"。在新的未来观中，布热津斯基认为，一个电子技术化的美国将取代其他所有的社会体
制，因为所有其他的革命只不过"搔到了改变权力与财富分配的皮毛"， 89
而电子技术化革命将"影响个人与社会存在的本质"。

带着典型的美国式乐观，布热津斯基阐明了民主、分权、技术三者的兼容性。"但是，"他接着说，"它很容易错误地建构一幅单向的图景，一幅新的奥威尔式的（Orwellian）图景。许多使美国社会发生转型的变化对未来做出了很好的预言。"在这些趋势中，布热津斯基认为，"更多的权力下放"和"将大规模地传播科学与技术知识作为美国干预世界的重点"，使得"电子技术正在消除时间与空间的双重绝缘（twin insulants）"，结果，一帮超越了政党与派系的社会科学家，能够"将社会冲突减少到可计量（quantifiable）、可测量（measurable）的范畴，对社会问题有了更切实的解决方法"。

在麦克卢汉的设想中，艺术家而不是科学家才是未来的后嗣。但麦克

卢汉给电披上了一件神秘的外衣，电成了上帝另一只看不见的手。“电子时代，如果假以时日，将自然而然地形成和谐的人道主义模式。”麦克卢汉远比布热津斯基更为形而上学，他看到了电“使今天普通工业与社会生活产生神秘感”的同时，还有“消除空间和时间”的能力。最后，麦克卢汉以其擅长的宗教做比附，将电当作一种神力：“总之，技术为计算机创造了普天下相互理解与团结的圣灵降临节般（Pentecostal）的环境。”对电子革命的浮夸辞藻无论以宗教还是以世俗面目出现，其本质中良性和进步的特性都归诸电及对电的应用。同时，电子革命论也表达了一种信仰：电将驱除社会混乱与环境破坏，消除政治冲突与个人疏离，重获生态平衡及人与自然的和谐。

新兴高科技的魔力体现于电子学、计算机、传播手段、机器人技术和遗传工程，这些高科技似乎无所不在地提供充分的就业、市场与产品，复兴不景气的经济，为日薄西山的大学提供资金，给失业者、城市剩余人口提供重新就业的机会，给劳动力新军提供大量的、令人满意的机遇，以高科技替代烟囱，并创造和谐的环境，甚至最终消除人与机器之间的间离和疏远。但是，这种信仰却与近几十年电与电子技术的发展状况形成了强烈的对比。电所产生的一目了然的后果显然与那种分权的、有机的、和谐的秩序背道而驰。电子技术的应用在计算机中心与能源网（energy grids）、五角大楼与国家宇航局（NASA）、通用电器与国家电力公司之间已经滋生
90 了新的集权化倾向。而且，“电子社会”造成了这样的恶果：发电产生了热量与大气污染，电视与广播网节目不惜牺牲地方方言与利益，只注重单一的全国口音与报道题材，从而侵蚀了地方文化。

电子高科技工业要求一个宽松的人文环境，少一些限制性的社会立法和好斗的（militant）工会组织。但这与其说是客观需求，不如说是人为的要求，它引发了州与州之间白热化的竞争，结果使中上阶层一直处于逍遥之境，免受贫困及社会地位低下者的侵扰，也不受哪怕最小限度的政府管制，甚至还取缔了工会。

有思想的社会精英认识到：竞争所产生的缺陷源自对科学普遍缺乏了解，就像斯隆基金会（Sloan Foundation）对人文科学的新界定强调的是数学、计算机科学及技术特长。焦虑的中产阶级家长迫不及待地为自己的孩

子在职业阶层中争购一席之地，将他们送到计算机夏令营，或者通过个人家庭电脑的幼儿训练引导孩子走上哈佛之路。电脑公司的广告则再现了文化人的传统形象，并让它与新颖的计算机设备结成良缘：所有信徒都拥有神父般的地位，人人都拥有自己的《圣经》，换言之，人人都成了计算机神父，每个人都成了手中拥有机器、掌握命运的先知。

这就产生了一种两难之境：要么现代“电子学家”拥有我们所没有的洞察未来的能力，要么他们在修辞上所宣称的革命只不过是一厢情愿，或更糟，是现状（the status quo）的新的合法化。后者的设想尤其令人困惑，因为我们目睹了作为21世纪规划的某些美国政治和工业政策在过去产生了严重的破坏作用。跟电有关的天花乱坠的术语也让我们倍感迷惑：电不仅仅是一种新生事物，在技术史及社会应用中不难发现，人们对电力革命之可能性与潜力竭尽溢美之词。

如果不联系美国人对技术的一贯态度，我们就无法对电子乌托邦做出明智的解释，这里有必要回顾一下美国人对早期工业化与机械技术发展的典型反应。

在哥伦布发现新大陆之前，欧洲人就已经做起了美洲梦。在美国社会形成之前，人们曾将美洲大陆称为亚特兰蒂斯[①]、乌托邦、印度之路——这片土地，曾是欧洲历史上的救赎之地。这片乐土所引发的宗教隐喻来自大自然，这里的自然具有未经污染的处女地的复原力（healing power），美国人后来继承了欧洲人的这一乌托邦思想，并用这种田园风格来定义他们“国家的性质”。在美国，机械技术大受欢迎，但当技术被运用到“亚美利加园”[②] 时发生了个性特征的变化：机器被移植到理想的田园乡村，而且这个理想的田园乡村使机器变得人性化了，欧洲城市固有的污秽、不幸、贫穷、不公和阶级斗争在这里不复重演。那得天独厚的未经污染的大自然使美国从欧洲的历史中得以救赎，让我们拥有没有工厂体制的工厂（the factory without the factory system）和没有机械化社会的机器（ma- 91

① 亚特兰蒂斯（Atlantis），传说沉没于大西洋中的岛屿，常比喻一种失落的文明。——译者注

② 亚美利加园（Garden of America），与伊甸园（Garden of Eden）相对应。——译者注

chines without a mechanized society）。

在美国，佩里·米勒（Perry Miller）和亨利·纳什·史密斯（Henry Nash Smith）开创了一项重要的研究传统，里奥·马克斯（Leo Marx）和艾伦·特拉亨伯格（Alan Trachenberg）继承了这一传统，他们追溯了一再出现的“园中机器”（machine in the garden）这一主题。这是美国人思想中特有的关于社会存在（social existence）的崭新视野，人们可以通过自然与制造业的和谐结合，回归伊甸园般的胜地。因此，每一项新的发明创造都被当作迈向新世界的征兆，而新生国度在地理和历史上的选择为实现这一目标提供了可能。这一景象是一种中间地带，它被悬置在艺术与自然、乡村风光与工业城市之间，在那里，技术力量与民主地方主义（democratic localism）建构起理想的生活方式。正如知识分子所梦想的、部长大臣所鼓吹的、艺术家所描绘的、政治家所罗曼蒂克化了的、小说家所戏剧化了的，这个社会被符号化、文学化地悬置于过度开发的欧洲国家与西部边疆的粗犷社区之间。美国的处女地和丰饶的资源将在这片大陆上为工业化提供本土的解决方案，这一解决方案将使所有冒险闯荡新世界的欧洲人获得新生，避免欧洲工业体制的缺陷。总之，美国将摆脱历史：我们将从机器和工业革命中得到财富、权力和生产力，从自然中获取和平、和谐与自足。

著名的启蒙主义哲学家在展望美国的未来时曾预言了上述美好前景。例如，孔多塞（Condorcet）确信，美国将摆脱过去（the past）这一阴魂，以“加倍进步的步伐”取得“加倍快速的进步”。他相信美国将安全地挣脱旧世界的混乱，拥有足够的空间保存纯朴的美德，并将物质进步转化为道德进化与社会幸福。正是这种想法使杰斐逊及其重农派追随者接受了汉密尔顿对制造业与早期工业的规划。杰斐逊将其对工厂型经济（factory economics）的质疑暂时搁置一边，而且区别了这样两种社会形态：一种是
92 “过去那种缺衣少粮的大城市，道德堕落、依赖性强而且腐败”；另一种则是美国，它拥有“独立的制造业、如农民般纯朴的道德水准，只要还有空闲的土地可供开垦，就能一直维持这种状态”。

一些定期提供重要服务的技术具有了特殊的重要性。杰斐逊本人就曾提到报纸的必要性超过了政府本身，他认为印刷技术及保护新闻自由的权利与识字能力及自由（liberty）同样重要。爱国的历史学家甚至将国家意

识的起源一直追溯到1704年波士顿第一份报纸的出版。最后，权利法案通过有关新闻自由的第一修正案，在宪法上为技术提供了保障。

后来，蒸汽机在技术的殿堂里占据了特殊地位，它利用铁路、水路连接大陆，创造了新的商业纽带，于是就有了“蒸汽机的道德影响”“铁路的间接影响”之类的文章与赞誉。这是一个时代的转型期，从查尔斯·弗雷泽（Charles Fraser）的演讲到南卡罗来纳州查尔斯顿商业图书馆协会（Mercantile Library Association of Charleston），蒸汽机都被赋予了形而上学的特性：“我们身边有一种动力，它能给任何事物带来协调的合作……它能战胜时间与空间……它能征服偏见，用快捷而友好的传播将整个国家团结在一起；这一伟大的动力便是蒸汽机。”

爱默生（Emerson）把蒸汽、电磁与先验主义联系在一起，将夸张的技术崇拜抬高到了哲学层面：“机器和先验主义非常吻合……公共马车和铁路如树枝抽芽般冲破了旧的律法……我们的文明和思想正在把地球变成一个大脑。看看电报和蒸汽如何让地球变得类人化（anthropologized）。”爱默生的这段话就是知识分子对技术充满敬畏并将技术事实（technological fact）与精神符号（spiritual symbolism）混为一谈的活生生的例子。

里奥·马克斯恰如其分地给那些关于蒸汽和机器技术的溢美之词贴上了“技术至上论”的标签。这种对技术的歌功颂德在南北战争前几十年里形成了虚假意识，结果证明，无论是印刷机还是蒸汽机都没能阻止注定的冲突，没能保证林肯一定会赢，而格兰特（Grant）在战后重建中不会失败。在内战及以后的几十年里，美国人的“机器至上”梦发生了决定性的逆转。越来越多的迹象表明，美国既没有摆脱历史，也没有摆脱欧洲的工业化经历，南北战争本身就给大陆民主梦打上了问号。战后美国的城市变成了工业贫民窟，阶级和种族冲突成了家常便饭，经济萧条始终影响着经济的稳定，铁路、煤矿、铁矿使乡村满目疮痍，森林资源遭到破坏。但是现实无法 93
彻底颠覆浮夸，在19世纪后三分之一的时间里，当机器乌托邦的梦想让位于工业化现实时，新的思想派别又蠢蠢欲动，认为力学与电学、机械化与电气化之间存在着质的不同，电的威力能迅速弥补所有被机器出卖了的梦想。

从机器至上到电力至上的转变有许多实例，但开创性的人物是19世纪美国最重要的经济学家亨利·查尔斯·凯里（Henry Charles Carey）。其父马修·凯里（Mathew Carey）曾是一位爱尔兰流亡者，同时也是宾夕法尼亚“国家工业促进会”（Promotion of National Industry）的发起人，他出版了一系列很有影响的、被亨利·克莱（Henry Clay）称为旨在保护国家工业和大力发展内陆运河与高速公路的“美国计划”。亨利·查尔斯·凯里本人否定了曼彻斯特的经济模式，并对美国的工业政策提出了独到的见解。他认为，在美国这样的本土场景下引进工厂和工业，将产生与欧洲情形大不相同的结果。在美国，技术将创造财富和效率，且不会出现像英国和欧洲其他主要国家那样的金钱奴隶或环境灾难。

1848年，凯里写了《过去、现在和未来》一书，他采用完全不同的“地方联盟主义”（regional associationism）的提法，对上述理想做了纲领性的阐述。他认为当工业与农业成立地方“联盟”并结成合作经济时，新的体制就能成为现实。他认为，这个规划将保证政治与经济永远处于分权的、小规模的状态。另外，凯瑞相信，工农联盟与机械技能的普及教育将防止城乡差别和阶级冲突。

凯里出生时正值华盛顿任总统期间，他去世那年刚好亨利·福特开始在密歇根生产汽车。在凯里的一生中，由于工业、金钱、影响的集中化，地方联盟并未实现，对移民劳工的剥削倒成了美国生活中压倒一切的现实。但是凯里没有放弃他的美国计划，并用电的语言（language of electricity）进行了描绘。在他最后一本著作《法的统一》（*The Unity of Law*）中，凯里用电的语言代替机器语言，将电和刚刚发现的电磁的物理定律与社会法则相提并论，把电看作联结自然与社会的新纽带。下面这段晦涩却又重要的引言正反映了他的这一转变：

> 94 在与社会生活的相互关联上，电呈现出与人脑极为惊人的相似。这种相似是如此惊人，以至于当我们需要表达快速变化的社会思想与意愿时，发现自己不得不从物质世界中寻找可被应用的术语，借用那些与电和电磁相关的术语……
>
> 社会中每个成员之间的真实关系，如施予者与接受者、教师与学生、生产者与消费者之间的关系，正负交替[1]，在这样的联结中其功

① positive and negative 在英文中也可以指电池的正、负两极。——译者注

> 能和力量各有不同。全体公众组成了一个巨型的电池，每个人都是这电池上的一对电极。由此建立起来的完美的电流循环令所有个体得到完善的发展，经济力量顺畅地在每个政治实体之间流通，接下来是普天下的幸福与繁荣、精神与道德行为得到提升……还有权力与财富……到处都协调有序，每一对电极都相互保持着适当的关系，因此，全体公众的电力循环便被激活，它将全部能量集中在一起，去完成公众利益的每一项目标……为使电力快速循环，在这巨大的电池的电极之间所用的能量越多，就越有可能产生供人类使用的天堂之光般的灵感与能量。

凯里的这段话标志着另一种工业伊甸园模式和新修辞的登场，按里奥·马克斯的说法，我们也可以把它叫作“电子至上论”。这段话本身说明，凯里在使用这一辩证的正负概念时，不是将其作为相反的一组词，而是表达了事物的对立统一性。因此，不和谐和冲突只是通往内在和谐的表象。同样，作为一种通俗文化形式，电子至上论试图糅合美国梦中所有矛盾的愿望。电保证了机械化曾经承诺过的但又不幸落空了的同样的自由、分权、生态平衡与民主社会，而且，电还保证了机械工业化保证过的并确实实现了的同样的能源、生产力与经济扩张。在凯里写下上述这段话的十年里还发生了其他一些事件，预示着这些矛盾的愿望将决定美国的社会政策。19 世纪 70 年代，爱迪生和贝尔开发了即将成为新文明之基石的电子技术。古尔德[1]、范德比尔特[2]等人为操控新技术展开了“电报战”和其他一些专利之争；后来的工业巨子如通用电器，对新技术的开发日臻完善。 95
爱迪生、贝尔和其他怪才成了新文明的象征，他们备受公众的宠爱，彰显了新技术的恩惠；与此同时，在电的神秘面纱下，传播与交通的新帝国也开始创建。

但并不是每个人都迷信新技术。面对新技术所蕴含的真实意义，欧美知识分子最有效的方式莫过于用纯文学的方式加以回应。欧洲的雅各·布尔哈特（Jacob Burkhardt）、阿纳托尔·法朗士（Anatole France）和美国

---

① 古尔德（Gould，1836—1892），美国金融家和投机者。——译者注

② 范德比尔特（Vanderbilt，1794—1877），美国运输促进者和投资者。——译者注

的亨利·亚当斯（Henry Adams）、塞缪尔·克莱门斯[①]采用的策略是颠覆技术至上论，将新技术描绘成灾难的幽灵。塞缪尔·克莱门斯的小说《误闯亚瑟王宫》（*Connecticut Yankee in King Arthur's Court*）可能是美国历史上第一部反乌托邦的科幻小说。美国人的思想在小说中绕了一个圈：主人公汉克·摩根（Hank Morgan）回到了过去的时空，发现原本为了保护自己而下令建起的电栅栏，实际上却让自己坐困其中。在美国文学史上，这是一个非常重要的事件，因为它与马克·吐温早年克莱门斯时代作品中惠特曼式的乐观主义形成了鲜明的对比。

同样，亨利·亚当斯对热力学定理和熵非常着迷。《亨利·亚当斯的教育》（*The Education of Henry Adams*）全书充斥着幻灭感，因为亚当斯不得不从波士顿上流社会的"旧世界"转向1844年完全由能量掌控的历史新阶段，那一年"波士顿和奥尔巴尼之间铁路开通，第一艘蒸汽船在海湾出现，还有从巴尔的摩传送到华盛顿的亨利·克莱（Henry Clay）与詹姆斯·波尔克（James K. Polk）得到总统候选人提名的电报信息"。

尽管有文学家们的负面观点，电力至上论却因改革家们的鼓吹而变得合理，似乎近在眼前的乌托邦幻想再度风靡。改革家和理想主义者认为，那些大公司应该为电力革命的失败负责。爱德华·贝拉米[②]在《向后看》（*Looking Backward*）、《平等》（*Equality*）中的思考以及威廉·迪安·豪威尔斯[③]虚构的《来自奥楚利亚的旅行者》（*A Traveller from Altruria*）都恢复了对电力至上论的热衷和对电的乐观主义态度。贝拉米是一位社会主义的鼓吹者，豪威尔斯是上流社会的改革家和波士顿"贝拉米俱乐部"的成员，他们对电视与收音机的社会用途以及高速交通进行了展望。在他们看来，电应用于传播和交通后便于文化的普及、人口的分散以及控制的去中心化：用豪威尔斯的话来说就是"使城市和乡村从独享走向共享"。

---

① 塞缪尔·克莱门斯（Samuel Clemens，1835—1910），即马克·吐温，美国著名作家。——译者注

② 爱德华·贝拉米（Edward Bellamy，1850—1898），美国作家和空想社会主义者。——译者注

③ 威廉·迪安·豪威尔斯（William Dean Howells，1837—1920），美国作家及《大西洋月刊》的主编。——译者注

从历史上看，将田园主义（pastoralism）与技术力量融为一体是电力革命的第一个预言。1770 年，一位名不见经传的哲学家兼戏剧家路易斯·赛巴斯蒂安·梅西埃（Louis Sebastien Mercier）写了一部名为《2440 年》（*L'An 2440*）的关于未来的小说。在梅西埃的电力乌托邦中，电被描述成物质与道德兼备的工具，他的梦想包括永不熄灭的电灯和光源、用于教化和培育社会公德的电影以及极度享乐的感官刺激。百年之后电力乌托邦的理想对欧美人士仍有巨大的吸引力。 96

刘易斯·芒福德（Lewis Mumford）对此做出了富有价值的研究，他认为俄国无政府主义者和地理学家克鲁泡特金（Kropotkin）第一个对电子技术进行了富有远见的阐释。克鲁泡特金提出，电子技术能将文明从工业主义的祸害与重负中拯救出来，恢复人人共享的社会环境。在其《田野、工厂与车间》（*Fields*，*Factories and Workshops*，1913）中，克鲁泡特金建议电力用于创建"工业村"，在那里，手工业、制造业、农业和科学调查能在小规模的区域经济中互相结合。在克鲁泡特金的规划中，辛勤耕作所养成的"道德和体力上的优势"将改造"国内工业"（domestic industry），相互协作中的平等主义氛围将促进社会稳定，使人们同心协力投身实验与生产。

同时，德国科学家维尔纳·冯·西门子（Werner von Siemens）写信给他的同事，认为发明家与政治家的联盟值得提倡：

> 在全世界范围内建立发电站的时候到了……小型车间和个体家庭作坊式生产将处在这样一种地位……它们能通过蒸汽发动机与内燃机所产生的廉价能量与工厂竞争……这一过程将带来彻底的革命，它有利于小型工业的发展，通过通风设备、起重机、电车轨道等使生活更加舒适方便。

在英格兰，《明日的花园城市：通向真正改革的和平之路》（*Garden Cities of Tomorrow*：*The Peaceful Path to Real Reform*）的作者埃比尼泽·霍华德（Ebenezer Howard）炮制了一个英国版的"贝拉米主义"（Bellamyism），他让读者相信，"在花园城市，烟魔得到了很好的控制"，"所有的机器都由电力驱动"。他的思想主要来自一个重要的团体——国际科学、艺术和教育发展协会（International Association for the Advancement of Science, Art, and Education），这是一个20世纪早期的知识分子同盟，协会的成员中有英国社会思想家格雷厄姆·沃拉斯（Graham Wallas），现在我们只记得他发明了"大社会"（The Great Society）一词，还有就是苏格兰生物学家和城镇规划家帕特里克·格迪斯（Patrick Geddes），他对生态学的研究已不复为今人所知。

一战前夕，沃拉斯对费边主义（Fabianism）及其官僚主义套话已不抱
97 幻想，为此他写下了《大社会》一书。在一些段落中，沃拉斯预言了技术社会的幻灭，福利社会在一些本质问题上的缺陷，以及"对一种能激励我们迈向美好生活的新环境的追求"。但讽刺的是，在林登·约翰逊[①]无意中将沃拉斯的表述当作行政标签之前，沃拉斯对先进技术所引发的问题的思考并没有得到普遍的认同。沃拉斯发现：

> 最早开发那些发明创造（蒸汽和电力）的人希望结果完全是好的……
>
> ……现在，我们不仅怀疑大社会中个体的未来幸福，而且也怀疑大社会自身的永久性。
>
> ……打个比方，当人们观看最近一些居民为新芝加哥准备的美丽的绘画作品时，感到这些作品只适合于巨人（giants），而非普通人（men）。

作为一种治疗方略（therapeutic strategy），沃拉斯提倡重振对话和讨论（dialogue and discussion），以平衡非个人化机构和大众传播压倒一切的力量。沃拉斯强调将技术放置在开放的空间，并描述了实现地方分权后乡村社会田园牧歌般的景象：

> 如果让我构想一幅有关社会制度的活生生的画面，我希望在这幅画面中的英国和美国能令我回想起挪威的小镇与村落，在那里，每个人……的工作都各尽其能，从而保持自我尊严，他们幸福、快乐而兴致勃勃……我能想象那里的人们学会利用水的落差和山中的矿产进行

① 林登·约翰逊（Lyndon Johnson，1908—1973），美国第36任总统。——译者注

发电，他们不用将自己划分为失去人性的雇主或官员与同样失去人性的下属。

另一位如今已被我们忽略的思想家帕特里克·格迪斯是第一位目光超越了科幻小说、社会批判、平均地权运动的作家，他试图建构一个与城市环境相适应的虚幻的乌托邦。在20世纪头四分之一的时间里，格迪斯的重大影响与个人说服力在区域规划者（regional planners）、市民团体和社会运动中赢得了众多的追随者。不过，格迪斯和他的追随者所立下的目标，实际上也还是一个转眼就“可以实现的乌托邦”。格迪斯是第一个系统地提供一个完整乌托邦理想的人，他将乌托邦放在电力技术理论中，试图在 98
机械与电力技术之间制造一种质的区别。他预言了一个“从机器和金钱构成的经济到由生活、个性与公民构成的社会的伟大转型”。他将现代（modern phase）看作介于“旧技术的”（old paleotechnic）机器设备与“新技术的”（neotechnic）发明创造之间的阶段。格迪斯认为“存在两个截然不同的工业时代，它们分别以蒸汽和电力为特征”。

格迪斯本人的背景在他的乌托邦理想中扮演着非常关键的角色。作为一名爱国的苏格兰人、共和党人和地方主义者，格迪斯多年来一直拒绝爵士的册封，他认同凯尔特人（Celtic）的文化复兴，支持爱尔兰和苏格兰凯尔特人的地方自治；同时，他也认同赞格威尔[①]在巴勒斯坦的实验与甘地在印

提　要

格迪斯是第一个系统地提供一个完整乌托邦理想的人，他将乌托邦放在电力技术理论中，试图在机械与电力技术之间制造一种质的区别。他预言了一个“从机器和金钱构成的经济到由生活、个性与公民构成的社会的伟大转型”。他将现代看作介于“旧技术的”机器设备与“新技术的”发明创造之间的阶段。格迪斯认为“存在两个截然不同的工业时代，它们分别以蒸汽和电力为特征”。

① 赞格威尔（Israel Zangwill，1864—1926），英国犹太剧作家和犹太复国主义者。——译者注

度的民族复兴工业。格迪斯认为，像伦敦、柏林这样的首都以及一些卫星城市，金融、工业资本的集中化与文化传统和人类智力相违背。他常常公开谴责“殖民化、征服与帝国（empire）”，因为它们是剥削，是军国主义，是对附庸国有生命力的经济与文化的破坏。格迪斯摒弃了社会民主同盟（Social Democratic Federation）的费边主义（Fabian）策略和左派的极端主义思想，因为这些思想对威权主义和官僚主义见风使舵，对地方性机构又态度傲慢。

当格迪斯还是一名年轻的学生时，他并不理会罗斯金（Ruskin）和莫里斯（Morris）“第一百次关于新乌托邦已经建成的佳音”，但文化的衰退加上人力资源和自然资源的浪费给格迪斯以紧迫感和寻求解决这些问题的责任感。在一次英国之旅中，克鲁泡特金就丰裕时代（age of plenitude）的潜力做了一系列演讲并散发了小册子。格迪斯与另外一些人被克鲁泡特金的另类所感动，格迪斯说，克鲁泡特金的思想“在这个巨大的工业危机关头，突然涌现在我们面前”。

格迪斯与同事维克托·布兰福特（Victor Branford）在《进化中的城市》（*Cities in Evolution*）、《即将到来的政体》（*The Coming Polity*）和《制造未来》（*The Making of the Future*）中涉及了这些紧迫的问题。格迪斯的信念在美国赢得了极大的共鸣。在巡回演讲和在社会研究院逗留期间，格迪斯受到了人们的关注，在他身边逐渐聚集了一批追随者。与此同时，美国也给格迪斯留下了深刻的印象。他后来写道：

> 人们对美国感兴趣的是做出了节省劳动力的发明的电力学家和效率工程师（efficiency engineers）……这种方兴未艾的社会秩序就是新技术的出现，它效率更高，浪费自然资源更少……这里，在平肖特[1]的努力下，森林又恢复了生机，就像爱尔兰在普伦基特（Plunkett）的努力下，耕田又得到了复原……因此，我们所经历的已经超越了新技术，因为新技术使城市出现了劳动力和资本的负面问题，且从不顾及农村，它完全走向地理技术阶段（geotechnic phase）……我们的经
> 99 历也超越了有史以来对乌托邦的梦想……一个城市接一个城市、一个

① 平肖特（Gifford Pinchot，1865—1946），美国森林业和自然保护的先驱。——译者注

> 地区接一个地区建起了乌托邦；处处都是健康、幸福甚至辉煌，处处显示出史无前例的美丽。

格迪斯在国际上赢得了“清洁如画的使徒”（the apostle of the sanitary picturesque）和“改革老大哥”（the big brother of reform）的称誉。在美国，他和杜威、简·亚当斯[①]、托斯丹·凡勃伦[②]齐名。刘易斯·芒福德成了格迪斯的主要信徒，格迪斯的纲领在新成立的美国区域规划协会（Regional Planning Association of America）得到了具体的反映。这个协会的创始人包括平肖特、亨利·怀特[③]和斯图尔特·蔡斯[④]。在这些圈子里，格迪斯发动了一个以公共电力与社区计划为目标的运动。美国区域规划协会则发起了“巨能”（giant power）运动，将新技术与保守主义、民主地方主义结合在一起。当时任宾夕法尼亚州州长的平肖特为这项运动定下了基调：

> 蒸汽带来了工业的集中化，但它使农村生活走向衰败，它破坏了许多小型共同体，也使家庭纽带变得脆弱。巨能有可能带来工业的分散化，恢复乡村生活，重建小型共同体与家庭……如果我们能好好控制它而不是由它来控制我们，那么即将到来的电力发展将构成文明的基础，这种文明比过去那个世界更幸福、更自由、更充满机遇。

但是电力至上论的真正受益者却是掌管新技术的电灯和电力公司。塞缪尔·英萨尔（Samuel Insull）[⑤] 等一些人的公关技巧对新文明的吹捧十分见效，这种新文明建立在“巨能”的庇护之下，连《新共和》（*New Republic*）杂志也没有对它吹毛求疵，直到经济大萧条和一系列丑闻才使人们失去对它的好感。

在大萧条期间，美国的“电力学家”（electricians）认为对电的期望已

① 简·亚当斯（Jane Addams，1860—1935），美国社会改革家及和平主义者。——译者注

② 托斯丹·凡勃伦（Thorstein Veblen，1857—1929），美国经济学家。——译者注

③ 亨利·怀特（Henry Wright，1878—1936），美国建筑师和革新社区的设计者。——译者注

④ 斯图尔特·蔡斯（Stuart Chase，1888—1985），美国经济学家，曾任国家资源委员会等机构的顾问。——译者注

⑤ 塞缪尔·英萨尔（Samuel Insull，1859—1938），爱迪生早年的私人秘书，通用电气创始人之一。——译者注

经被“既得利益者”所颠覆，不过水力发电和一些新的政治组织形式将兑现格迪斯当初的预言。到 20 世纪 30 年代，“巨能”运动又重新被提起，这时，政府而不是工业界成了它的吹鼓手。工业民主联盟（League for Industrial Democracy）的发言人蔡斯于 1933 年在《财富》杂志上提出了“千瓦功率的美景”（A Vision in Kilowatts）：

> 它（电力）不仅能产生更有质量的功率，而且在此过程中会使整
> 100 个经济结构发生转变。当它得到充分发展之后，电可以将整个国家的经济联结成一个统一的机器、一个完整的有机体。它的部件可能是小型的、灵活的，可以放置在任何你喜欢的地方，但都与中央电站连接在一起。电能给所有人带来高质量的生活、崭新而令人愉悦的工作、休闲和自由，它能让我们不再有苦役、拥挤、噪声、烟雾和污秽，它能克服蒸汽文明的阻碍与问题，也能带来许多我们痛失的手工时代的美德，而不再有那个时代由于迫在眉睫的匮乏而使人们遭受的艰辛与诅咒。

罗斯福新政抓住了“新能源时代”这个主题，建立了田纳西流域管理局（Tennessee Valley Authority）和乡村电气化管理局（Rural Electrification Administration）。罗斯福总统及他的顾问们将这两个管理局树为“新美国的榜样”，作为号召人们重新恢复对美国的信心、相信美国能够复原的精神象征。1936 年罗斯福在世界能量大会上致辞，宣告了一个实用主义者乌托邦的新政理想：

> 现在我们可以在远离产品的制造地发电。但按照习惯，我们还是将这种灵活的能量整批输送到大型工厂，然后在那里进行生产。习惯性思维使我们忽略了出台一个能让人们更多地利用电能之灵活性的公共政策，也就是用最低廉的价格在任何时间、向任何地点输送电力。我们现在还在继续采用由蒸汽发动机的特性带来的过于集中化的工业模式，在技术上我们实际上早已有了促进工业去中心化的能源形式。

罗斯福认为，对电力的掌控将带来工业和社会的变革，“这种变革可能在我们还没有察觉时就已经发生了”。

田纳西流域管理局是作为山河改造中电力、分权和公民参与的正面形象出现的，它不只是为了制造能源、生产化肥。用罗斯福总统的话来说，它也是为中南部提供一种生活方式的典范，“这种类型的社会实验在世界上还是第一个，该实体被授予了政府的权力，却兼有私人企业所具有的灵活性与主动性”，“它是对先锋思想和精神的回归”，因为“它触动了所有人类关系形式，并赋予这些关系以生命”。“如果这次我们成功了，”罗斯 101
福总结道，“我们可以一步步向前迈进，例如开发领土……发展工业销售和多种经营。”

大卫·李林塔尔（David Lilienthal）在献给田纳西流域管理局的致辞中总结了电力至上论：

> 这个流域将最先享受新时代即电力时代的丰硕成果。那些充分拜其恩赐的事物将成为新的文明。新的生活水准、新型而有意思的工种、全新的工业程序，不再有劳役、拥堵和浪费……这一切都将发生在我们身上。再过十年，这个流域就不用考虑电的费用，届时，电将非常便宜，连社区也能供电。

田纳西流域管理局的思路赢得了无数国外的倾慕者。最热心的是一位名叫基恩夫人（Madame Keun）的法国来访者，她的《一个外国人对田纳西流域管理局之我见》（*A Foreigner Looks at TVA*）彰显了新政思想这个美国梦的主题。在这部著作中，田纳西流域管理局是“杰斐逊梦想中自给自足的农业社会与电气时代机械优势两者恰如其分的平衡”。她认为，田纳西流域管理局的实验显示，“在资本主义民主社会……人类可以通过进化实现对太平盛世的永恒追求”。

无论国内还是国外，田纳西流域管理局的思路都被当作其他地区或国家可以采纳的、社会民主最佳载体的创新模型。1944 年，亨利·A. 沃拉斯（Henry A. Wallace）在“全面电气化”（Universal Electrification）的名义下主张在全世界建立许多类似田纳西流域管理局的组织。沃拉斯认为，战后像田纳西流域管理局这类组织的拓展将为和平提供强大的动力，能将经济利益建立在没有争端的基础上，消除从多瑙河到恒河国家间的紧张局势。用沃拉斯的话来说，“流域处处大同小异”。

我们并不打算在此回顾田纳西流域管理局的命运，它只不过是一个雄心勃勃的遗迹。当然，最后证实它也不是什么巨大而具有催化作用（catalytic）的社会实验。与其说它是经济的进步力量，不如说它与散布在其周围的电力工业并无二致，管理局甚至因露天开采的破坏性和迪克森—耶茨纠纷案（Dixon—Yates comtroversy）中的费率核定（rate fixing）而被起诉；与其说它是为流域带来政治与经济民主的先驱，不如说它的利益和对
102 它的歌功颂德已经被官僚化，并且成了维护现状的工具；与其说它带来了新的社会阶段，不如说它只是利用电力提高了对社会造成浪费的效率标准。事实上，整个美国对建造水库、生产化肥和电能发电的浪漫想法——无论是国内还是国际政策——越来越像是一场深刻的灾难（misadventure）。在将管理局模式作为发展规划向其他国家输出时，它将美国民主与美国技术混为一谈，结果产生了像湄公河三角洲这样的政权和麦克纳马拉（McNamara）非军事区的电气化项目，从而使美国被卷入政治上的灾难。在气候与美国和欧洲截然不同的地区狂热地建造水坝，结果导致了经济和生态上的灾难。

田纳西流域管理局的历史证明，将技术项目与民主社会建设混为一谈是荒唐的。正如当代对电子技术的推崇，田纳西流域管理局同样将电力至上论与对待自然的态度联系在一起，并认为这两者的结合会自动产生民主。结果，自由主义者像是被田纳西流域管理局施了催眠术，对其缺陷没

提 要

田纳西流域管理局的历史证明，将技术项目与民主社会建设混为一谈是荒唐的。正如当代对电子技术的推崇，田纳西流域管理局同样将电力至上论与对待自然的态度联系在一起，并认为这两者的结合会自动产生民主。结果，自由主义者像是被田纳西流域管理局施了催眠术，对其缺陷没有做出严肃的评估；只有雷克斯福德·特格韦尔一直保持某种程度的冷静，因此他能够理解“田纳西流域管理局更多地成了民主退步而不是进步的典范。”

有做出严肃的评估；只有雷克斯福德·特格韦尔（Rexford Tugwell）一直保持某种程度的冷静，因此他能够理解“田纳西流域管理局更多地成了民主退步而不是进步的典范。”

刘易斯·芒福德将田纳西流域管理局和其他类似的冒险置于更宏大的远景中。在《技术与文明》（*Technics and Civilization*，1963）以及另外几部20世纪20年代和30年代早期的著作中，他认为造成都市环境（metropolitan milieu）和金钱崇拜的原因是因为格迪斯、克鲁泡特金和“花园城市”规划者们所预言的新秩序迟迟没能实现。到了20世纪中叶，幻灭的芒福德找到了新的罪人，他们是建立田纳西流域管理局的实用主义自由主义者们：

> 自由主义者缺乏一种承担特殊责任的历史感：这使他们将所有的价值观只跟眼前的东西联系在一起……跟苏联和中国这些对手一样，我们的领导人也只活在一个当下的（immediate present）单面向的世界里，他们既不能汲取过去的教训，也无法展望未来的可能……同样，田纳西流域管理局正是美国经济的写照，就像杜邦和通用汽车是美国经济的写照一样。

从最初的希望到此时的思想逆转，芒福德自己也有点束手无策。他早先对电力的歌功颂德令他更加难堪。他的研究留待当时还默默无闻的加拿大学者英尼斯来完成，是英尼斯第一次对新技术这个庞然大物进行了系统性的批判。

具有讽刺意味的是，麦克卢汉居然没有受到他多伦多大学的同事—— 103
哈罗德·英尼斯的影响。英尼斯揭示了电力至上论最薄弱的环节，而且对所有麦克卢汉津津乐道的关于电的言辞提出了质疑。英尼斯首先置疑电可以通过分权、民主和文化复兴取代政治、经济领域的集权。他认为，欧美的现代文化悲剧（tragedy of modern culture）在于印刷业和电子媒介具有时间和空间上服务于商业主义和扩张主义的内在倾向。

英尼斯富有洞见的分析基于悠久的学术传统和他刨根问底的研究精神。在芝加哥大学期间，英尼斯受到了城市社会学研究和凡勃伦著作的影响。在他对加拿大的大宗商品贸易（staple trade）和对欧洲与北美的关系的研究中，英尼斯发展出一种建立在历史和社会批判之上的研究视角。他反驳了特纳[①]的边疆理论（frontier hypothesis），认为“那些志满意得的孤立主义者……其灵感和行动不是源自西方的中心文化，而是西方的边缘文化”。

英尼斯评价了历史和地理因素的重要性以及它们与传播和运输手段的关系。他从这些评价中发展出一种理论，即传播与运输系统在时间和空间上的结构（或“偏向”）关系构成了社会组织的基础。英尼斯将传播和社会控制分为两种基本类型：一种是受空间束缚的（space-binding）媒介，如印刷品和电，它们与跨地域的扩张和控制联系在一起，擅长建立商业主义、帝国，最终发展成技术统治（technocracy）。另一种是受时间束缚的（time-binding）媒介，如手稿、人的讲话，这些媒介相对偏爱关系亲近的团体、形而上学的思考和传统的权威。

英尼斯认为现代技术的这种“偏向”破坏了时间和空间、历史和地理：

> 工业主义意味着技术和把时间切割成碎片以适合工程师和会计师的需要。当发明破坏了时间观念时，就产生了现代文化的悲剧……对现时观念（present-mindedness）的执着妨碍了人们从时间和持久（duration）的角度进行思考……人与生俱来的对时间的执念令人焦躁不安，产生了种种旨在恢复共同体观念的努力。

在对格迪斯著作的研究中，英尼斯分析了电力的长期效果。在《价格
104 体系的渗透力》（The Penetrative Powers of the Price System）一文中，英

提 要

英尼斯将传播和社会控制分为两种基本类型：一种是受空间束缚的媒介，如印刷品和电，它们与跨地域的扩张和控制联系在一起，擅长建立商业主义、帝国，最终发展成技术统治。另一种是受时间束缚的媒介，如手稿、人的讲话，这些媒介相对偏爱关系亲近的团体、形而上学的思考和传统的权威。

---

① 特纳（Frederick Jackson Turner，1861—1932），美国历史学家，曾强调边疆在美国历史中的重要性。——译者注

尼斯认为，无论电力与分权化、民主化表现出怎样的暂时联系，它也只是令日益严重的地域扩张、空间控制、商业主义和帝国主义雪上加霜。

英尼斯指出，新电力技术强化了帝国的权力，使得人造卫星只能绕着它们所设定的轨道运行。英尼斯认为，没有任何溢美之词能够掩盖或扭转技术控制模式；只有通过政治与学术的工匠精神（workmanship），以及对反文化（counterculture）坚持不懈的努力，才能获得生机。

英尼斯感到，只有通过刻意减少技术和由技术包装的机构的影响，通过艺术、伦理、政治领域坚持不懈的教化，才能阻止现代社会文化的消亡。与格迪斯和沃拉斯的观点一样，英尼斯将口语传统以及口语传统对对话和辩证法（dialogue and dialectic）、价值观和哲学思考的强调看作对感性、易变的技术文化的抵抗。

但是，口语传统及其在各个文化领域的体现（embodiment）需要保持并扩大稳定因素，使共同体联盟和生活方式能够从眼花缭乱的技术变迁中解放出来。然而英尼斯却发现，增长、帝国和技术本身的需要将注意力首先放在了发展全球化的电力和电子媒介上，以促进远距离的扩张和统治。

电子媒介对国界越来越轻易的渗透使英尼斯深感忧虑，因为这增加了帝国主义和文化入侵的可能性。英尼斯想到了“垄断”一词，无论是电力技术还是僵化的正统学说（rigid orthodoxy）都威胁着人类的自由和文化的留存。他认为，在冷战及学术使命的表象之下，“大学中的战后冒险家”和“科学伪神父”就带着这种威胁的势头（momentum）。

尽管麦克卢汉是从感官来谈电视效果的，但事实上传播媒介的影响都来自一个简单的技术性事实：每一种现代媒介都提升了控制空间的能力。它们通过缩减人与地点之间发送信号的时间（即信息发送与接收之间的时间差）来实现这一点。印刷解决了快速生产标准化传播（standardized communications）的问题，并能以足够的发行量满足广大地区。但说到生产效率，印刷并不拥有一个有效的发布系统，它依赖船运、铁路与空运以获得快速而广泛的发行。电子通信的发展始于电报，并由广播电视得以完善，它同时解决了快速生产与发布的问题。 105

但是，现代传播媒介具有一种共同的效果：它们扩大了接收的范围，却缩小了发布的范围。大量的受众能够接收，却不能直接做出反应或参与激烈的讨论。结果，现代媒介产生了控制巨大空间和庞大人口的潜在力量。无论多少花言巧语都无法掩盖现代传媒的这一效果。只有通过政治、通过遏止技术社会的扩张主义倾向、通过在现代技术控制之外创造民主讨论与参与的途径，这种技术的偏向才能得到控制。

英尼斯在晚年对前景表示悲观。广播电视的发展、美国传媒在国际频道的利益分配中所产生的巨大影响，以及传播工业的对外扩张，导致了形式上更加精致的文化帝国主义。在《时间观念的改变》（*Changing Concepts of Time*，1952）中，英尼斯评价说："传播的高度垄断占据了战略要地，对构成文化活动（cultural activity）永恒本质的那些要素是一种连续、系统、无情的破坏。"

英尼斯非常清楚，电子媒介的主要用意并不在于通过广播电视提供娱乐和信息。他认为，电子通信的速度与距离扩大了社会组织的规模，极大地提高了文化和政治领域集权化和帝国主义的可能性。电子通信的最终用意很可能是通过电话与电脑的使用以极度扩大现代人的空间偏向：简而言之，将我们带到月球，通过电子化程度最高的先进文化实现"外层空间"的殖民化和政治统治——这种先进文化也就是美国和苏联的文化。

那些号称了解历史进程和现代技术危害的学者和科学家们的见识，进一步加剧了英尼斯对未来的悲观，对技术的病态心理（technical psychosis）已经成了那些人内化了的东西，他们俨然成了"热切的真理传道士"，打着科学的旗号"利用信念和公信力（faith and credibility）制造着新的垄断"。

英尼斯的分析与建议在很大程度上都是枉费心血。从 20 世纪 60 年代开始，我们生活在一系列预言的聒噪中，它们宣称通过计算机与电视、传播手段与信息加工的联姻，即将实现一场技术革命。长期以来我们深受技术革命想象的侵蚀。时下的先知和预言者预测新一代电子机器可以用技术

的方法解决一直存在的政治问题。先是托夫勒给了我们"未来的冲击"，为的是迎接"第三次浪潮"的到来；奈斯比特的"大趋势"与一般的趋势不同，它是不可阻挡或不可逆转的，而且其结局无论如何都是良性的。像托夫勒和奈斯比特这样的人物代表了大众文化中美好的未来观，这种未来观普遍存在于形形色色的团体中，它们包括：工程技术协会、在高科技方面拥有全球股份的大企业、因联邦赞助越来越少而四处张罗经费的高等院

校、希望在国民生产总值中分一杯羹的军方，以及寻求新的技术途径以维护美国霸权的国务院。

那么知识分子对电子革命应负什么样的职责?

我们提出这个问题并不是想倡导视觉'80（Vision '80）、人类2000计划（Mankind 2000 project），或召开未来学者代表大会（congress of futurologists）。新技术乌托邦（neotechnic utopia）理论的历史反映了知识分子没有充分的途径参与到技术应用的详细计划中去。这些努力最终都以失败告终，其原因在于电子力量的偏向（the bias of electronic power），还因为传播采用的是与分散使用（dispersed use）、小规模控制完全相反的模式。

知识界对电本身的神秘化使得"电子革命"的幻想更加扑朔迷离。对电子革命的恭维是学术界以牺牲渊源（roots）、传统、政治组织为代价，对工程学（engineering）、移动性（mobility）、时尚顶礼膜拜的过程。正如英尼斯所指出的，文化的消亡只能通过刻意减少现代技术的影响，通过艺术、伦理、政治领域的教化，才能得以弥补。这就需要采取具体行动来加以反对或者指明方向，而不是掩饰电子革命的偏向问题；这意味着文化的和质的检验（cultural and qualitative checks），而不是对生活的品质（quality of life）做更多量化的界定（quantitative definitions）；它要求将人文主义与技术分离开来，而不是提供"人性化的技术"（humanized technology）这一自相矛盾的意象。

显然，电子革命不能通过纯粹书面上的策略、通过制造反崇高（antisublime）的意象或黑色幽默的寓言、通过创造一个浪漫的遗世独立而又纯洁无瑕的新地带来解决。但是，这正是奥威尔式科幻小说与正面对抗技巧（confrontation-protest techniques）所从事的工作。那是新卢德分子[①]的行为，它预言有一种信仰犹如神的启示降临于我们，而且只有通过象征性的宗教运动，通过重创五角大楼或驱邪除恶，才能拯救我们。与电子革命支持者一样，反技术分子同样认为我们正生活在一个不受过去历史、政

① 新卢德分子（neo-Luddite），Luddite指卢德派成员，在1811年到1816年期间发动骚乱并捣毁节省劳动力的纺织机器的英国工人。——译者注

治和技术制约的新时代。他们推翻了发电站的神话，却做出了错误的回107 应；他们寻求梦幻的海市蜃楼，对感性（sensibility）、化学田园（chemical pastoral）和政治风格进行重新编程。绕开学术和政治扎实的工作，这种固执、抗拒与电动杂耍（electric circuses）式的工作只能成为美国化的西西弗斯（Sisyphus）神话。对大众媒介的妄想症与无力感（a sense of powerlessness）暴露了电子神话简单化的面目，这种无能为力的姿态使人更加虚弱，也就显得更加无力。

库尔特·冯内古特（Kurt Vonnegut）在《自动钢琴》（*Player Piano*）中"电子时代的美国人"这一章里，预言了所有的新卢德分子终将失败的命运。他以反革命者（counter-revolutionaries）自居，宣告"那些由电子而生的，也终将为电子而亡"，"我们将重新发现世上有两个最伟大的奇迹，那就是人的大脑和手……无论到哪里我们都靠走路……我们读书而不是看电视"。但新卢德分子没能为我们提供另一种生活方式。结果，技术的大势所趋（technological imperative）无视他们的抗议，又向新的领域进犯。

另一种不相关的时代思潮（zeitgeist）试图建立一个特殊的、与世隔绝的区域，或建立一个停留在书面上的人类保留地（reservation），在那里，祈祷和想象能够掌控和征服电子。在斯金纳（B. F. Skinner）的《瓦尔登湖第二》（*Walden II*）和赫胥黎的《岛》（*Island*）中，乌托邦式的人造飞行器上发生的故事杂糅了民间传说和未来主义元素。用赫胥黎的话来说，"电减去节育（birth control）加上重工业等于极权主义、战争和匮乏"；但"电加上节育减去重工业等于民主、和平与丰饶"。这无非是老话新说，将操纵重新命名为复兴，将技术统治主义改头换面成人道主义，诸如此类。

我们倡议知识分子面对现实，要就公众生存问题发表意见，而不是逃避政治或回到民俗。当前我们所有人应该义不容辞地复兴话语领域、政治语言和民主词语尚留存下来了的东西。我们在观念和感知上的能力已经受到了强烈的质疑，技术的神话和田园牧歌式的民间传说暴露了我们的道德尺度（moral dimensions）。

第一个任务是对电子至上论进行去神秘化。电子既不是天启降临，也不是神的恩赐。技术就是技术，它是跨越空间的传播和运输的手段，仅此而已。当我们将它神秘化时，我们就应该为了传播（for the sake of communication）、分权和参与（这里不涉及内容或语境）而着手解除对传播的迷信。如今公民在许多领域因过量传播和过度参与正遭受着痛苦。我们应该提醒自己直面最严峻的问题：人们完全脱离了有意义的共同体生活，又没能围绕真正的议题在政治上将人们组织在一起。因此，功能性参与和地理上的去中心化无法解决政府、工厂和学校存在的问题，因为它们是社会 108
构成（constitutional），而不仅仅是机械的（mechanical）。政治问题不是集权对分权的问题，而是民主化的问题；不是教学中书本对电脑的问题，而是合适的课程的问题；不是代表性机构对参与性机构的问题，而是以自由和平等的理想协调庞大的权力与财富的问题。对电子媒体的真正控制可能需要更正式的集中制（centralism），这个观点在这个词的非哲学意义上是很实用的。

为了减轻技术与神话的双重幻灭感，我们必须将这些问题传达给公众。知识分子应该通过批判性研究，将那些与学术诚信和理性相关的东西用容易引起共鸣的语言与受众进行沟通，这种沟通不是以否定论者的面目出现，而是偏重能让人们感到满足的艺术、伦理和政治的价值。佩里·米勒（Perry Miller）在他洋洋洒洒的《机器文明时代的思想责任》一文中认为，“不必求助浪漫的孤立主义（isolationism），我们就能抵御迫在眉睫的智力（intellect）虚无主义的麻痹作用；在过去，智力曾是人类幸福的科学保证……几百万美国人就能绰绰有余地赢得一场选举，对可能存在的敌意只有模糊的概念，几乎没人为此感到不安……对所有人来说，无论我们是谁，都有责任切实听到来自受众的声音”。

要确保听到那种“去神秘化”的民主的语言，在这种语言中，政治词语要与政治目标和过程联系起来。至少这是形成思想团体（party of the mind）的责任所在。

第六章 空间、时间与传播手段

——献给哈罗德·英尼斯

大约 1950 到 1975 年间，北美传播理论中最有意思的部分便是哈罗德·英尼斯和马歇尔·麦克卢汉的研究。当年奥斯卡·王尔德（Oscar Wilde）仰望尼亚加拉瀑布，不禁感慨："如果瀑布改道，将更为壮观！"英尼斯的著作，虽极其晦涩难懂，却代表了北美传播学的重要成就。在《传播的偏向》（*The bias of Communication*）、《帝国与传播》（*Empire and Communication*）、《时间观念的改变》（*Changing concepts of Time*）及其有关主导加拿大经济的大宗商品的论文中，英尼斯展示了他的深刻、极端与复杂，那是一种只会给我们带来永恒谜团的矛盾与颠覆感，而不是简单的套话。他的文本还在不断产生新意，因为它们在故作高深的同时也夹杂着他的天赋——辛辣的格言、出人意料的排比和豁然的洞明。打开他的著作就像重新投入一次深入的对谈：他的著作不仅是用来读的，而且是可以与之共同思考的。

但除了这些学术品格外，英尼斯终其一生都具备令人钦佩的、不可多得的道德品性，其中最激烈的是他反冷战的立场，反对加拿大加入冷战的行列；他捍卫大学的传统，反对有人企图利用大学，令其沦为国家或市场权力的传声筒。

英尼斯晦涩而充满格言的文风与其批判的道德立场结合在一起，使得他的著作在他过世之后，一直是学术界新的学术成果吸收和比照的对象：这些新的学术成果反映在文化地理学、马克思主义与批判理论、文化人类学以及阐释学中。但我追寻的是英尼斯在北美传播理论中的地位，尤其是他与美国传播研究的关系。

一

110

美国的传播研究及其学术渊源，可以追溯到19世纪80年代晚期，当时有五位人物一起来到了密歇根的安阿伯市（Ann Arbor），其中两位是年轻的同事——约翰·杜威和乔治·赫伯特·米德，还有当时尚是学生的罗伯特·帕克和查尔斯·库利，第五位是名叫法兰克林·福特（Franklin Ford）的美国记者，他和杜威都相信（事实上是他培养了杜威的这份信念）“一份适当的日报才能使社会科学成为可能”[1]。

跟当时大多数知识分子一样，这五位也热衷于赫伯特·斯宾塞的社会有机论，但他们对社会达尔文主义不太迷信。在电报与铁路齐头并进的发展中，社会有机论者认为，传播（communication）与交通（transportation）之间的关系是社会的神经与动脉之间的关系：通过传播的控制机制，一个完全由大脑控制的社会神经系统，就从人与物的物理性位移中分离出来了。

他们看到了传播技术在发展过程中改造社会的能力，用杜威的话来说，将由工业创造的大社会（great society）改造成大共同体（great community）：一个只有一种文化、由拥有共同理解和知识的伟大公众联结而成的统一的国家。当然，把传播视为社会凝聚力的信仰是一种进步的信念。传播技术是提升政治、文化质量的关键所在，是把美国改造成一个大陆式村落（continental village），一个有着方圆3 000英里规模、活生生的希腊式话语民主的手段。这不仅是一种无伤大雅的浪漫主义，也是由来已久并延续至今、被里奥·马克斯（Leo Marx，1964）称为“技术至上论”（我曾借用过这一说法）这一传播技术思想传统的一部分。

芝加哥学派（这是人们对他们的称呼）著述中另外三个特征也值得我们关注。第一，在方法论上，他们反对形式主义，用莫顿·怀特（Morton

White）的话来说，他们试图使社会研究回归为历史学的分支，强调社会知识的跨学科特性。第二，他们迷恋边疆理论（frontier hypothesis），或至少边疆理论的部分观点。他们提出，边疆理论的意义并不在于英勇的个体历经千难万险进入荒原，他们强调的是过程，也就是这些新来乍到的人如何在西部小镇重新创建各种共同体生活机制。他们认为，这一共同体重建和机构设置过程就是美国民主的成形发展过程。此外，尽管有不少田园牧歌式的浪漫，但也取得了值得肯定的成就。在没有什么传统可以继承的
111 情况下，传播的能动过程被当作社会秩序与凝聚力的源泉。而且，芝加哥学派的学者们认为，传播是一种比传递信息更为重要的事物，他们把传播视为文化在一定时间得以存在、维系并积淀为各种机制的整个过程，因此，他们在艺术、建筑、习俗、仪式，尤其在政治中发现了传播，于是带来了他们思想的第三个与众不同的层面：对公共生活本质的密切关注。正如艾尔文·古德纳（Alvin Gouldner，1977）再三强调的，公众这一概念是他们思想的核心观念，虽然他们赞同加布里埃尔·塔尔德（Gabriel Tarde）提出的公众是有了印刷媒介之后才有的概念，但芝加哥学派对这一思想的拓展在于：他们设法找出公共空间产生理性、批判性话语和行为的条件。到20世纪20年代，他们对这些问题的关注达到了顶峰，并创作了一系列关于传播问题的著述，其中心议题就是对“消失的公众”（vanishing public）或“没落的公众”（eclipse of the public）的关注（Dewey，1927）。尽管他们充满朝气蓬勃的乐观精神，但芝加哥学派的大多数成员开始认识到：虽然大众媒介使公众得以产生，但它们后来威胁到公共生活，以及随之产生的理性话语和启迪公众舆论的可能性。

当帕克和米德还在芝加哥大学任教时，哈罗德·英尼斯也曾在那里学习，当时正值芝加哥传统的鼎盛时期。而且，当时整个芝加哥城市都对传播保持着密切的关注：包括简·亚当斯（Jane Addams）的赫尔堂，弗兰克·劳埃德·赖特①的建筑工作室，路易斯·沙利文②的作品，最主要的还

① 弗兰克·劳埃德·赖特（Frank Lloyd Wright，1878—1936），美国建筑师和革新社区的设计者。——译者注

② 路易斯·沙利文（Louis Sullivan，1856—1924），美国芝加哥学派建筑设计师。——译者注

是芝加哥大学的氛围。英尼斯与芝加哥学派之间有一种承续关系，不过马歇尔·麦克卢汉声称英尼斯“应该被视为以罗伯特·帕克为首的芝加哥学派中最杰出的一员”（1964, p. xvi)，这个说法是荒谬的，因为帕克并没有对英尼斯产生直接的影响，英尼斯是一位极为独特的思想家，他不应该被认为是任何学派的一员。英尼斯在芝加哥大学的成绩单显示，他修过的课程只限于政治经济学这样的传统课程，唯一的例外是他修过一门由当时最伟大的芝加哥政治学家查尔斯·梅里亚姆（Charles Merriam）开设的关于市政管理的政治学课程。[2]我认为，英尼斯的重要性在于他继承了芝加哥学派所关注的问题，用他具有穿透力的眼睛穿越北纬 49 度①，对这些问题进行了修正与完善，极大地拓宽了这些问题的范畴与准确性，创立了传播的概念和基于历史的传播理论，这些概念与理论剔除了芝加哥学派的浪漫主义传统，形成了更为恰当的关于传播与传播技术在美国生活中的角色观。

当英尼斯开始撰写传播方面的著作时，芝加哥学派差不多已经走向了 112
衰落。到 20 世纪 30 年代，芝加哥学派已经转化为符号互动主义——来自米德的关于自我与他人的社会心理学理论。无论米德的著作多么精彩，这些著作都小心地回避了芝加哥社会学家们早年曾经致力的政治、理性、权力以及社会变迁问题。

美国的传播学研究受到了两方面的影响。一是源于约翰·华生（John B. Watson）一战前夕发起的心理行为主义（psychological behaviorism）研究。华生是哥伦比亚大学教授，同时身兼智威汤逊广告公司副总裁，他借鉴当时方兴未艾的动物心理研究——这一研究主要来自桑代克②——设定了一种人类行为模式。在这一模式中，人的心智在行为过程中是不起作用的。这个理论也影响了传播研究，它为传播成为学习理论的一个研究分支奠定了基础，学习由此被定义为行为的习得，行为反过来受条件作用与强化的制约。当人的心智从行为中分离出来后，理性行为的可能性也被抽离了，不过，若是在自然科学（physical science）假设的基础上建构人类

① 指美国和加拿大的边境线。——译者注

② 桑代克（E. L. Thorndike，1874—1949），美国教育心理学家，因对动物智力的研究和其测定智力的方法而出名。——译者注

的社会行为模式，这是正确而必要的代价。出于二战这一极为迫切而实际的研究需要，行为主义遂成传播的一种权力或控制模式，在这一研究模式中，研究只局限于把目光聚焦在权力和控制如何通过语言、符号、媒介而产生效果的手段上。

另一个影响就比较间接，其最初源自霍桑（Hawthorn）实验产生的强有力的示范作用。这些研究在芝加哥郊区的西部电厂进行，它引发了我们通常所说的霍桑效应：工人的生产效率由于实验本身而在实验的所有环节得到了提升——霍桑为我们引进了海森堡[①]，但人们往往不太注意这些实验的假设来自对涂尔干的一个模式的检验，涂尔干的模式认为：工厂应该被看作工人不得不适应的、被整合的社会系统。霍桑实验的发现带来了一种新的社会角色：一群来来去去（ambulatory）的顾问——他们的任务是让那些有牢骚的工人重新社会化。也就是说，霍桑实验的一个主要贡献是对沟通（communication）力量的发现，使沟通在对工人的社会控制中成为一种心理治疗的手段。

保罗·拉扎斯菲尔德与他的学生们把这些思想糅合在一起。在接下来的战后岁月中，传播研究在战争和与此同时发展起来的控制论的推动下，形成了严格意义上社会心理学的一个分支学科。而且，主导这一研究的模式产生了两种关于传播的不同陈述：一种模式把传播视为一种控制（dom-
113 ination）方式，另一种模式则把传播作为一种心理疗法（therapy）。在前一种模式中，传播激发人们追求权力，而后一种则是让人们逃避焦虑。我对这些模式的特性做如此的概括，为的是强调一个简单的观点：这些模式不仅仅是关于传播的模式，是对传播过程的表征；它们也是用于制定传播过程的模式，一种关于现实社会实践的强有力的模式。最后，这些模式在学术界的发展以及这一社会科学与自然科学仿冒品的联姻，标志着美国社会科学工作者的性质在总体上发生了转型，尤其标志着传播研究者的转型，我称之为：社会科学工作者从预言家（prophetic）阶层变成了神职（priestly）阶层。这标志着社会科学被纳入了统治机制，也标志着独立知识分子批判功能的丧失。

---

① 海森堡（Heisenberg，1901—1976），德国物理学家。——译者注

而且，传播研究的这些转型与北美反复出现的文化样式有着深刻的联系，总体上技术的发展——印刷机、识字能力尤其是传播技术——被看作更宏大的进步叙事的一部分，于是传播技术的历史变成了拓展人类知识权、稳固文化民主化、扩大自由与消灭知识垄断、巩固民主政治结构的进步故事。从最初的识字到最近的计算机配件，都成了人类精神获得解放的进步史。获得信息越多，进步就越快：愚昧消失了，国内冲突得到了控制，势不可挡的技术为道德、政治、经济开启了美好的未来。

这就是20世纪50年代早期英尼斯去世时的情形，虽然我的概括过于简略，但英尼斯的成就应该放在这样一个背景下加以评估。英尼斯建立了一整套历史的和理论的思想，开创了传播学历史以及传播理论的一些重要议题，并在最大限度上与北美的社会环境结合在一起。这是一种批判的视点，所有的学术必须而且也必然与其所产生的时间、地点相适应。这种关系或是不自觉的、伪装的、间接的，或是自发的、明确的且公开的。马克思就是其中一位明白学术成果必须根据其所产生的物质条件才能得以理解的人，并且将此作为批判性超越的先决条件。在一篇关于北美的评论中[马克思唯一看重的北美经济学家是亨利·查尔斯·凯里（Henry Charles Carey)]，马克思描述了北美社会形态的独特性，尽管北美隶属于西方资本主义的框架之中：

> 凯里是北美唯一的有创见的经济学家。他属于这样一个国度：在 114
> 那里，资产阶级社会不是在封建制度的基础上发展起来的，而是从自身开始的；在那里，它不是表现为一个长达数百年的运动的遗留下来的结果，而是表现为一个新的运动的起点；在那里，国家和一切以往的国家的形成不同，从一开始就从属于资产阶级社会，从属于这个社会的生产，并且从来未能自命不凡地提出某种自我目的的要求；最后，在那里，资产阶级社会本身把旧大陆的生产力和新大陆的巨大的自然疆域结合起来，以空前的规模和空前的活动自由发展着，在[Ⅲ—2]征服自然力方面远远超过了以往的一切成就，并且最后，在那里，资产阶级社会本身的对立仅仅表现为隐约不明的因素。① (Ma-

① 译文出自马克思恩格斯全集：第30卷[M]. 中文2版. 北京：人民出版社，1995：4.

rx，1973：884）。

英尼斯从一开始就乐于采纳社会科学这种必要的、以特定民族为中心的分析立场。尽管英尼斯学识极为渊博，但人们主要将他与北美历史和文化的特性、传播在北美所扮演的独特的（如果不是空前的话）角色联系在一起。英尼斯认识到，学识不是产生于历史与文化的真空中，而是反映了民族文化的希望、抱负与离经叛道（heresies）。他认为，美国和英国的学术界建立在一种自负之上：它装模作样地去发现普遍真理（Universal Truth），去宣称**普遍规律**（Universal Law），去描绘普遍意义上的人（Universal Man）。但结果却显示，普遍意义上的人就类似在马萨诸塞州的剑桥或在英伦剑桥周围发现的那一类人，普遍规律就类似国会或议会认为有用的东西，普遍真理则带着英国和美国的腔调。看来，至高无上的权力不仅制造政治、经济的附庸，也制造知识分子附庸。而附庸常常出于其地位或权力的原因，只能接纳统治权力发布的政治、经济、传播甚至人类本性的观点。

对历史与细节的尊重使英尼斯以诚恳的跨学科的方法研究传播。他同时是位地理学家、历史学家、经济学家和政治学家，他把传播研究定位在这些领域的交会点上。与芝加哥学派一样，他反对形式主义，在不同学科中四处求索。最关键的是，他将传播学从社会心理学的一个分支中解放出来，并使之摆脱了对自然科学模式的依赖。他坚持学术多元论是文化稳定（cultural stability）的根本所在。出于这一目的，他试图将经济学与传播
115 学还原为一种历史的分析模式。他为传播学研究引进的重要术语——技术的局限、技术固有的空间与时间的偏向、技术可能产生的知识垄断与技术对知识垄断的维护，以及他对社会变迁、优胜劣汰、文化兴衰的分析——都不是验证模式（verification model）的术语；相反，它们是一组他自己亲手调制的（made-in-the-kitchen）、用来考察真实历史记录的概念术语。历史与地理的变迁要求学术在社会理论与文化意义上也随之有所变化。英尼斯借鉴了苏格兰生物学家帕特里克·格迪斯的观点，相信对知识世界的探索只有通过分析历史与地理的基本特性才能进行。在他的著作中，宗主国的权力与附庸国之间的关系，无论在政治、经济领域还是在传播领域，都通过他用来描述政治与文化关系的一系列两极化表述——比如都市与内地、中心与边缘、首府与外省，或以他更喜欢也更抽象的术语——也就是

时间与空间的关系加以表达。

总之，英尼斯为传播研究提供了一种历史的、经验的、阐释的和批判的学术研究模式，这在当时的美国是绝无仅有的。正如我已经指出的，他的研究准确说来是历史的，他试图检验理论研究的局限，展现时间与空间真实的变迁，以揭示普遍理论（universal theory）显而易见的有害性，他以历史的想象摒弃了理论想象的偏颇；他的研究又是经验的，他试图发掘真实的历史记录，而不是那些在黑格尔之前就让我们头疼的牢不可破的发展规律（laws of development）；他的研究是阐释的，他探讨人们加诸和技术、法律、宗教及政治有关的经验之上的形形色色的定义；最后，从当代的意义看，他的研究是批判的，他并不提倡做价值中立的研究，而是提供了一个批判社会的立足点，而且，这一立足点的理论依据是人道的、文明的价值观。

英尼斯还明确地重新阐述了芝加哥学派的思想，并批驳了（尽管是间接地）美国历史界和科学界曾经流行的传播观念。尤其是他早年的研究反对边疆理论的主要观点，诸如“那些志满意得的孤立主义者的灵感和行动不是源自西方的中心文化，而是西方的边缘文化”。简而言之，每一个边疆都有一个后援带（back tier），“后援带”的利益是由边疆产品能在多大程度上促进其经济发展所决定的，边疆产品应该是后援带经济的补充，而

提 要

正如我已经指出的，他的研究准确说来是历史的，他试图检验理论研究的局限，展现时间与空间真实的变迁，以揭示普遍理论显而易见的有害性，他以历史的想象摒弃了理论想象的偏颇；他的研究又是经验的，他试图发掘真实的历史记录，而不是那些在黑格尔之前就让我们头疼的牢不可破的发展规律；他的研究是阐释的，他探讨人们加诸和技术、法律、宗教及政治有关的经验之上的形形色色的定义；最后，从当代的意义看，他的研究是批判的，他并不提倡做价值中立的研究，而是提供了一个批判社会的立足点，而且，这一立足点的理论依据是人道的、文明的价值观。

不是其竞争对手，并且能提高后者的战略地位（Heaton，1966）。对北美而言，其首要的后援带是欧洲，北美经济与传播的发展是欧洲历史轨迹的
116 一部分，欧洲资本政策和竞争对北美的发展起着决定性的作用。在英尼斯对大宗商品（如皮货、鱼类、木材等）的研究中，概括了这些政策与竞争所带来的后果。随着欧洲影响力的衰退，后援带转向了北美的都市中心——包括加拿大和美国——不过，有效的控制转向了与加拿大和美国的边境都有关系的纽约和华盛顿。对纸和纸浆的研究使英尼斯又回到了主题，传播的机械化产生了新型帝国与边疆（或后援带）的新关系，英尼斯对此做了详细的阐述：

> 美国凭借机械化的传播系统和组织力量，支撑起一个新型的帝国主义，它利用普通法（common law）在法律上保护了国家的主权，事实上也用来扩张帝国主义（Innis，1950：215）。

英尼斯的这一发现开创了如今在媒介帝国主义旗帜下的现代研究，但他对这一关系之复杂性的感知，却远比当代大多数学者来得细腻。英尼斯尤其了解在贸易与传播伙伴（communications partners）之间存在的紧张、矛盾与调节关系。这使得他从一开始就洞察到有机体这一比喻常常使芝加哥学派误入歧途，这层形而上学的面纱遮盖了历史、地理和权力的真相。假设社会类似于有机体，它就应该有某种起控制作用的元素（controlling element）、起中枢作用的大脑，一些地区和团体就会集中必要的力量来指挥传播神经和交通动脉；如此一来，凭借冷冰冰的技术不可能实现由“大社会”向“大共同体”的转型，除非文化和知识为特定的群体所垄断。

英尼斯认为，18世纪晚期和19世纪，传播的发展是一个“去中心化”（decentralization）和“再中心化”（recentralization）的连续过程，它以辩证的方式向前发展——小型内陆社区试图摆脱都市的影响，但后来又不得不被都市所吞没。美国独立战争之前盛行的传播模式是一种典型的英帝国模式，信息以东西轴（east-west axis）的方向在伦敦与殖民地之间运动，殖民地之间的传播缓慢且无规律可循（erratically），总体上殖民地之间的相互沟通要通过伦敦才得以进行。独立革命后这种模式仍盛行了一段时
117 间。美国早期报纸的新闻几乎无一例外都来自欧洲，港口城市与英格兰之

间的传播比那些城市与内陆地区的传播来得发达。美国国内的传播速度缓慢，而且问题很多，只有大西洋通道是畅通的，并且只有在不受气候不利影响时才是畅通的。美国城镇之间相对孤立，只有通过共同的港口城市或欧洲的工商业中心彼此才得以联系。

1812 年的战争之后，美国开始了轰轰烈烈的"内地进步"（internal improvements）运动，这一运动的目的是力图将国家结为一体或将东西部连接在一起。事实上，它采用的是与殖民地时期同样的传播模式，只不过这时纽约取代了伦敦成为整个系统的中心。正如老阿瑟·施莱辛格（Arthur Schlesinger，Sr.，1933）强调的，18 世纪上半叶发展起来的是城邦制（city-state）帝国主义模式。东部的主要城市展开了激烈的竞争，以取代伦敦成为贸易和传播的中心位置。

到 19 世纪早期，纽约已牢固地建立起美国传播中心的地位，并且控制了与内地的贸易与传播线路，至今它仍没有放弃这个地位。刚开始，纽约通过航运与欧洲保持联系，然后再通过经由纽约的线路，将信息传至美国各个城市。但东部沿海的每一个城市都想尽力赢得对内陆的控制。然而，哈德逊河、伊利运河保证了纽约的霸主地位，五大湖交会于芝加哥的水路又为纽约提供了用武之地，并使密西西比流域逐渐被废弃。费城也试图通过四通八达的运河系统控制东部，这一计划的失败差点让宾夕法尼亚州濒临破产。巴尔的摩试图通过美国第一条高速公路，从马里兰州的坎伯兰连接俄亥俄河，最终到达位于圣路易的密苏里河上游的源头。巴尔的摩后来又修建了到俄亥俄的美国第一条铁路，以保证这一通道更快、更有把握；甚至连东面受纽约之阻的波士顿也试图成为铁路枢纽，开设了不用途经伊利运河的通道。阿兰·普雷德（Alan Pred，1973）的研究记载得最为详尽，纽约的霸权效应将内陆城市都纳入它的信息范畴，同时孤立了其他东部港口城市。

从芝加哥到新奥尔良的伊利诺伊中央铁路的建成，进一步加强了纽约的霸主地位。在这条铁路的建设过程中，当时的人们都把它叫作"伟大的圣路易分隔线"，因为它的设计就是用来将路易斯与其天然的贸易伙伴巴尔的摩分隔开来。当第一条横跨大陆的铁路沿着北方线路铺设开来时，纽约的中心地位再一次得到加强。于是，纽约及纽约的商人、厂家和精英控

118 制了一个将北方地区连接在一起的日趋集中化的信息系统，甚至充当了许多加拿大城市的供应源，同时也有效地孤立了南方。以任何一种传播标准衡量，除了新奥尔良，南方各地都与国家的其他地方相隔离；而且南方城市之间的联系也很困难，南部城市相互之间以及与其他北部城市之间只有通过最初的运河通道、经由纽约才能互相打交道。[3]

虽然这一信息运作模式自 19 世纪 40 年代以后发生了重大的变化，但其延续下来的大致轮廓产生了更加显著的影响。诚然，由运河和铁路开通的文化交流线路已经被电报、通讯社、杂志、电影、电话、广播以及喷气式飞机所改变，但是纽约在传播和文化流通中的中心地位、纽约与华盛顿通道的重要性，以及都市与内陆由东到西的连接依然存在。换言之，尽管美国幅员辽阔，但仍发展出一个赋予某些中心城市以非同寻常之权力的特殊地理中枢模式。这个模式削弱了地方和区域文化。虽然它有助于形成一种全国性的文化，但掩盖了这个国家的地方文化特征：个别特殊地区认识世界的方式逐渐定义了整个国家的文化，甚至定义了国际文化。重要的是，自 19 世纪以来，我们基本上生活在以东部走廊为主的美国传播体系中，在新闻与娱乐方面，这个体系产生了有效的知识垄断。具体说来，今天，这也意味着在政治和娱乐领域仅仅聚焦了少数全国性人物和主题，只有当地方事物变成某些中心城市所关心的国家性事物时，才会引起人们的兴趣，于是新闻和娱乐所追求的戏剧性效果越来越圆滑且抽象，以吸引全国乃至越来越多的国际受众。

英尼斯也非常关注内陆地区在逃避或接受都市控制的长期挣扎中采取的策略。芝加哥学派认为，地方社区建设对形成民主经验很是关键，这是一个重要的事实。在《美国的技术和公众舆论》（Technology and Public Opinion in the United States，1951）一文中，英尼斯力图说明地方如何抵制传播的扩散，地方在一系列拖延战术中是如何决定各种关系的，这些拖延战术包括标准时间、邮购、邮递包裹（parcel post）、乡村免费邮递（rural free delivery）以及百货公司与地方合作等的推广过程。而且，他还指出西部报纸如何成为抵制都市主宰的工具，电报如何在一开始加强了地
119 方报业，后来却又被通讯社和连锁报业的势力所削弱。也就是说，空间偏向的传播系统在扩散时既不均衡也不统一，因而导致了上述复杂的抵制与

接纳的互动。这些细节都还不曾得到详细探讨。

而且，全国性空间组织模式在城市与城市、乡村与乡村之间又得到了复制。西摩·曼德尔鲍姆（Seymour Mandelbaum）的《特威德老板的纽约》（*Boss Tweed's New York*，1965）是一部关于按照都市—内陆模式重组（reorganization）纽约市的非凡之作。我自己的研究则发现，地方和乡村经历过相同的发展模式。

因此，美国在所有社会结构层次上都追求我所指出的高速传播政策（high communications policy），它的目标只重信息在空间传得更远，并减少传递的费用。这就是英尼斯所说的现代传播的空间偏向问题，换言之，只有在空间与权力的层面才能认识传播。我们也可以换一个角度去看传播，如将传播作为一种维系、发展文化的人类互动装置（container），但这一传播观从来不曾纳入政策的考虑范畴。权力与作为人类互动装置的技术之间的差别就相当于英尼斯对空间与时间的区分。但英尼斯比大多数人看得更清楚的是现代机构如何受空间观念的彻底侵蚀，连大学也未能幸免。经济学、政治学、都市规划、社会学以及物理学具体展示了社会在空间上产生的问题与挑战。当社会科学迷恋于预测未来时，连时间也被转化为空间，未来成了可以被征服的前沿阵地。甚至历史学家也热衷于将时间当作一种用以叙述政治、权力、帝国与统治之发展历程的装置。

总之，当美国一味追求从空间上发展传播政策时，当美国将传播作为一种权力和传递（transmission）形式时，文化和社会组织的影响经历了一次剧烈的转型，尽管存在相当激烈的竞争与冲突，但还是有一个从地方、区域性范围向全国、国际性范围的持续转型。个体不用通过当地或就近的组织系统就可以向更大的社会组织机构提出申请，就可以与这些组织产生联系。地方范围内的传播对社会运作不再有什么批判，与个人问题的解决也没有什么干系。最后，远程通信（long-distance communication）的发展培育了发生思想的新结构——全国性的阶层与职业，新的思考对象——速度、空间、运动、迁移，以及新的思想内容——越来越抽象的、分析性的、操纵性的符号。

120

二

英尼斯的第一部重要著述是关于加拿大太平洋铁路史（a history of the Canadian Pacific railroad）的博士论文。在研究中他发现，这条铁路与过去的皮货贸易线路大部分是重合的，于是他对一直作为加拿大经济基础的大宗商品（鱼、皮货、木材、木浆）产生了兴趣。对皮货贸易线路的发现促使他考察新法兰西与新英格兰为控制北美大陆而展开的竞争。随后在他最伟大的著作《加拿大的皮货贸易》（*The Fur Trade in Canada*，1930）中，他反对用流行的时间范式，如德国历史的正式发展阶段（formal stages）或美国的“边疆理论”来看待历史。与“特纳学派”[①] 的观点相反，他认为加拿大和美国的殖民与发展很大程度上是欧洲，尤其是西班牙、英国、法国的权力与政治在新大陆的延伸。他用三个宽泛的经济圈来描述北美：加拿大北部所谓的劳伦系（Laurentian）屏障与皮货贸易线路通过货币交易与新法兰西和欧洲相连接；通过烟草、棉花等大宗商品，美国南部与英格兰连在一起；这两者之间则是北美的混合经济区。整个北美大陆代表着欧洲文化对新地理的调适。贸易模式并不单纯是本土因素的反映，而是受伦敦、马德里、巴黎政策的控制，这种控制一直延续到 19 世纪。而且，北美发展的中心因素并不是边疆个人主义（frontier individualism）那种虚无缥缈的东西，而是一些更为切实的因素，如海狸毛皮等原料产品在国际贸易与社区定居方面的作用，还有在贸易线路的研究中一直没有得到关注的对移民的吸引力等。英尼斯还非常关注宗主国权力背后的各种社会和经济动机，以及当英国还占据皮埃蒙特山麓（Piedmont）时，促使法国去往洛基山脉的动机，还有导致印第安的部落和口语文化与欧洲的文字文化发生接触的决定性动机，正是这一接触彻底破坏了印第安文化，使其对欧洲货物产生了依赖，并被整合到欧洲的价格体系中去（Axtell,

① 特纳学派（Turner School），弗雷德里克·杰克逊·特纳（Frederic Jackson Turner）是美国 19 世纪末至 20 世纪 30 年代初著名的历史学家，他强调边疆在美国历史的重要性。——译者注

1985)。《加拿大的皮货贸易》与其说单纯描述了北美的特殊主义（particularism），不如说是关于北美作为第一个现代帝国之前哨（outpost）的欧洲化过程。

对皮货贸易的研究萌发了后来主导英尼斯学术著作的两个思想种子：传播研究和对时间与空间的关系分析。第一个思想以提问的形式出现：是什么促使欧洲的权力、人民与文化迁移到欧洲势力范围之外的“新世界”？第二个思想是这本书概括的、后来又得到进一步阐发的大宗商品理论 121
（staple theory）所蕴含的意义：如果从促进传播的媒介看，传播也可以被视为帝国发展的一种基本的大宗商品。

首先是欧洲移民问题。欧洲向北美的扩张建立在一系列发明，如造船、航海、武器的基础上。这些发明对每个国家都产生了不同的影响，但是每个国家的关键动力便是传播的发展：高速行进的航海技术、可靠的航海装置，还有最重要的印刷术。

文字的最初使用——征集税收、保存记录、派遣军队信使、统计奴隶、登记家畜和伤亡人数以及被没收的财产——与王权、战争和领地有关，因此最初的印刷品也同样用于国家与帝国的管理。我们一直将书写与印刷品上升为与《圣经》和文学艺术具有同等地位的艺术，但它们最直接的功用却在实践领域（Clanchy，1979）。

在尚无印刷业的时候，一些新技术就零零星星地得到了尝试，但是印刷业促进了欧洲帝国的协调和系统性扩张。首先它通过统一的法律条文、标准化的本地语言、统一的教育体系和能将分散的省份、地区和诸侯国整合在一起的集中化管理，促进了国家权力的“集权化”（centralization）。其次，它通过一种便携、可复制的轻便而持久的传播形式，使国家管理“分权化”（decentralization）。因此，探险、殖民和创立全国性的贸易公司成为可能——例如哈得逊湾公司（Hudson's Bay Company）是一个由100个会员组成的公司，还有詹姆斯敦海湾公司（Jamestown Bay Company）——能够通过印刷与航海的联姻加以指挥，或在一定程度上进行监控。正是印刷与航海的结合使欧洲国家突破了地理的束缚，向“新世界”扩张。

正当印刷业为帝国的扩张提供可能甚至促使帝国扩张时，人们同时也发现了印刷作为殖民力量有它的局限性。法国的领地从沿海地区扩张到新奥尔良，但他们稀稀疏疏地定居下来，只凭军事力量结成一体。美洲殖民地在传播上的薄弱，却造就了一个有效的联邦政体的形成（尽管英国竭力反对这个政体）。直到 19 世纪，当横跨大西洋时代走向衰落、有效的邮递服务得到发展时，伦敦才有可能对美洲殖民地加以控制。但那时历史已经发生了逆转。

如果说英尼斯当初是在关注印第安的部落和口语文化与欧洲的文字文
122 化的接触，以及印刷在推动帝国扩张中的作用的引领下走上传播研究之路的，那么当他将加拿大大宗商品的分析拓展到木浆与纸张时，传播就成了他研究的核心。这里他有一个重大发现，但这不是一个偶然的发现，因为在他早期的研究中就清楚地预示了这一点。“便士报”发明之后，随着美国报纸工业的迅速扩张，美国对加拿大木浆和纸张的需求量增加了。美国经济的高速增长，迫使美利坚在全球范围内攫取越来越多的原材料。加拿大因地理及欧洲帝国史的原因，就沦为向英国和美国提供这些原材料的大宗商品经济国。结果，许多与加拿大的发展密切相关的决定由伦敦、纽约和华盛顿做出；尤其是 20 世纪，美国对加拿大的发展前景起到了举足轻重的作用。为维持进口，美国向加拿大出口资本、商品以及越来越多的文化。英尼斯在对纸张的研究中发现了加拿大所受的双重束缚：美国从加拿大进口印刷品的原材料时，出于其自身的利益，故意选择了曼彻斯特经济学说（Manchester economics），即打着自由贸易主义的旗帜；而它出口到加拿大的正是由这些来自加拿大的原材料加工后的成品：报纸、书籍、杂志，还有最重要的广告，并用信息自由主义为其进口加以辩护。于是加拿大就面临了两难境地：受制于美国对纸张的需求与美国为其供应报纸、杂志、书籍的双刃之间，使得它在北美的独立地位受到威胁。

这一认识使英尼斯转向了时间与空间关系以及贸易线路与文化通道（routes）关系的研究。他首先将现代西方史的特征概括为一个建立在印刷基础上的传播偏向和知识垄断的历史。英尼斯被引用最多的话，便是他认为现代西方史始于时间性构造、终于空间性构造。这是一个口语和手稿的传统开始消逝，人们不再关心共同体、伦理、形而上学，一切都被维持空间偏向的印刷和电子媒介所取代的历史。

提 要

这一认识使英尼斯转向了时间与空间关系以及贸易线路与文化通道关系的研究。他首先将现代西方史的特征概括为一个建立在印刷基础上的传播偏向和知识垄断的历史。英尼斯被引用最多的话，便是他认为现代西方史始于时间性构造、终于空间性构造。这是一个口语和手稿的传统开始消逝，人们不再关心共同体、伦理、形而上学，一切都被维持空间偏向的印刷和电子媒介所取代的历史。

英尼斯认为，传播技术的变迁通过利益结构（思考对象）的变更、符号特征（用来思考的事物）的改变、社区性质（思想得以发展的场所）的变化对文化产生影响。空间束缚型文化（space-binding culture）的确切含义是：一种以空间利益为主导的文化——这里的空间包括作为不动产的土地、航海、发现、迁移、扩张、帝国、控制。在符号的范畴，他指的是支撑这些利益的符号和概念的发展：物理空间、航海技术、土木工程、价格体系、税收统计与官僚机构、整个物理学领域，以及促成这些利益的冷漠 123
而理性的符号体系。在社区这一范畴，他指的是空间意义上的社区：这种社区不是指地方（place）的社区，而是指空间的、可移动的，通过适当的符号、形式和利益进行远距离联系的社区。

英尼斯的空间束缚型文化是相对于时间束缚型文化而言的，后一种类型的文化与时间有利害关系——历史、连续、永恒、收缩（contraction）；其符号是约定俗成的——口语的、神话的、宗教的、仪式的；其社区根植于地方之中——有着亲密的联系和某种共享的历史文化。他认为，社会政策的本质在于同时服务于时间和空间的需求；运用其一是为了防止对另一个的滥用：运用历史主义是为了检验理性之梦，运用理性是为了控制人类头脑中的激情。但它们又互为关联。当文化较受时间束缚时，它们所受的空间束缚就少一些；反之亦然。这个问题在主流传播媒介中同样存在，空间束缚型媒介轻便、可携带，而且可以在空间上得以延伸；时间束缚型媒介笨重、耐久，或者像口语传统那样持久而不易损坏。从某种角度看，意识的结构与传播结构相类似。

印刷机创造了新的文化联结形式，对此最好的表述是：它以一种横向的维度（horizontal dimension）进入现代国家、国际关系，并带来了社会阶层在意义与关系上的改变。查尔斯·比尔德（Charles Beard）选择1896年作为现代美国历史的关键一年，认为这一年的政治大会向社会引进的横向分裂（horizontal cleavages）盖过了当时的纵向划分：

> 在两党会议尤其在民主党会议上，社会最下层也有了表达的机会，它迫使这个国家以戏剧性的姿态关注富豪们与中下阶层、工人阶级之间的冲突，迄今为止这个阶层还很少被人们所承认。过去的美国政治只有局部的或纵向的裂痕，现在新的、横向的分割线将社会切分开来（Beard，1914：164）。

比尔德选择这一时期并非偶然，当时一个全国性的传播体系经通讯社、全国性杂志、乡村免费邮递、邮购商店（mail order house）而兴起，这标志着一个新的历史阶段的到来。比尔德显然将横向的联结形式与地方的、区域的社区进行了比较。后者这种社区自然地拥有一种社会结构，但
124 这种结构揭示了某种共同文化中存在的阶层差异：社区内部纵向而非横向的划分。远距离传播的发展产生了一系列全国性阶层或阶级派系，这些阶层首先出现在商界，最后扩大至人类行为的各个领域。空间束缚型传播产生了全国性横向组织单位（horizontal units of organization），它们在文化和权力上比那些源于地方的单位拥有了更重要的地位。进步运动（Progressive Movement，比尔德本人也是进步运动的一分子）的结果并不是杜威所说的从大社会向大共同体的转型，而是罗伯特·维贝（Robert Wiebe）所说的一个被区隔的社会（segmented society）：无数横向社区在空间上联结在一起，时间被削弱了，它们相互之间的关系并不是作为某种共同文化的多样体（variants），而是用大卫·里斯曼（David Riesman）一个恰当的词来说，是“否决团体”（veto groups）。而且，除了行使权力与操纵，这些被分割的部分之间没有什么关系。

比尔德所说的这些也就是英尼斯后来探讨的时间与空间、远距离与近距离传播之间的关系问题。如果传播在物理上对近距离产生作用但对远距

离效果减弱，那么其产生的文化、政治与共同关注的问题就会建立在地方（place）、区域（region）与当地社区（local communities）的基础上。这些社区虽呈垂直分层（vertically stratified），但仍可以感觉到它们之间拥有共同的文化与政治。空间上小小的偏移在文化和利益上会产生巨大的差异。更大的社会组织单位不是以全国而是以联邦的形式出现，也就是将地方结构合并到更具综合性的社区中。但是，当远距离传播得到加强时，地方和联邦两者的关系都消融于分层的全国性社区之中。大量在物理和文化上相分离的人们变成了在文化和政治上行之有效的全国性社群。当远距离传播得到加强、近距离传播退化后，我们就会发现人类的关系将转化为一种横向的维度：大量物理空间上分离的人们却通过与超地方（extra-local）的文化、政治、权力中心的联系而联结在一起。

三

英尼斯无时无刻不想证明传播技术变迁的矛盾本质。这种想法在他对美国宪法及关于保护新闻自由的第一修正案的批判中表现得更为明确。虽然传统的自由价值观在他的著作中随处闪现，但他还是用最激烈的言辞攻 125
击盎格鲁血统的美国人（Anglo-American）通常对自由观所做的解释，这种自由观是从报业角度出发被机构化了的（institutionalized）自由观。他认为第一修正案并没有像从宪法上保护技术一样保障言论和出版自由，在这个意义上，它限制而不是扩大了自由：

> 新闻自由在美国一直得到宪法的保护，但同时美国因为强调空间上的控制，从而为垄断提供了保障。在这种情形下，通过时间产生持续或垄断的问题被忽略了，实际上被彻底抹去了。时间被切割成以一天的报纸为长度的碎片（Innis，1954：89－95）。

新闻自由条例很大程度上服务于巩固报纸的知识垄断地位，并最终通过报纸对广告和新闻的依赖，将时间压缩为一天的世界（one-day world），传播了商业主义和工业主义的价值观，进一步加剧了印刷在空间上的偏向。为了保障新闻自由，宪法牺牲（尽管有那些修饰性的条款）了人们互相说话和告知的权力，宪法代之以更抽象的权力——包括让他人（尤其是专家、专业人士）说、被他人告知。

> 直到美国采用了保障新闻自由的权利法案，否则印刷的影响还不可能发挥到极致。这一对印刷业的自由保障旨在进一步认可（sanctify）印刷文字，并为既得利益的庇护所提供了坚固的堡垒（Innis，1951：138）。

英尼斯拒绝认同某些现代观念，诸如民主的发展水平与对传播的资本投入量有关。他热切希望他的研究能打破传播对知识的垄断，进一步恢复足与舌（the foot and the tongue）的政治威力。

英尼斯对口语传统的热爱确实带有浪漫的色彩，但也包含了其他的东西，那就是他对公共生活之可能性的关切。他认为口语传统源于古希腊人和柏拉图在《斐德罗篇》（*Phaedrus*）中对书写的抨击：

> 人一旦学会了写字，就会在他的灵魂中植入遗忘；他们就会停止运用记忆，因为他们依赖所写的东西，不再从内心称呼事物，以记住
126 这些东西，而是通过外在的记号作为途径；你发现的不是一种用于记忆（for memory）的诀窍，而是一种用于提醒（for reminder）的东西。你给弟子的不是真正的智慧，而仅仅是智慧的形似（semblance）（Hackworth，1972：157）。

这里反对书写包含了两个层面：书写的效果本质上是微弱的，只能在逻辑论证上实现真理的基本法则。书写在效果上的微弱，是因为阅读书籍只能对知识产生似是而非的感觉，现实中只有通过口头提问与回答才能获取知识；在任何情况下只有被铭刻在记忆中时，也就是“当它写在学习者的灵魂中时”，这种知识才变得深刻（Hackworth，1972：159）。

我们把民主与识字的普及、超越政治派别的知识世界联系在一起，但即便识字能力能够形成某种民主形式，它也会带来一些虚妄的要求。识字产生不稳定和不一致，因为对书写活动的参与是不均衡的。

> 传播的发展……给理解带来了更大的困难。电报迫使语言压缩，

> 使英国和美国的语言差别快速加大。在盎格鲁-撒克逊人庞大的小说市场上，电影和广播对畅销书产生了明显的影响，并且产生了相互之间少有沟通的特殊的读者阶层……知识的大规模机械化产生了不完全的竞争和新出现的妨碍理解的语言垄断（Innis，1951：25－29）。

也就是说，现代技术实际上使沟通（communication）变得更加困难。当人们缺乏共同基础时，理性的共识与民主的一致就成了问题。正如伯萨·菲尔波茨（Bertha Phillpotts）在1931年所提出的：

> 印刷显然能让所有人接触知识，以至于我们很容易就忽略了它，这也使得印刷品上的知识常常不被理会。冰岛的牧羊人在家里……不得不聆听①农民才感兴趣的文学来打发晚上的时间，结果在某种程度上产生了真正的全国性文化，这是以往任何一个国家都不可能做到的。[4]

识字文化比口语文化更容易被忽略，其真正的效果可能相对微弱。没有口语文化，人们容易成为知识专家的牺牲品，这些专家替我们了解知识并把知识传授给我们，但那些知识与我们的真实经验以及生活中的基本事务之间不容易产生关联。 127

总之，英尼斯相信，民主生活的前提是公共领域、口语文化以及与印刷品做必要抗衡的公共话语传统的存在。英尼斯在一篇笔记中用简略的文字写道：

> 商业主义容易在不同阅读水平的公众之间形成不完全竞争（imperfect competition），并将不同群体固定在某种阅读水平之内。普通人不再接触文学，使小说作为公众之间的沟通渠道成了问题……出版业不完全的竞争将读者大众搞得四分五裂（Innis，1956：30）。

因此，第一修正案并没有保证公共生活的持久性。事实上，它对公共生活起了反作用，因为它最终将教育的重点放在书面文化上。现代传播媒介大多出于商业的利益，建立了本质上私人的传播体系。私人阅读（private

---

① 指通过电台。——译者注

提 要

第一修正案并没有保证公共生活的持久性。事实上，它对公共生活起了反作用，因为它最终将教育的重点放在书面文化上。现代传播媒介大多出于商业的利益，建立了本质上私人的传播体系。私人阅读和阅读受众代替了阅读公众以及讨论和争论的公共性。因而，传播系统的真正演变不仅仅建立在空间的偏向上，同时也建立在私人化偏向的基础上。

reading）和阅读受众（reading audience）代替了阅读公众（reading public）以及讨论和争论的公共性。因而，传播系统的真正演变不仅仅建立在空间的偏向上，同时也建立在私人化偏向的基础上。私人化比权利法案更有效地导致了审查制度的衰弱（decline of censorship）："大声朗读（reading aloud）走向衰弱，审查制度不再重要，印刷工业接管了个体，而基于物质利益的个体并不适合普遍的交谈。"（Innis，1952：10）在这种情形下，公众只是统计学上的人工数据，公众品味成了对私人意义的测量，它在得到教化（cultivated）和客观化（objectified）的同时，却没有在话语（discourse）中得到兑现。于是，公共领域又成泡影。

在英尼斯看来，口语传统的力量在于它不会轻易被垄断。话语习俗一旦流传开来，公众就会让它自动存在，而且不让它轻易遭受国家和商业的控制。因此，英尼斯后半生的主要学术计划（一个对政治和大学都非常重要的计划）是恢复口语传统——通过一套记忆、演讲和辩论的才能，通过某些领域、地方或机构，使口语传统得以兴盛。"大批量生产和标准化是西方的敌人。必须强调机械化印刷和口语词汇的局限性，一定要下决心重获口语传统的活力。"（Innis，1950：215）在这方面，他与杜威是一致的。口语是创造性思维的动力，是散播思想（dissemination）的印刷机。正是创新（creativity）与散播（dissemination）过程的不平衡，促使英尼斯寻求改良的途径。机械化传播将读和听的公众转化为读和听的受众，这给民主带来了灾难性的后果。

最后，英尼斯对口语传统的留恋带有某种现代的用意：他力图表明，所谓机械化传播的发展必定能扩大自由、增长知识这一信念，既过于简单又容易误入歧途。要实现这一目标，必须有一个建立在口语传统之上的公共领域能得到同步而辩证的发展，那时，知识就有可能“写在学习者的灵魂上”。新闻自由有可能压制表达的自由。

英尼斯认为，任何传播形式都有偏向，以传播的本性，它最擅长缩短发送信息的时间并控制空间，或强化集体的记忆与意识并控制时间，当有些团体开始控制传播形式并在专业或政治上将他们的利益与传播性能联系在一起时，这种偏向就固化为一种垄断。

在经济学术语上，垄断只意味着用单一的来源控制供应。如果将知识当作一种商品，一种可以被拥有、被分配的物品，那么它也同样可以被垄断：知识、技能、专门技术（expertise）的来源也可以减少至一个。显然，知识垄断的产生必须出现劳动分工。知识与其他商品一样，只有当人们依赖一个外部供应源时，垄断才会产生；而当人们通过控制知识与来源，有能力为自己生产产品时，才能杜绝垄断的产生。在英尼斯看来，商业主义是一种机制，它最终将所有的控制从人与社区转移到价格体系：在这种机制中，人们被“喂食”的每一种产品，包括知识，都是由专门的机器提供的。

在英尼斯眼中，口语文化的力量来自它不会轻易被垄断。说话是一种自然的能力，当知识生产来源于说话和交谈时，因为它活跃于社会生活中，所以不会被完全占有。但是，一旦先进的传播形式（书写、数学、绘画、摄影）被创造出来后，就会产生更加复杂的劳动分工，而且还会同时出现知识的生产者与消费者。通过劳动分工与先进的传播技术，知识从宴会席、公共广场、工作场所和庭院的日常语境中转移出来，被安置到特殊的机构与阶层中。我们来看一下“知识工业”这个词，在极端的形式上，除非意义（meanings）通过知识工业为人们所拥有，或被指定的或自我指定（self-designating）的职业、阶层、组织甚至国家所认可，否则意义不能被尊称为知识。

129 英尼斯认为，现代传播的进步其效果是扩大了接收范围，但与此同时，发布点（the points of distribution）却变得狭窄。听众人数众多，但排除了激烈而充满活力的讨论，事实上，受众甚至都没有听懂。专业阶层擅自利用职权提供人类思想的貌似名正言顺的观点，声称代表了匿名大众的所思所想。在《时间观念的改变》中，英尼斯评价道："占据了战略要地的大规模传播垄断持续、系统而无情地破坏了构成文化活动的永恒的本质要素。"（1952：15）他这里所表达的意思，不只是我们现在所看到的传播媒介随着时间的推移越来越变得集中化和集团化。他也不只是表达随着大众媒介与传播专业主义的发展，少数新闻工作者能够赢得大量的读者群，而其他的人只能通过给编辑写信来表达意见。他所说的是被称为"信息"和"娱乐"的商品以及生产这些事物所必需的知识，越来越集中在某些精英与机构的手中，城市景观（civic landscape）越来越被分割成知识精英与无知大众，而正是像"信息"这样的商品、像"媒介"这样的机构的存在，使这两者彼此成为必然，越来越多的人将越来越多的时间花在对新闻工作者、出版商、节目编导的依赖上，他们每周都等着看《时代》杂志。

新媒介对公民的知识以及获得知识的技巧进行了集中与垄断。人们成了传播的"消费者"，就像他们是其他任何东西的消费者一样，作为消费者，他们依赖于集中化的供应源。

知识与获取知识的结构呈寡头式发展（或许用垄断有点过于强烈了），控制这些结构的专业阶层剥夺了公民社会所基于的像人类冲动（human impulses）、技能和知识这类更广泛的、去中心化的事物。于是，一个由经济、政治势力相互勾结为其撑腰的垄断网络，令我们进入了一个新阶段：在先进传播的推动下，知识在进步，但与此同时，获取知识的能力（knowing）却在退化。我们一直坐等着被告知、被教育，却在理解的各个领域丧失了为自己生产知识的能力，所有这些发生装置始终处在变化和过时之中：时间被破坏了，通向传统的权利丧失了。

提 要

于是，一个由经济、政治势力相互勾结为其撑腰的垄断网络，令我们进入了一个新阶段：在先进传播的推动下，知识在进步，但与此同时，获取知识的能力却在退化。我们一直坐等着被告知、被教育，却在理解的各个领域丧失了为自己生产知识的能力，所有这些发生装置始终处在变化和过时之中：时间被破坏了，通向传统的权利丧失了。

四

卫星、有线电视、可视电话、电脑信息应用、电传（telex）与直播广播、跨国公司与共同市场的出现又迫使我们重新面对英尼斯提出的问题。不幸的是，我们对这些新生事物的反应尚不具备英尼斯已经阐述的政治和 130
文化经济学的力度与视野。电机（electrical machines）时代的特征已经在工业化肇始时期出现的反乌托邦的小册子中得到了有力的描述，也有一些人试图根据机械与电子、现代工业早期技术与新技术之间质的差别来分析新兴的传播科技，还有一些人将分析重点放在社会主义传播机构与对立的资本主义传播机构的分歧上。另一个解决困境的方法是由一部分技术官僚（technocrats）提供的，他们不信奉任何政治理论，不厌其烦地演示新技术如何解决所有的政治、经济、健康甚至孤独和疏离等问题。他们提出要解决“沟通问题”（problem of communication），认为一切人类境遇都与此相关。最后，现代乌托邦借用早期工业主义的话语，提出电机自动化将展现一个光明的新世界。那些令人欣喜的思想包括：我们已经超越了民族国家，一种新型的世界秩序正在形成，这是一个地球村，一个四海之内皆兄弟或由世界性政府管理的缩小了的星球——一个太空船地球[①]。

① 太空船地球（spaceship earth），最初见于亨利·乔治的《进步与贫穷》一书，书中幻想地球像一艘物产丰饶、要什么有什么的宇宙飞船。——译者注

这种设想只要不是有害的废话，基本上还是令人欢欣鼓舞的。但我们见证的是建立在电子通信（electronic communication）基础上社会组织规模的另一番发展景象；我们见证的是印刷业早期帝国斗争的重演，只是现在采用的传播系统在传递信息时运用了更加极致的物理定律；我们见证的是在民族国家之外发展起来的规模更大的权力联盟：苏维埃阵营、欧洲共同市场和北美。组织结构（institutional structures）已经在跨国公司、区域联盟与现代卡特尔中逐渐形成。没有喷气式飞机、先进的电脑和电子通信，就没有跨国公司。此类组织通过电子技术甚至还在创造着一种新的文化。美国国际电话电信公司（ITT）的主管们在世界各地出差时，对电话着了迷，就像安东尼·辛普森（Anthony Sampson）说的：

> 这不仅仅是因为ITT制造了电话，还因为它们消除了空间，提供了一个以家庭为基础的让人放心的连接。跨国公司的管理者越是远离他们惯常的生活方式，就越依赖他们的公司，他们的旅行生活成了一个相对封闭的壳（carapace）。我无意中听到一个ITT管理人员在布鲁塞尔旅馆用电话和他纽约的同事开了20分钟的玩笑……在这些庞大的组织中，与公司的不同相比，国籍的不同倒显得无关紧要了（Sampson，1974：99）。

131 另外还出现了一种"去中心化"（decentralization）模式。首先，通过卫星传播，出现了向新的空间地区强行推广文化的情形。这一文化转移是国家与地区竞争体系的一部分，这种竞争就反映在卫星广播中。几年后，电视图像的传送将跨越国家的界限进入家庭接收，美国与苏联作为两大电力巨头，将在地域和特色上进一步扩大它们的影响。

除了直播卫星的使用有一个从国家到个人（nation-to-person）的过程外，电子通信流行的"去中心化"还有第二个面向和空间扩张。美国与苏联的第二个竞争领域是空间本身。目前对空间的探索与利用仍处于襁褓期，我们还不能预测这些无生命区域最终将得到怎样的开发，假如要把人送去那里，我们也不必大惊小怪。推迟外太空开发并不是因为火箭的推力不够，真正的原因是太空旅行中由地球控制的通信系统发展迟缓。正如印刷与航海并进、电报与铁路同行一样，以电子和计算机为基础的传播也与宇宙飞船并行发展。在尚没有与光速相媲美、速度胜过大脑的通信时，一些勇敢的先驱者已经尝试着向月亮进发，这样做白白浪费资金不说，在航海时代这是绝对不可能实现的。电子通信的实用性，加之其通过缩短发射信号的时间以增强控制的能力，已经将空间变成了另一个扩张领域。电子通信的意义并不体现在告知我们信息的新闻和为我们提供消遣的娱乐中，而在于电子科技最发达的国家可能将空间变成地理与政治的新一轮竞争场域。

电子技术对于完善功利主义态度取向、行政心态（administrative mentality）和帝国政治的无限扩张具有一定的潜力。与早期的印刷技术一样，电子技术偏向于维护某种类型的文明：一个热衷于财富、权力和生产力，热衷于技术完美主义和道德虚无主义的强大社会。再多华丽的辞藻也无法改变这个模式；只有通过政治上的努力，通过日积月累地维持另一种全然不同的生活、思想和学术风范，才有可能彻底扭转这种模式。正如英尼斯所指出的，只有通过刻意减少现代技术的影响，培育艺术、伦理和政治领域，才能避免文化的消亡。他认为口语传统就是强调对话、辩证法、道德标准和形而上学，而这些则是现代技术的对抗力量。但对这种传统或媒介的维护，要求维持稳定因素、控制流动性（mobility），将共同体联盟和 132
生活方式从令人眼花缭乱的技术变迁中解放出来。然而，增长（growth）、帝国和技术强调的是（在教育、政治及社会生活总体方面）像印刷和电子那样能促进行政效率的媒介。因此，只有通过坚持理性、民主与时间这样实质性的对抗力量，技术的偏向才能得到控制，这个任务也正是英尼斯在他最伟大的著述《时间的诉求》（A Plea for Time）中所概括的。

注释

［1］据马修斯（Martthews，1977）的引用，这句话出自杜威在安阿伯市的一次演讲时查尔斯·库利所做的笔记。

［2］芝加哥大学的登记员非常慷慨地为我寄来了英尼斯所修课程的复印件，复印件隐去了他的成绩。

［3］这一分析来自普雷德（Pred，1973，1980），但英尼斯（1930）已经有了关于这一思想的概貌，尤其在结论一章。

［4］引自古迪（Goody，1968）。这部分对古迪和瓦特（Watt）的研究做了一定的借鉴与解释。

第七章　未来的历史*

在《未来的幻象》（*The Image of the Future*，1961）中，F. L. 波兰克（F. L. Polak）将人类对未来的迷恋一直追溯到古老的德尔斐神谕（Delphic oracles）和占星的祭司。但是，未来的现代史却源于科学的兴起和早期探险时代（age of exploration）。掌握了现代科学技术，尤其有了新的精确计时和望远装置，世俗的祭师们似乎抓住了一个关于美好未来的理念、一个超越普通历史和地理的经验地带、一个拥有完美前景和至善的人类与社会的新时段。然而，古老的庙宇、部落、城市的占星家与现代的科学家之间有着某种承续关系，两者都拥有关于未来的特殊知识——事实上，他们在对人类历史的未来进程做出断言方面建立了显赫的领域，他们的社会地位也因此得到了提升。

现代神谕如同它们古老的对应物，建构了一个特权阶层，这个阶层垄断了新的知识形态，当他们绘声绘色地描述未来景象时，大量的受众不是惊慌失措，就是痴迷不已。而且，现代科学精英常常拥有双重身份，他们既是人民的圣哲，又是统治阶级的仆人。和古代文明中的占星家一样，他们也同样诉诸权威。古代占星家运用其能力预测行星的运行，通过日历规

---

* 本章与约翰 · J. 奎克（John J. Quirk）合著。

范社会生活、协调农业生产。天文知识反过来又维护了他们的权威，因为通才（all-purpose）预言家有能力驯服未来。同样，现代科学家运用他们的才能对狭隘、封闭的系统运行做出预言，宣称他们有预测和安排人类未来的权力。

虽然未来作为预言的（prophetic）形式已经有很长的历史了，但未来作为可被预言的（predictable）的经验领域却从未出现。因为未来永远待在幕后，从未找到历史的入口；未来是一种从不曾到来但永远被等待的时间。要理解未来的困境，我们或许可以从那位终于对历史失去了兴趣的学者身上找到一点线索，他问道："过去有未来吗？"（Does the past have a future?）于是我们不禁自问："未来曾经有过什么样的过去？"（What sort 134
of a past has the future had?）但是，未来作为一种观念，它拥有确切的历史，而且是一种强有力的政治和文化的武器，在过去的两个世纪更是如此。在那段时期，关于未来的思想在美国和英国生活中以三种截然不同的方式得以呈现并发挥作用。

第一，未来常常被视为乐观主义复兴的理由，一种让公众保持"信仰"的激励，它具体包含在与进步有关的纪念性博览会、世界博览会、演说祈祷（oratorical invocations）和全国或国际性的宣言中。第二，在对政治的书面预言中，未来被诱人地描述为某种特定的意识形态或理想的实现。过去与现在被重新书写，以显示时代的巨大变迁，届时特定的政治和技术将为当前的困境找到出路，一个和平、民主、生态平衡的新时代即将来临。第三，未来在现代化信息加工技术的发展中，在计算机和电脑化设备的协同决策中，找到了新的表达方式。这里，未来是技术性驱邪（exorcism）的参与仪式，其搜集数据、允许公众参与预测并做出选择的行为，被认为是消除困惑并将我们从人类的不可靠性（fallibilities）中解救出来的一条途径。

一

纵观美国历史，用未来布道一直是重要的周年庆典或重申国家目标时标准的开场白。在科学或工业的庆典活动中，官员们的致辞通过对崇高的科技未来的召唤一下子就提升了“美国信条”（American Creed）老生常谈式的平淡与死板，这种所谓的“美国信条”总是许诺进步与繁荣，以激起公众对既有制度和工业化实践的信心。这种对崇高未来的倡导力图抵制异见，用明天一定比今天更美好的想象来为政体中存在的弊端涂脂抹粉。

1876 年在费城举办的“百年展”（Centennial Exhibition）① 就采用了这样一种未来策略。这个工业展览会作为 19 世纪进步、乐观的象征，见证了美国 100 年的发展史。它最初的意图是展示内战后美国持续 11 年的团结，但展览会最具吸引力的却是“机器大厅”，它由占地 13 英亩的机器组成，由滑轮、轴轮、皮带连向放在正中央的一个巨大的柯立斯（Corliss）
135 发动机。格兰特（Grant）② 总统在巴西总统多姆·佩德罗（Dom Pedro）的协助下，转动操纵杆发动了这个巨大的引擎，象征性地为百年展揭幕。柯立斯发动机在百年展上唱主角，说明了 19 世纪政治家和公众都为巨无霸型（giantism）的机械技术而痴迷。机器是美国人民伟大和力量的象征，是下一个世纪美国希望的象征。甚至连豪威尔斯（William Dean Howells）这样的文学家也为柯立斯发动机倾倒：“在钢与铁中……国家的创造力得到了自由的表达；不久以后就是灵性的大理石、栩栩如生的油画布和伟大的文学；因为今天坚硬的金属以其无所不能使美国得到了淋漓尽致的表达。”（Brown，1966：130）

当时，蒸汽时代巨大的硬件（hardware）主导了展览，新型的电器也在百年展的展厅占据了一席之地，电灯和贝尔的电话已经参展。

在展览会的开幕仪式上，格兰特总统指出：过去，我们的进步体现在征服自然和建设工业这类实践性任务方面，但我们很快将在神学、科学、美术、文学和法律领域与那些比我们古老的国家平起平坐。虽然现在是 1876 年的百年大庆，但我们应该把眼光放到一百年之后的 1976 年，机械与工业的发展将确保国家的进步。然而，无数的征兆显示，19 世纪 70 年

---

① 1876 年费城世界博览会是美国历史上的第一次世界博览会，这一年适逢美国建国百年纪念。——译者注

② 格兰特（Ulysses Simpson Grant，1822—1885），美国第 18 任总统。——译者注

代的美国并不是一切都与百年庆典的流行气氛合拍，1873 年以后整整 20 年的时间，席卷整个世界的经济萧条也影响了美国。早期通信（communication）与交通（transportation）的“进步”在经济上已经产生了前所未有的国际性融合，于是经济衰退向这个国际性网络蔓延开来，一名观察家认为 19 世纪 30 年代以来的“通信技术革命”产生了三个史无前例的现象：“国际性农业市场，国际性农业大萧条，其高潮是国际性的对农业的失望。”（Benson，1951：62）激烈的争论在美国社会回荡，连百年展也被这种阴影所笼罩。当时，宾夕法尼亚煤矿劳工的骚乱导致了罢工，并产生了工会组织，1877 年有 10 名莫利·马圭尔社（Molly Maguires）成员被处以绞刑。1876 年，格兰特总统不得不出兵南方，以平息当地选出拉瑟福德·海斯[①]后引发的暴力冲突。百年大庆本身也在 7 月 4 日被苏珊·安东尼（Susan Anthony）的“妇女独立宣言”搅乱。当时的黑人领袖弗雷德里克·道格拉斯（Frederick Douglass）是百年庆典被正式邀请的嘉宾，虽然他艰难地穿过警察的防卫抵达了接待席，但他这一象征性的出席并没阻止吉姆·克劳（Jim Crow）法在南部的推行，这些法律剥夺了南北战争后黑人曾经赢得的一切。最后，就在 7 月 4 日国庆前九天，传来了卡斯特[②]在小巨角（Little Big Horn）战败的消息（Brown，1966：passim）。这样的美国生活现实——种族和民族关系问题、政治民主问题、产业工人问题以及长期经济衰退问题，都没能影响官方在百年大庆的祝词中将目光坚定地投向未来。 136

为了下一个百年庆典，我们又真心诚意地设立了国家目标（National Goals）委员会、二百年庆典机构和组委会、预言 2000 年委员会等。但是，1876 年曾经出现的阴影又一次笼罩了二百年庆典的风景线。虽然备受青睐的技术进步标志已经改头换面——卫星、宇宙飞船、计算机、信息应用取代了昔日的蒸汽发动机和发电机，但是，一模一样的用技术许诺一个美好未来的调子主宰了当代生活。这种用明天抵押今天的激励，构成了美国通俗文化特殊的一面（虽然不是特有的一面）。霍勒斯·卡伦（Horace

---

① 拉瑟福德·海斯（Rutherford Hayes，1822—1893），美国第 19 任总统。——译者注

② 卡斯特（Custer，1839—1876），在小巨角河战役中被由骑牛和疯马领队的苏族和夏安族的印第安士兵杀死，他的手下全军覆灭。——译者注

Kallen，1950：78）不无尖刻地称之为“主义学说的先锋派艺术”。

这一思维背后的逻辑不难说清，但很难用简单的文献说明，因为美国的立国宗旨是超越历史、摆脱欧洲的经验，不只是发现一个新天地（new place），而是要建立一个“新世界”（New World）。所谓“新土地”（new land）指的是一个未经开垦的大陆，它是欧洲乌托邦传统的一部分。探险时代对美洲的发现，将乌托邦从文学作品移植到了现实生活。

摆脱欧洲的经验、没有过去的包袱和偏见自由地实现未来，这种观念一直占据美国人信仰的中心地位。它最早出现在宗教的语境中。人们相信，因为没有欧洲的体制与传统，一个统一的、无宗派的基督教就有可能在“新英格兰”实现。19 世纪，技术和工业化的惊人发展被拿来与美国的宗教传播相类比，因此，这些“内部发展”（internal improvements）尤其是交通与通信的发展，就与基督教精心打造的精神进步联系在了一起。到了 19 世纪中期，运河、铁路和电话成了最重要的传教活动方式。

精神王国的进程和领域越来越与美国这一新兴帝国的实际事业、天定命运和发展进程相提并论。美国的这种历史天命观赋予它传教士的角色：以某种绝对的真理赢得这个世界——先是用宗教、然后用技术创造一个激进的未来，“从伟大的入口走进蒸汽与电力的‘新世界’”（Miller，1965：52）。

每当这个未来受挫（19 和 20 世纪它常常遭到挫败），就呼唤另一个新
137 的未来，以弥补前一个预言的流产。最重要的是，传教士和政治家们都呼吁美国人要坚定对未来的信念，他们把呼唤未来作为一种解决问题的方法，要求公众相信，最新的技术或社会计划将充分证明过去所有的牺牲都是值得的，而且要对当前的纷乱保持忍耐。

费城百年展过去 50 年后，当时美国最重要的两位历史学家查尔斯·比尔德和玛丽·比尔德（Charles and Mary Beard）并非没有意识到战后美国的艰难处境，但他们仍然为 150 周年展览会上展出的那些用来与 1876 年的展品做对比的巨型工业发明而陶醉。甚至，他们在“电子设备、内燃机、无线电广播对技术的根本性改变”中看到了美国社会的命运，他们觉得这些改变“甚至比瓦特和富尔顿[①]时代的发明还要伟大”。他们认为，新技术

① 富尔顿（Fulton，1765—1815），美国工程师和发明家。——译者注

去除了蒸汽时代的阴霾与萧条，提供了重新设置美国社会模式的新动力。电将解放人类，并将城乡结合在一起，广播“就像风的翅膀”带来了世界主义（cosmopolitanism）。他们以抒情的笔调得出结论：“新型发动机和机器的影响像电一样微妙，它们转动了轮子、放映了电影、传送了歌曲。”（Beard and Beard，1940：746）

几年后的经济大萧条时期，福兰克林·罗斯福在某次仪式上呼吁并提醒美国人民：

> 我们是未来的人民……对民主信念的展望永远都是向前和向上的，没有一个自由的人仅仅满足于维持现状……我们永远怀有希望和信念，相信更美好的生活、更美好的世界就在地平线的那一边（Nevins，1971：400－401）。

同样，1933 年芝加哥的“世纪进步博览会”（Century of Progress Exposition）举办了纪念托马斯·爱迪生的活动，还有以征服时间和空间为主题的电子展。罗斯福想尽力消除当时人们的疑问和恐惧，他提到：“这个世纪将开创更伟大的进步——不仅仅在物质层面上，而且是一个人类幸福达到顶峰的世界。”

米尔斯（C. Wright Mills，1963：302）曾评价过此类修辞的功能：“现时遭受的敌对力量越强，未来就越被用来作为虚假团结（pseudo-unity）和人造士气的源泉。”在激励中，未来成了一种解决方案，于是，时间的前移就等同于从过去的问题和当前的困难中得以脱身。未来成了一个时间段，一个超越了人类的局限、政治消失不见、实现了和平与民主的幸福 138

提　要

米尔斯曾评价过此类修辞的功能：“现时遭受的敌对力量越强，未来就越被用来作为虚假团结和人造士气的源泉。”在激励中，未来成了一种解决方案，于是，时间的前移就等同于从过去的问题和当前的困难中得以脱身。未来成了一个时间段，一个超越了人类的局限、政治消失不见、实现了和平与民主的幸福阶段。

阶段。历史学家艾伦·倪文斯（Allan Nevins，1971：398）对这一美国土生土长的意识形态做了清晰的陈述：

> 美国社会与政治思想的统一并非来自对某些学说体系的共识……民主这个词在俄勒冈州的含义可能与在亚拉巴马州不同，通常说来，我们这个民族并不是怀着对过去共同的忠诚而团结在一起……而是怀着对未来的共同信念与希望而团结在一起。不是向后看……而是向前看才使我们团结一心。虽然我们拥有共同的回忆，但更重要的事实是我们分享许多期待……对美国的伟大而一致的情感就是对未来的希望……为了国家的统一，在美国人民心目中，对我们共同的未来保持信心尤为重要。

这些思想具有潜在的政治功能。未来的意识形态能够成为一种“虚假意识”以逃避眼下实实在在的问题，这些问题根植于财富和地位的冲突以及对技术的控制中，而到了未来，正是由于未来所特有的本性，这些问题便会烟消云散。作为19世纪英帝国的辩护者，倪文斯强烈希望人们不仅接受而且信仰工业革命。因此，像其他辩护者一样，他要求我们中的“少数群体”（minority groups）“相信一个平等分享的未来将更加幸福”，于是就能从被剥夺感中解脱出来。同样，尼克松当上总统后第一件事就是设立国家目标研究班子（National Goal Research Staff），这个班子负责为美国人民确定二百年国庆与2000年的方向，这样我们就能“抓住未来，将未来作为我们决策的关键”（*Futures*，1969：459）。

在文化和政治上，对未来功能的认识与18、19世纪“天堂之城”梦想中“上帝看不见的手”的思想一脉相承；在当前的动荡中，它为动机与政策的公正性提供了基本的信念。20世纪赋予未来的动人辞藻，用阿道司·赫胥黎（Aldous Huxley，1972：139）的话来说是用“激发性和补偿性的未来”安抚当前所受的苦难。以赫胥黎批判的思想看，关于未来的文献资料为现代人提供的东西就像卫理公会派教徒（Methodist）在工业革命初期对第一代英国工人阶级的说教，他们提出眼下的艰辛往后会在天堂得到补偿，天花乱坠的未来成了政治革命外的另一种选择和顺从现状的刺激物。
139 在关于未来的新的文学作品中，救赎（salvation）不是脱离尘世，而是某种世俗革命，它与道德、社会及物质改良联系在一起，正如赫胥黎所概括的，“有关 21 世纪幸福的想法安抚了幻灭的进步受益者”（Huxley，1972：140）。

在大量预言未来的文集中，我们挑选了一些英国和美国的作家的作品，它们代表了这类文献的基本特征。虽然这些作家的动机与背景不同，但相同的主题使他们成为独具特色的未来主义者。同样，最新的传播与交通技术也被看作现有问题的永久解决途径和彻底摆脱先前历史模式的手段。而且，未来的前景被充满诱惑地描绘成一个生态平衡、社会和谐、世界和平的至高境界。

克拉克（I. F. Clarke，1969）在《未来》杂志上考证出第一篇英文的预测未来的著述，是 1763 年发表的无名氏的《乔治六世的统治：1900—1925》（*The Reign of George Ⅵ，1900—1925*）。这一最初的有关乌托邦的著述将未来描绘成乔治三世统治下的完美社会。它构想了一个由欧洲与北美大陆构成的巩固并扩张的帝国，通过高度发达的通信与交通支撑起商业、外交的军事力量，实现了英帝国强权下的世界和平（Pax Britannica）。此作发表于法印战争结束的同一年，也正好是 13 个殖民地发生暴动前 13 年，所以它自以为英格兰的宿敌仍乐意听从伦敦的指手画脚。此作发表时正好瓦特的蒸汽机处于实验阶段，所以它也设想了英国的乡村被水路和新工业线路所点缀，城市仍保持着古雅，贵族的社交礼仪将得到永久保留。在英帝国统治时期，这篇关于帝国未来的文献想给读者留下这样一个印象：为了盎格鲁-撒克逊人的命运，一切的付出和牺牲都是崇高的。它也为反驳当时挑战现有体制的革命意识形态（如人民宪章运动、马克思主义、共和主义）提供了思想基础。

继 1851 年万国博览会[①]后，19 世纪乐观主义登峰造极，在维多利亚时代流行的自鸣得意的社会风气下，当时的人们设想了一个全球性的利益共同体，这是为贸易和帝国而发展通信和交通的副产品（by-product）。但也有一些反对者，他们戳穿了水晶宫的奥秘，准确地洞察到工业化在先进机器下摧残（dwarf）人与自然的有害倾向。但主流观念仍然是一种恩泽于

① 万国博览会（the Great Exhibition），指 1851 年在伦敦水晶宫举行的万国博览会。——译者注

民的必然结果（social corollaries），它来自征服地球和时空障碍的技术。
140 讽刺的是，我们到现在还在等待这些恩惠的到来，例如从单调烦琐的劳作中解放出来，美与实用的统一，不再有战争，还有世界主义意识（cosmopolitan consciousness）。

那个时期另一篇重要的文章则表明，今天的未来也就是昨天的未来。《寂静的革命：蒸汽和电对未来人类生活环境的影响》（*The silent Revolution：Or the Future effects of Steam and Electricity upon the Condition of Mankind*）反映了1852年人们的想法，迈克尔·安盖洛·加维（Michael Angelo Garvey）描绘道：这个世界就像一个放大的万国博览会，所有工业主义的问题最终都得到了解决。当交通将人口重新分配到新的殖民地，新生的工人阶级能够接近“洁净的空气和乐土”时，乌烟瘴气的贫民窟与马尔萨斯人口论者（Malthusian）的恐惧都将烟消云散。加维与其他未来学家持有相同的错误观念，认为社会冲突是通信不够完善和与世隔绝造成的，加维对旅行（travel）与电报技术进行了人格化处理，提出铁路“如果不是最伟大的平衡者，就是最伟大的司仪”，因为铁路“每天介绍各个阶层的人，使他们相互之间加深了解”。对于更遥远的“未来时代”，加维设想了一个由所有通信手段构成的系统，它预言了麦克卢汉的观点：“一个由电丝（electric filaments）组成的完美网络”，为的是“通过配备类似生命结构中神经系统这样的敏感装置，以巩固并协调人类的社会联结”（Garvey，1852：103－104，134，170）。

这个美满的未来完全契合维多利亚时代其他的预言，尽管当时刚发生过爱尔兰饥荒和劳工骚乱、克里米亚半岛战争以及其他的争端与动荡，但帝国时代那些关于未来的文献所蕴含的别有用心的动机，在《寂静的革命》中已昭然若揭。加维恳请他的读者对现有政权保持忠诚，因为这个政权是未来合适的掌管者，要防止煽动改革或反抗的声音。《寂静的革命》是社会革命的替代品，它以书面形式让大多数人甚至少数民族（minorities）对帝国政策出现的问题保持沉默。

此类关于未来的文章后来又反映并塑造了进入20世纪后英国精英们的流行思想，其观点往往遮蔽了一些批判性的警告：对外的过度扩张和国内陈腐的体制所面临的后果。随着英国势力的衰落，从20世纪开始，虽然英帝国未来学家的文献已鲜为人知，但在当前语境下的美国未来主义者身上又有了死灰复燃的迹象，例如，布热津斯基（Zbigniew Brzezinski，1970）的《电子技术社会》（Technetronic Society）。美国未来主义的灵感来自英国，但通过电子通信设备行使外交政策、发动战争以及缓和国内民众矛盾等行为，又强化了美国强权下的世界和平（Pax Americana）。

在《公元2030年的世界》（*The World in* 2030 *A. D.*）中，伯肯黑德 *141*
伯爵（Earl of Birkenhead）以20世纪30年代的眼光，试图将帝国主义和未来主义融为一体，以阻挡经济大萧条和独裁的兴起所引发的公众信心的低落。为了从长达230年的动乱中解脱出来，伯肯黑德预言了一个转折点，它与当今作家描绘的未来一模一样："今天我们正在见证一个社会和传统的消亡，这个社会从第一次法国革命和工业革命以来就已经存在。"（Birkenhead，1930：116）然而，这一变化不是政治或社会的，而是技术的。英国乡村的电气化和分散管理的、无烟化的工厂，构成了一个由实验室点缀的美丽风景，就像"一望无际的花园"，向各处分发"工业化世外桃源"的丰盛物资。

另外，通过电子传播手段的正式参与，可以解决公众与政府之间因关系疏离而产生的不满，因此，"复兴古希腊城邦曾经盛行一时的民主形式，又一次变得切实可行"（Birkenhead，1930：8－9）。通过插入式电话交换装置进行即时民意测验，就可以对专题讨论进行广播。但这并不意味着真正把权力交给人民，因为按伯肯黑德的分析，政府应该把权力恰当地转交给一个专家阶层，而这个专家阶层的电子磋商（electronic consultation）可能只流于形式——一种利维坦（Leviathan）的虚假民主。

更有甚者，伯肯黑德将未来世界设想成一个以大不列颠为核心，印度、南非甚至都柏林也被纳入其中的英联邦，这个英联邦继续掌管着世界事务和国际组织的演变，皇家空军在伊拉克石油管道线上巡逻，劳斯莱斯以上层阶级的礼仪安静地奔驰，这样的未来才是安全的。总之，"2030年的世界"只不过是19世纪30年代保皇党人头脑中所固有的技术官僚的痴心妄想。

英国知识界堂而皇之地仅仅按照英帝国而构想的未来趋势，甚至影响了自由主义者、费边主义者和科学现代化论者（scientific modernizers），如约翰·霍尔丹（J. B. S. Haldane）。赫伯特·乔治·威尔斯（H. G. Wells）是20世纪初最富创见的未来学家，他曾是某个圈子的成员，这个圈子将英帝国看作“世界政府的太平洋先锋”（Wells，1929：126），作为“世界警察”的先驱，皇家军队在最新的通信和交通技术武装下，能迅速被派遣到任何一个出事地点镇压叛乱。

帝国主义未来学家之间也存在着不同观点，例如有一种思想真正致力于权力与工业的去集权化、自然景观的复原、地方文化的复兴。这一观点的主要代表人物是俄国无政府主义者、自然主义者克鲁泡特金和苏格兰区
142 域主义者帕特里克·格迪斯。克鲁泡特金预言“工业村”（industrial village）将产品和民众遣散到公社和车间（Kropotkin，1913），电力输送将取代大型蒸汽发动机、没有人性的工厂和疏离的劳工。格迪斯对这一迷人的思想做了更详细的阐述——工业革命的逆境将被扭转，乌托邦的生活模式在不久的未来即将实现。

一战期间及战后，格迪斯和他的同事、社会学家维克托·布兰福德（Victor Branford）出版了一系列书籍与小册子，并集辑出版了《解释与预测》（*Interpretations and Forecasts*）、《创造未来》（*The Making of the Future*）和《当前的报告》（*Papers for Present*）（Geddes，1917）。格迪斯最重要的美国信徒刘易斯·芒福德将“对未来的介绍，也就是使未来成为社会思想的一个合法领域”（Barnes，1966：384）归功于他这位生物学家兼城镇规划者的导师。格迪斯通过从芝加哥、爱丁堡到印度、巴基斯坦的行为主义田野实验，赢得了“改革老大哥”的称号。他的学术思想还影响了同时代的简·亚当斯和杜威，甚至在保罗·古德曼（Paul Goodman）和麦克卢汉最近出版的著作中也能看到格迪斯的身影。

在对未来的描绘中，格迪斯在新、旧两种技术形式之间划了一条辩证的分界线。电将成为从集权到分权、从环境污染到生态平衡、从城市拥堵和虚伪的世界主义到地区与民族复兴之“伟大转型”的关键所在，“我们可以将机器时代划分为烟雾和蒸汽发动机的旧技术时代，与征服了噪声和污染的电力和镭（radium）的新技术时代”（Geddes，1917：前言）。对格迪斯来说，未来的目的是在“天人合一”（partnership of man and nature）之下，将世界重新塑造成像花园一般的新技术“乌托邦”。

格迪斯的未来观与当代未来学的一些思想显然有不谋而合之处。格迪斯期望政治、政党与意识形态的消亡。在政治行动上，他和布兰福德倡导左派和右派之外的第三种选择，由“大学斗士”（university militants）组成的“维和部队”到世界各民族执行环境重建、自然保护、教育改革和公民塑造等计划，用地区联邦自治代替帝国主义。但芒福德指出，格迪斯思想中对政治事实和因素的忽略，是其未来世界观的严重失察。

格迪斯的未来观还存在另外几个错误的假定。新技术的应用带来了日益严重的集权化（centralization）和集中化（concentration），还有遍地的发电站。帝国主义势力对本土文化与地区的集权控制范围也有所扩大。

格迪斯和克鲁泡特金对美国一些重要的保守主义者、区域规划师和社 143
会批评家们都产生过影响。芒福德的著作则将格迪斯对新技术的阐述移植到美国社会的场景中。

1934 年，在《技术与文明》（*Technics and Civilization*）中，芒福德将一系列的“革命性变化”归功于电力本身“质的”功效，尤其是水力发电涡轮和刚刚问世的工厂自动化机器。他认为，这是一次“地球技术学”（Geotechnics）对“大地的清理”，它“建起了水库和水力发电站”，“有了电，蓝天碧水又回来了”，“烟幕”消散了。未来壮丽的景观将是城乡的结合、工农业的结合，是对过剩人口与财富的平均分配（Mumford，1963：255－256）。

由于有了广播和“面对面”电子通信，芒福德期待一个由技术带来的普遍民主，“像古希腊阿提卡[①]地区最小的城市才可能有的政治团结，我们现在也差不多具备了”（Mumford，1963：241）。

芒福德美国版的格迪斯信条也同样遭到了历史的讽刺。水力发电项目和水库最终恶化了环境，空气、水和土地从来未曾洁净。如今，我们就居住在他们曾经设想的这片未来的土地上，我们可以清楚地看到这一点。人口稠密的都市还在进一步扩张，全自动仍是一个尚待实现的预言。当芒福德写到工人阶级的终结时，美国产业工会联合会（C. I. O.）却正加紧组建。政治上，那是一个独裁者与集权统治的时代。

---

① 阿提卡（Attica），古代希腊中东部一地区。——译者注

提 要

芒福德美国版的格迪斯信条也同样遭到了历史的讽刺。水力发电项目和水库最终恶化了环境，空气、水和土地从来未曾洁净。如今，我们就居住在他们曾经设想的这片未来的土地上，我们可以清楚地看到这一点。人口稠密的都市还在进一步扩张，全自动仍是一个尚待实现的预言。当芒福德写到工人阶级的终结时，美国产业工会联合会却正加紧组建。政治上，那是一个独裁者与集权统治的时代。

芒福德自己也被迫承认“机器也有流产的时候”，文明仍滞留在“假象的”（pseudomorphic）阶段，“新机器遵循着过去经济和技术水平所设定的模式”。在后来的评价中，芒福德已经认识到，将电作为革命性力量事实上是错误的，甚至“那些已经完成的计划，回过头来看，实现了的与预期的比起来也都走了形”（Mumford，1959：534）。

但是，芒福德的主题在其他关于未来的文献中再一次死灰复燃。他曾经在《技术与文明》的“减震器”（shock absorbers）一节中表达过的观点，36 年后又在托夫勒《未来的冲击》（*Future Shock*，1971）中重现。托夫勒复兴了崇高的技术革命这一主题，作为对 40 年后 2000 年的展望。托夫勒近来的著作也采用了卷土重来的未来主义象征体裁。在托夫勒看来，新千年注定会有许多“最终的与质的”改变，新社会已经“不可逆转地与旧社会决裂”，实现了地理与历史的超越。

144 托夫勒笔下的未来是一个免除了工业革命后果的新天地。自动化时代被勾画成一场“比工业革命还要重要的”变革。与“乌烟瘴气的钢铁厂和叮当作响的机器”这一场景相比，新电子工业和空间技术是一个“相对安静和干净的环境”。生产流水线的终结消除了传统的阶级冲突，“新的组织机构内部俯首帖耳的职员（organization man）”成了历史的主角，被摆到了领导者的地位。期待中的民主将在“未来的市政厅”建立，在那里，一场未来主义运动把那些对技术吹毛求疵的人抛在脑后。持不同政见的少数分子与桀骜不驯的美国中层人士将被收编到未来活动计划的参与中去，那些团体经劝说将不再反对太空计划，并纷纷从反对转为支持先进技术。专家骨干将隶属于各种社会团体，由此，专家的意见将与社会共识不谋而合。

20 世纪 30 年代和 70 年代的文章可以提供另一种类比。现在我们提起“祖国美好的未来”时，只不过用电脑和电子晶体管代替了过去作为主导性技术的发电机。我们可以在当初代表罗斯福新政之成就的田纳西流域管理局与近来《绿化美国》（*The Greening of America*，Reich，1970）中的电子反文化（electronic counterculture）之间找到这一惊人的相似点。

与目前流行的解释相反，罗斯福新政具有未来主义的动力，它努力为建设新共同体、权力去中心化、开垦土地、实现美国乡村电气化制订计划。这些新政思想反映了老派的进步保守主义者，如吉福德·平肖特的理想，而平肖特曾受格迪斯与区域规划运动的影响。

田纳西流域管理局成了具有极强雄辩性与巨大宣传价值的未来典范。例如，它被保罗·哈钦森（Paul Hutchinson）（1937）誉为“由电引发的革命”。哈钦森是《基督教世纪》（*The Christian Century*）的编辑，他从芒福德那里借用了这个术语，用他的话来说，田纳西流域管理局“代表了一个新美国的未来形象”，而“真正革命者”是那些“最后有可能实现早期工业革命梦想者宣称的、作为解放与再生动力”的新机器。田纳西流域管理局标志着完全“没有政治的掺和”，并将权力分散到“工厂加农庄式的乡村”中去（1937：83－95）。这是对管理主义（managerialism）和科层制革命铁的定律的否定。

然而，田纳西流域管理局本身的历史记载最终推翻了这些承诺。从内
部看，它产生了技术官僚的统治结构，其新兴的城镇反映了企业型城镇的 *145*
心理特征①，露天开采及类似行径破坏了自然景观。与它技术上的同伴原子能委员会（Atomic Energy Commission）一样，管理局在经济、政治上与部分军事工业相互勾结。于是，机器又一次成了真正的反革命者（counterrevolutionary）。

---

① 企业型城镇的心理特征（company town psychology），这里的企业型城镇，指随某大公司或厂矿建立起来的城镇。——译者注

查尔斯·雷奇（Charles Reich）在《绿化美国》中预言了一个超越“法国或俄国式革命”的“转型”（transformation）。这一新型的革命为身份与社群、历史与政治提供了答案。在电脑与反文化时代，雷奇的措辞与40年前的哈钦森如出一辙。例如“机器自身已经开始了革命性的工作”，“先知们与哲学家过去建议的生活方式，只有当今的技术才使之成为可能”（Reich，1970：350－352）。

雷奇认为，电子学和控制论将产生一定的社会联结，如更高的思想觉悟，参与共同的社区活动，以及恢复与土地的联系。但雷奇关于机器革命和新文化诞生的阐述，显示出虚幻的和转瞬即逝的（ephemeral）特性。

实际上，反文化首先是现有娱乐与休闲工业的延伸，而不是人文层面的复兴。雷奇在书中提到了伍德斯托克音乐节①的信徒，但对阿尔塔蒙特悲剧（Altamont tragedy）却只字不提。唱片业使反文化具有了预言式的抒情意味，但它追求的是利润和真正的文化势力。

但是，无论预言家还是那些求助咒语（incantations）以保持幻想的运动，都有一种显著的特征。1944年，哈罗特·伊克斯（Harold Ickes）不无讽刺地发现，上一辈田纳西流域管理局的狂热分子相信只要念叨“TVA②，TVA，TVA”，就能使新民主焕发生机；同样，“绿化美国”以及其他趣味相投的反文化，给人留下的印象也不过是新一代美国人念着咒语走向另一个电子宿命（electric destiny）的集合地。如今，我们仍然沿着过去的老路塑造着未来，我们看到技术模式与组织形式仍趋于权力的垄断化与集中化，而且，仍然掌握在既定建制的手中。

二

在大量预言科技革命和新未来的文献中，雷奇和托夫勒的著作只是冰

① 伍德斯托克（Woodstock）音乐节，每年8月在纽约州东南部伍德斯托克举行的摇滚音乐节。——译者注

② TVA，即田纳西流域管理局的英文缩写。——译者注

山一角。科技革命最引人注目的是通信（communication）技术革命，正如诺伯特·维纳（Norbert Wiener）几年前发现的，“当前是通信与控制 146 （control）的时代”。现代工程学是通信工程学（communication engineering），因为其当务之急不是能源经济，“而是对信号的精确复制”（Wiener，1948：39）。

第一次传播革命是印刷业的发明，即信息生产的机械化，它提高了识字率，扩大了英帝国的统治范围。第二次传播革命贯穿于整个19世纪，通过电子技术将信息的生产与传递结合在一起——这一过程从电话、电报一直延伸至电视。如今，第三次传播技术革命将信息存储器和检索器与电话、电视、计算机联结在一起，产生出新的“宽频”（broadband）通信系统或“信息服务设备”（information utilities）。

传播的这些“发展”，其革命性的潜力并非来自直白的事实——越来越多的信息以越来越高的保真度传得越来越快、越来越远；相反，它们的魅力在于据说能化平淡为神奇的能力：创造新型的人类共同体、效率与进步的新标准、更新更民主的政治形式。最终，“新人类”将在历史的舞台上粉墨登场。印刷机通过识字水平的普及不仅教会人们阅读，人们也希望它能根除愚昧、偏见和地方主义。同样地，电报和收音机被看作一种磁力，能将人们团结到一个和平与理解的国际性网络。最近的“控制论革命”（cybernetic revolution）在增加可获得信息方面取得了巨大的飞跃，保证了“对政策选择和措施结果的准确预测，还有来自社会的反馈机制……这一切是如此有效，以至于人类能将智力充分应用于解决社会的核心问题”（Westin，1971：1）。

第三次传播技术革命的基础，也就是既能做数据分析又可存储与检索信息的同步计算机与电话、电视的联姻，被认为是终极传播技术。它能将对话的速度与亲昵、历史的回忆、视听的输出、信息的个人化结合完全自由的选择、政治意识与对掌握了充分信息并参与其中的选民的控制，乃至高等数学的分析技术统统糅合在一起。

19世纪试图通过技术解决紧迫的社会问题这种做法显然以失败告终，但当代知识分子仍然在最新的技术玩意中看到了革命的潜力，并将之描绘成一种超乎历史和政治的力量。可预见的未来是由自动化控制的机器提供

提 要

19 世纪试图通过技术解决紧迫的社会问题这种做法显然以失败告终，但当代知识分子仍然在最新的技术玩意中看到了革命的潜力，并将之描绘成一种超乎历史和政治的力量。可预见的未来是由自动化控制的机器提供的、进步的变革动力。

147 的、进步的变革动力。更重要的是，虽然某些团体——实业家、技术官僚与科学家——被描述成新技术指定的捍卫者，但他们并不是一般意义上被当作有权创造历史、定义现实的精英，而是被看作放弃自我的、权力的仆人，他们只是为了迁就由科学、技术不可阻挡的进步所带来的真相和未来。对于现代未来主义来说，**机器才具有目的论的（teleological）洞察力**。

而且，新传播技术正向社会生活的每一个领域延伸，它甚至通过用于查询信息、娱乐、教育和启迪智力的家用电脑侵入家庭。公众现在可以通过“世界游戏”（World Games）等电子技术参与规划未来的技术仪式，作为对传播技术带来的新型参与式民主的演习。

其实，由电子带来的民主观，至少从电报和电话时代起就与我们为伍，而且 19 世纪大多数涉及未来题材的作家都提出过这个观点。詹姆斯·拉塞尔·罗威尔[①]在 19 世纪 60 年代南北战争后不久，就感觉“人类四海之内皆兄弟的梦想看来终于要实现了”。他将这一信念寄托在技术所带来的新型镇民大会（town meeting）上：

> 人们一直认为，镇民大会制度只有通过教育民众进行自治，革命才有可能。但这最多只是部分有效，报纸和电报可以将整个国家凝聚成一个巨大的镇民大会，在那里，每个人都能聆听国家正在讨论的事务，更合理的判断最终得以生效。……所有的发现迟早都会传到大多数美国人的耳中。正是这种持续的精神与道德的刺激，使民众保持警

① 詹姆斯·拉塞尔·罗威尔（James Russell Lowell，1819—1891），美国编辑、诗人和外交家。——译者注

觉、活跃与清醒的气质，这是一种大城市居民才有的特性（Lowell，1871：Vol. 5，239）。

尽管镇民大会没有成功，但报纸、电报、无线电与电视却能为创立新雅典（new Athens）提供条件，当代技术解放的倡导者时常描绘这样一幅新的后现代场景：通过电子投票和舆情调查的计算机系统，实现即时公民投票的民主：

> 设计一种机械装置，让山姆大叔家庭的每一位成年公民每天都能进行全国性的无记名投票，那么我向你保证，民主就能得到拯救…… 148
> 它涉及一个十分简单的机械问题，跟每日向全国发送邮件相比显得不费吹灰之力……电子化投票……保证比任何已有的政府更具效率，因为它不仅能达到独裁者的决策速度……而且它的另一个好处恰恰是决策永远不可能由独裁者做出（Fuller，1963：13－14）。

但显然，这样的系统对公民提出了不同寻常的要求，将他或她纳入只有控制幻觉的技术装置中。

要参与这样一个系统，未来的公民就必须在有生之年接受终身教育，及时汲取新知识以应对随时可能出现的问题。唐纳德·迈克尔（Donald Michael）认为这一切不太可信，他建议采用共和主义（republicanism）的形式，而不是直接民主。他认为，专家将不得不在技术、公民和政府之间充当调停人，这些专家将受雇于一些团体，并代表它们的利益来对付政府。但新信息系统设计上的“复杂性”使公众的介入（involvement）仅仅成为一种参与仪式，抑或由于新科学精英的过度参与（overparticipation），使统治得以合法化。假如这两种公民参与模式的任何一种被正式当作摆脱目前政治危机的途径，那么可以肯定，无论未来我们生活在什么样的政体之下，这样的政体形式都将号称是民主的。那些关于未来的著作没有考虑政治组织的性质，因为事实上，现在的政治共同体在新未来主义价值观的冲击下近乎分崩离析，这些新未来主义的价值观代表着理性化、集权化和统一性。另一些作家，如著名的米尔斯（C. Wright Mills）至少承认了根本问题在于精英主义。虽然有些未来主义作家认为我们处在精英统治代替了富豪统治的社会环境中，但他们却没有做进一步的设想——技术精英的发展意味着社会的原子化；其统治是对政治和社会共同体的侵蚀，并产生了新的知识垄断。

许多新一代未来主义者认识到知识是一种权力——他们常常提到这一点，但没有意识到这里的知识首先必须是有意义的、相关联的知识——它就像其他商品一样可以被垄断。但是，他们很少认识到"知识垄断"这句话可以有两种解释。第一，知识垄断只是简单地意味着对事实性（factual）信息或数据的控制。这里，传播手段非常关键，因为编码与存储设备的进一步精密化就有可能使某些团体控制信息，或拒绝未经接纳者或不相干者接触信息。而且，传播速度的创新竞争受到这样一种事实的驱策：如果信
149 息以不均衡的速度流通，就意味着某些人的未来对另一群人来说已经成了过去。已故的伊契尔·索勒·普尔（Ithiel de Sola Pool）阐明了知识垄断在这方面意味着什么，同时描绘了一幅打破垄断后新信息系统的宏伟图景：

> 由计算机提供的信息设施……可用于去中心化的手段。它们能使一个组织的所有部门都能得到目前只有在核心部门才能得到的各种即时的、完整的信息。今天的最高领导权就是信息垄断权……一个拥有计算机化信息设施的社会能在集权与分权之间做出自己的选择，因为它具有让信息在这两个方向运动的机械性能（mechanical capability）（Westin，1971：284）。

但是，还有一种更为严格意义上的知识垄断。当人们说到宗教知识、教堂机构垄断时，他们指的不是对信息本身的控制，而是指对整个思想体系和范式的控制，它决定了什么可以成为宗教性的事实，决定了评估任何阐释这些事实之真实性的标准，界定了什么才能构成知识。现代计算机的拥戴者可能愿意与任何人分享数据，但他们不愿意放弃技术官僚的世界观，即决定什么才有资格成为可被接受的或有价值的事实。他们垄断的不是数据本身，而是被认同、被确认、被批准的官方思想模式——事实上，就是对什么是合理的界定。这可能是信息与知识两个概念始终混淆不清造成的。

很少有人在论及新传播技术时提到信息与知识之间的关系，因为它从

提　要

但是，还有一种更为严格意义上的知识垄断。当人们说到宗教知识、教堂机构垄断时，他们指的不是对信息本身的控制，而是指对整个思想体系和范式的控制，它决定了什么可以成为宗教性的事实，决定了评估任何阐释这些事实之真实性的标准，界定了什么才能构成知识。现代计算机的拥戴者可能愿意与任何人分享数据，但他们不愿意放弃技术官僚的世界观，即决定什么才有资格成为可被接受的或有价值的事实。他们垄断的不是数据本身，而是被认同、被确认、被批准的官方思想模式——事实上，就是对什么是合理的界定。这可能是信息与知识两个概念始终混淆不清造成的。

来就没有被当作一个问题来看待。信息和知识被笼统地视为同一的和同义的。人们假定现实由信息的数据或比特组成，而且原则上说，这种信息是可记录和可存储的。因此，原则上它也可能让接收者理解任何事物，或至少可以接近所有知识。但这种粗浅的认识论不可能用来进行学术研究，也不可能解开其中的任何难题。知识毕竟是范式的（paradigmatic），它不像数据（data）就存在于经验之中。所有关于世界的"信息"都有一个在观察世界的行为中创造并定义世界的概念系统。这种范式就呈现在信息系统中；它们是元信息的（metainformational），包含在计算机程序、统计方法、信息存储和检索编码、事先界定信息的技术理论中，最重要的是它包 150
含在二元对立（binary opposition）系统[①]，也就是现代科学的通用语（lingua franca）中。

如我们所愿，科学史和科学社会学最终得以确立，但它们的范式却无法独立于外在的偏见与意图；相反，它们用技术语言表达了充满价值观的论据。计算机信息系统不只是客观的信息记录装置，它们是态度与希望的发出者（emanations），但在制度上垄断了"前知识"（foreknowledge）的

① 指计算机的二进制语言系统。——译者注

仆人们仍占据着这些态度和希望的主体地位，例如兰德公司[①]。信息观（idea of information）是另一种途径，它超越了阶级、地位、权力等真正的政治因素，但这些棘手的现实不可能消融于未来之中，因为它们早已被计算机化的机器所吸纳、所转化，在未来将不复存在。

总之，第三次传播革命同样埋藏着与传播创新如影随形的失败的种子。现代技术不是在创造一种“新的未来”，而是让公众参与某种控制仪式，这场仪式在迷人的技术面罩下掩盖了政治和权力的事实。但直至今日，这样的未来也只是纸上谈兵，它以预知、预言等形式出现，是一种为了鼓动、动员或唤醒人民用指定的方式迈向既定目标的文化策略。它可以在无须国会或司法机构正式批文的情况下产生类似法律的效应。它擅自专制地规定什么是应该做的，并呼吁计划的制订。在这个过程中，一部分过去（the past）被有选择地抹去，现在（the present）的形势则被忽视不见。如果这些因素与所期待的结果相矛盾，它们就被宣布“过时”或文化落后的表现。

与修正主义者和有洞察力的人（clairvoyant）不同，未来学家的优势在于他们总是可以重写历史，因为没有记录可供比照，而且预言也无法做系统的核实。未来学家可以一直延迟未来到来的那一天，要是指定的那一天来临时未来并未实现，那就只能指望公众的健忘症了。

我们这里讨论的问题可以称之为“未来的海市蜃楼”（futurean mirage）——未来的幻象。未来的海市蜃楼指的是：未来就在那里，它汇聚

提　要

与修正主义者和有洞察力的人不同，未来学家的优势在于他们总是可以重写历史，因为没有记录可供比照，而且预言也无法做系统的核实。未来学家可以一直延迟未来到来的那一天，要是指定的那一天来临时未来并未实现，那就只能指望公众的健忘症了。

① 兰德公司（Rand Corporation），美国最重要的以军事为主的综合性战略研究机构，全球著名的智囊机构。——译者注

了历史的最后阶段，远离过去的千辛万苦到达最终的“稳定地带”（stability zone）。未来不是“下一个时间段”（next time），而是被设想为一种影响过去与现在的活化剂（active agent），它通过自身的优势和对时间的校正，排除万难，走向史无前例的命运关头。但是，崇高的未来绝对不是一个注定到来的开放的空间，而是一个经过精心打造的宿命（predestination），它不是建立在人类需求之上，而是建立在技术的强制性之上，这就是未来主义决策装置的奥秘所在。 151

虽然，我们看似生活在期待中的“未来时代”，但极具讽刺意味的是，前面并没有一个等着我们的、叫作真实未来的切实所在（site）。对未来的预测成为过去政策与历史进程的思想发动机，但结果却阻碍了曾经充满各种选择的、原本可以实现的未来，耗尽了所有曾经丰富的、本来能为人道的未来前景提供基础的文化和自然资源。

未来主义者强调的是即时效应和传播中跨越空间的速率，由于对大规模与高速度的重视，它遮蔽了公众对社区当前和长远利益的思考。发电站的神话及其对去中心化经济、生态平衡的许诺，实际上提供了一个关于美好未来的华而不实的前景。事实上，它潜意识里存在着商业帝国的倾向，粉饰了为开发而设计的景观。

美国遗产中的非技术部分仍保存着文化的永久性与政治的生命力。为了利用这些资源，是不是到了将未来这一概念重新与“真实的过去”（the real past）和“当下的现实”（the realities of the present）结合起来的时候了？

三

补充与后记。近年来，未来已经成了一个课题。1979 年世界未来协会的调查发现，美国的大学与研究院有 280 个此类课程与研究项目；据后来的一项统计，至 20 世纪 80 年代中期，这个数字翻了一番。而且在心理分析层面，未来也成了一个课题：它是一个行动者或一个角色、一个历史进程的参与者、一个来自另一个时间的与现在对话的参与者。也就是说，未来已经因为受到欢呼或质询（interpellated）而进入了话语。未来是一个特殊形式的言说者，在我们自己还不清楚时，它就告诉我们将去向何方。当然，在某种意义上，未来在西方的话语中一直充当着某种角色，但最早关于未来的意象是乌托邦传统的一部分。乌托邦原义就是无处（nowhere），在空间上是不存在的，通常在时间上也是不存在的：它是在想象中设定的时间与地点。在启蒙主义运动的影响下，无处（nowhere）变成了某处（somewhere），伊甸园或亚特兰蒂斯变成了新世界，无时（no time）变成了有时（sometime）：一个不远的地平线，一个近在眼前的地方，那就是未来。

152 今天，未来已经失去了想象的特征，但同时也成了田园诗传统的一部分，就像过去（the past）在语言中所扮演的角色，只不过未来以相反的面目出现。我们可以在英国乡村诗歌中发现这种田园诗的传统，它是雷蒙德·威廉斯伟大的著作《乡村与城市》（*The Country and the City*，1973）的主题。在对田园诗代际传承的分析中，威廉斯发现“过去”是不断后退的地平线，每一代都不是将过去置于一个固定的历史位置上，代与代之间各有不同。例如，对20世纪20年代来说，19世纪80年代就意味着过去，而对19世纪80年代来说，19世纪30年代才是过去，以此类推。过去作为一个现实从来就不曾出现过，只有一个不得不一直被追逐的、不断更新的、令人难以捉摸的、后退的过去。

未来也会产生同样的结果，因为它在现代知识界扮演着与“过去”在传统学术界同样的角色。未来，是一个不断后退的地平线；它从来都不曾实现，人们永远抓不住它。这是《宝林历险记》（*the Perils of Pauline*，美国电影）中表达的对未来的恐惧：“我们差不多就要到那里了，差不多就要抓住它了，它就在眼前，这次我们就要到达那里了，哎呀，它又从我们眼前逃脱了。”

如今我们内心充满了对未来的乡愁（nostalgia）。现代知识分子通常对崇尚过去的任何保守、倒退势力，包括对田园牧歌式生活与城镇的浪漫化处理一概保持警惕，他们在解构任何作为某种价值观的过去意象（image of the past）时，往往是粗暴的。但是，未来只不过在修辞与政治上替代了过去，它并没有改变这两个对比性意象的社会含义。如今，未来成了一个被追逐的后退的地平线，它永远被修正、被更改，它永远都在历史之外，只有在社会生活的杂质被洗涤一清的完美的乐土里出现。

前面我们已经说过，未来以三种方式提到或阐述现在（the present），尽管每种方式都只是其他方式的置换（transposition)。第一，它作为一种激励，“坚持信念，从你眼下的困难中抬起头来，情形虽糟但美好的未来马上就要到来，一切都会好转”。用以激励的媒介通常是这样一些机构：世界交易会、工业展、总统、总统班底、2000 年（或其他任何年）委员会，还有一些新花样，如由苹果公司主持的计算机节。第二种是将实现未来当作预言。它大多以书面形式出现，反映在预测、规划、科幻以及其他关于未来的想象中。它的主旨不是激励我们必须抓住什么，而是用直截了当的方式向我们展示那些已经刻在历史 DNA 里的东西，不费吹灰之力就能自动成为现实。第三种对未来的阐述是通过一种参与仪式。在这种模式中，未来不是为了避免我们过多地看到周遭的不幸而拿来激励我们的东西，它也不会在我们眼前以物化的形式显灵，而是让我们成为真正的参与者建构未来。 153 我们可以参与“未来游戏”，通过德尔斐技术（Delphi techniques)、电脑游戏、民意调查、计划委员会来虚构我们想要的未来。不幸的是，这种未来的每项意义都已经被决定了，在这层意义上公众的参与只是降格为一种仪式。

对未来的乡愁并非美国人所独有，但它在美国文学中可以找到深刻的共鸣。丹尼斯·多诺霍（Denis Donoghue）从惠特曼（Whitman）那里找到了源头：

> 惠特曼准备将自己从过去中彻底摆脱出来：根据定义，过去无论如何已无法挽回，那就由它去吧……这就是惠特曼的尚古主义（primitivism)。他又回归了“亚当的无邪状态，当动物列队在他面前经过，他一一叫出它们的名字”。他在想象中“让创世纪重新又来过一遍”，任何过去都不再有任何的束缚。惠特曼无视“人类天性中致命的沧桑(antiquity)”……对他来说，过去是一个陌生之地，与他自身的世界相比，后者是一种崭新的创造。结果他从自己的兴趣和感觉中确定了自我，除此之外没有什么是真正活着的。世界万物只是表象，没有深度。印象（impressions）从惠特曼的意识前经过，他将自己一一交付给它们……于是平庸在他的眼中变得崇高（Donoghue，1987：84。中间的引文出自 McCormick，1987：84)。

多诺霍在“过去”中抓住了未来主义的后现代样式，为了回应新一代传播技术，政治上无处安身（political displaced）的知识分子就呈现出这种后现代特征。计算机和卫星技术具有货真价实的效果，这些效果包括刺激复杂环境的能力，以及我一开始提到的将时间压缩到万亿分之一秒、将空间扩大到宇宙的能力。但后现代往往只是把“现在”撤离到一个世界全是表象的景观中，那里没有深度，平庸即显崇高。

这是刘易斯·芒福德所谓的“系统谬误”（fallacy of systems）的另一种形式：将有价值的行为方式与生命模式削减为一套简单的、一成不变的法则。人类的这种欲望需要有一个超越历史的理想之地，那里万事皆备、济济一堂；人类行为的复杂性、多数人形形色色且相互矛盾的本能与欲望以及具有历史多样性与守旧特征的制度，都被简单地消融于某种想象中。这只有在唯独机器才拥有目的论之洞察力的完全技术化的景象中，才有可
154 能。有了这种信仰，技术和政治就摆脱了民主的控制，某种病态的或盲目顺从的心态就会在整个社会生活中滋生开来。

关于未来的文献以多种面向透露了这样的潜台词：一个有效的、真正参与的公共领域的丧失。用杜威的话来说，这种真正参与就是共同生活的政体（conjoint life of the polity）。未来，无论出自左派还是右派之口，也无论以后现代主义还是后工业主义的面目出现，它都只是另一个逃避装置，它回避了在对当下的控制中我们对过去和未来的凭空臆想所起的能动的、指向性的作用。然而，从某种角度看，在当前这一历史时刻，对未来的乡愁似乎比我们已有的田园牧歌更为有害，因为它更缺乏自觉。

提　要

关于未来的文献以多种面向透露了这样的潜台词：一个有效的、真正参与的公共领域的丧失。用杜威的话来说，这种真正参与就是共同生活的政体。未来，无论出自左派还是右派之口，也无论以后现代主义还是后工业主义的面目出现，它都只是另一个逃避装置，它回避了在对当下的控制中我们对过去和未来的凭空臆想所起的能动的、指向性的作用。然而，从某种角度看，在当前这一历史时刻，对未来的乡愁似乎比我们已有的田园牧歌更为有害，因为它更缺乏自觉。

第八章　技术与意识形态

——以电报为个案

一

亨利·亚当斯（Henry Adams）极负盛名的自传中有一个著名的段落，准确地记录了“18 世纪土老帽波士顿”加入美国工业化的那一刻：“波士顿与奥尔巴尼之间铁路开通，第一艘蒸汽机船在海湾出现，还有从巴尔的摩到华盛顿传送的亨利·克莱（Henry Clay）与詹姆斯·波尔克（James K. Polk）得到总统候选人提名的电报讯息。这是 1844 年的 5 月。”（Adams，1931：5）

亚当斯的自传标志着文雅人新英格兰通过上述交通与通信（communication）的三大进步融入了美国工业化时代。但是，在这个著名的历史阶段，所有因电报而产生的重要性并没有得到探究；电报无论作为一种技术还是作为传播科技，几乎都没有得到应有的研究。电报对现代生活的影响、作为传播手段对未来发展的作用，都需要得到进一步的探讨。第一部 23 卷本的《技术与文化》（*Technology and Culture*）压根儿就没有提到电报；罗伯特·汤普森（Robert L. Thompson）的《连线大陆》（*Wiring a*

Continent）是一部重要的电报史，从出版到现在已经有 40 多个年头了，但故事只追溯到 1866 年，而且差不多把注意力全放在了西部联合电报公司（Westem Union）的形成上（Thompson，1947）。

对电报的忽视之所以令人遗憾，主要基于以下几个原因。第一，电报被第一个大型工业垄断者——西部联合电报公司所控制，随之就出现了第一个通信王国和许多工业王国的雏形。电报连同铁路第一次为现代技术对综合企业的管理提供了一个框架，尽管对电报来说这种框架最终形成的是垄断。[1]虽然电报并没有参与 19 世纪第一次重大的专利之争［专利奖可能给了伊莱亚斯·豪（Elias Howe）的缝纫机］，但电报在改写美国法律的过
156 程中起着举足轻重的作用，这尤其反映在古尔德（Jay Gould）和范德比尔特（Vanderbilt）为控制爱迪生的电报系统所展开的利益之争中。古尔德曾把爱迪生的这个发明誉为“工业的神经”（nerve of industry）。[2]

第二，电报是电子工业第一个真正的奠基产品，因此也是第一个以科学和工程为基础的工业。大卫·诺贝尔（David Noble）在《被设计的美国：科学、技术和公司资本主义的兴起》（*American by Design*：*Science*，*Technology and the Rise of Corporate Capitalism*，1977）中全面考察了工程形式之间的差别，如建立在手工与行业工会基础上的土木工程与从一开始就建立在科学基础上的化学和电力工程之间存在的显著差别。在这方面，电报的独特性一目了然，从工业组织到将电报合理化的种种说辞，都来自工程所带来的特殊性质。更重要的是，电报是第一个电子工程技术，因此它第一个集中反映了现代工程的中心问题：信息经济问题。[3]

第三，电报带来了语言性质的转变，带来了日常知识与意识结构的变化。虽然，电报在发明的早期被当作玩具——就像当初的计算机——用于远程下棋，但它对人类知识的意义却在或是欣喜或是悲观的讨论中得到了拓展。亚当斯将电报当作消磨历史活力、以发电机代替圣母的恶魔，而梭罗将电报看作把一切变得浅薄琐屑的工具。但更多的人将电报当作良性进步的动力，包括精神、道德、经济和政治各个方面。如今思想可以由“会唱歌的电线”来传播，换言之，人们设想了一种新的报道和知识样式，它以新颖而有效的科学知识形式代替了传统文学。

第四，同样也出于前面所述的原因，电报是传播的一个分水岭，我在

以后还会谈及。今天电报的革命性后果很容易被过分强调。沿着州际高速公路行驶，你会发现沿途有河流、运河、铁路，电报和电话线路也与高速公路并行，这不算是什么稀罕的体验。在这样的瞬间，人们或许会想，传播与交通的每一个进步只不过是对过去的一点改进。电报改变了，但没有替代自然地理所形成的连接方式，也就是由河流、脚步、马道以及后来的公路和运河所形成的自然地理连接方式。

但是，电报的发明在喻义上（metaphorically）可以代表将人类带入现代的所有发明；直至今日，它仍决定了美国传播发展的主要线索。于是，有关电报的最主要的事实马上变得清晰而直白：它第一次使传播从运输 *157*
（transportation，或译交通）中有效地分离出来。人们很快意识到了这一事实，但很少探讨这方面的意义。电报不仅使讯息从物体的物理运动中分离出来，而且使传播得以能动地控制物理过程。电报早期用于铁路信号的发送即是一例：电报讯号能够控制所有车厢的手动闸门，因此使传播的用途与效果倍增。传播与运输的分离在接下来绝大多数的传播发展中（直到计算机控制系统）都是如此。

当电报比横跨大陆的铁路干线早八年到达西海岸时，无论在事实上还是在符号上，“传播”和“运输”这两个词的同一性就此终结了。在电报之前，“communication”被用来描写运输，还用于信息传送，原因很简单，当时讯息的运动依仗双足、马背或铁轨运载。电报终结了这种同一性，它使符号独立于运输工具而运动，而且比运输的速度还要快。换言之，电报将传播从地理束缚中解放出来，于是，电报不仅改变了传播与运输之间的关系，同时也改变了人们想到“传播”一词时的基本思维方式。它为我们思考传播提供了一种模式——我将这一模式称为传递模式（transmission model）——它替代了过去“communication”一词中所具有的宗教含义，虽然这一新技术同样以宗教语言为介质。电报无论在正规的理论领域还是在日常生活的行为意识中，都开启了思考传播的新途径。在这个意义上，电报不仅是一种新的商业工具（tool），同时也是值得我们思考的东西，一种转变思想的动因（agency）。

提 要

电报不仅改变了传播与运输之间的关系，同时也改变了人们想到“传播”一词时的基本思维方式。它为我们思考传播提供了一种模式——我将这一模式称为传递模式——它替代了过去“communication”一词中所具有的宗教含义，虽然这一新技术同样以宗教语言为介质。电报无论在正规的理论领域还是在日常生活的行为意识中，都开启了思考传播的新途径。在这个意义上，电报不仅是一种新的商业工具，同时也是值得我们思考的东西，一种转变思想的动因。

二

如需全面考察电报的重要性，就得具体展示它怎样改变人类互动在空间和时间上的限制，如何产生新的语言形式与新的概念系统，如何带来新的社会关系结构，并由此培育了全国性的商业中产阶级。这些影响同样也是一种替换：旧的语言和书写形式衰落了，传统的社会互动消逝了，主宰19世纪上半叶的城邦资本主义（city-state capitalism）模式破裂了（Carey and Sims，1976：219－241）。这里我打算集中讲一下电报与观念，或者宽
158 泛地说，电报与意识形态之间的关系。我也希望对前面已经提到的一些比较宽泛的问题做进一步的考察。

电报与意识形态存在三种关系。其中的两种关系已经略被谈及，我会顺带提一下，主要的篇幅将放在尚未得到研究的第三种关系。

第一是电报与垄断资本主义的关系，这是汤普森《连线大陆》的主题。这一关系是说，电报是一种新的、完全不同的生产力，它要求一套新的法律，新的经济理论，新的政治部署、管理技巧、组织结构和科学理性，使那种私人拥有、受垄断企业控制的发展趋势得以合法化、有效化。这个问题可以被看作某种生产力、实现这一生产力的组织形式和管理技巧

与某种意识形态之间的关系，这是一种带有解释性和正当性的意识形态，它对生产力的制度化（institutionalization）起指导和合法化作用。可惜，即使在这样的背景下，电报仍没有得到充分的考察，部分原因是回避历史性的研究取向，并将生产力简单地当作包揽一切的东西（all encompassing），而不是考察这一特定技术的特定社会后果及其意识形态内涵。于是技术被归为抽象的门类，无法做精确的分析，因此技术的变迁一直没有得到剖析，只是根据资本主义的不同发展阶段对技术变迁进行了分类。

电报发明之前，买卖关系是个人的；也就是说它们是以面对面的关系、个人信函、人与人之间的联系（大多数是相互认识的真实个体之间）为中介而进行的。而那些原子化的关系（atomic relations）与交易，总体上是通过市场这只“看不见的手”来调节的。

有了电报，当然还有铁路与其他交通和通信技术的进步，买卖的数量与速度需要一个本质上非个人关系的新的组织形式——也就是说，不是熟人之间的关系，而是只以某种组织或管理结构为中介的买方与卖方之间的关系。“看得见的管理的手代替了看不见的市场力量的手，在那里，新技术与扩大了的市场史无前例地使大量的物质迅速地进行生产与销售。”（Chandler，1977：12）通过电报和铁路，大量匿名的买家与卖家之间的社会关系得到了协调。但这些新的、从未有过的交往与接触关系需要自行得到解释、合法化并得以生效。被我们不假思索地称为理论、法律、常识、宗教的东西只是手段，通过这些手段，新的关系得到了非常自觉的维护，并得以习惯成自然——也就是看上去像是事物的常态。

意识形态与电报之间的第二种关系在于普通人的想象，大都是宗教性的想象，是伴随着电报的引进而产生的。总体上说来，美国的研究，尤其是神话与象征学派，对这方面还是做了比较深入的研究。电报在其初创期得到了狂热的推崇，它被当作“旷野里无声的居住者”，披上了宗教显灵与世俗社会关于千福年说[①]的语言外衣。这种语言被里奥·马克斯称为“技术至上论”。约翰·奎克和我对电报及随之而来的技术发展的思考将更加直奔主题，我们将这种修辞称为“电子至上论”。

---

① 千福年说（millenarianism），传说耶稣将重临人世统治一千年。——译者注

19世纪还有另一些技术奇迹发生，但电报神秘的特性使之在质上（qualitatively）显得与其他发明卓然有别。当然，其神秘的关键在于电——一种看不见但具有巨大潜能的力（force）。正是这种不可见性（invisibility），使得电和电报有力地促进了宗教与哲学意义上的理想主义思想，它代表了身心二元论的神秘性，以及在思想领域这一非物质世界所蕴藏的生命活力。用今天的话来说，电是“虚幻的、神秘的和难以理喻的。它活跃在太空中，似乎连接了精神与物质两界”（Czitrom，1982：9）。[4]

甘内特牧师（Ezra S. Gannett）在波士顿圣会上说，电既是“突然降临的带翅的死亡信使”，也是“物质创造的活的能量。这个不可见亦无重量的物质、力或别的什么——我们甚至没法确定我们正在打交道的是什么东西……正处于我们的控制之下，它任由我们差遣，像一个真正的奴仆”（Czitrom，1982：19）。当时另一个传教士加德纳·斯布林（Gardner Spring）惊呼：我们很快就到了“精神上的收获季节，因为如今思想由蒸汽和磁性的电报来传送了”（Miller，1965：48）。在进入美国人的话语时，电报这一新兴技术不是作为一件世俗的事，而是作为神的启示，旨在更远更快地传播基督教信息，超越时空，拯救异教徒，并使救赎之日早日来临。

当然也有持不同意见者，但总体上对电报的反应是一致的，这种一致性表明电报融合了“电子至上论”的观点：对和平、和谐与自我满足的渴望，加之对权力、利润与生产力的希冀。电报“消除时空”的假设预示着国家将联结为一体，就像南北战争预兆着国家面临分裂的威胁一样。这里
160 使用的基本隐喻常被认为源自德国哲学，但它也进入了美国人的思想，成为描述电报将如何改变生活的手法。早在1838年，莫尔斯就预言了20世纪的“地球村”概念。他写道：不久，“大地将遍布传播神经，它们将以思考的速度让这块土地上的消息四处传播，真正使整个国家天涯若比邻”（Czitrom，1982：11－12）。

最后，那个时代非常典型的一首题为《献给莫尔斯教授，关于1856年10月9日愉快的记忆，于英格兰》的打油诗，是科学、商业、政治与宗教虔诚的大杂烩，表达了当时人们对电报的流行看法：

一个善良慷慨的精灵统治了时间；
手足之情战胜了古老的妒嫉；
博爱因这技术和力量而欣喜，
这科学的仆人，包罗了所有的善心；
所有宗教的旗帜，都由它高高举起，
两个半球都受它刻意的照应这来自上帝对普世大众的仁慈。
是啊，从东到西的电子链不只是金属，不只是财神的宝盒，
它将我们连接在一起——成为同一族人，
用这最诚挚的结合；
似同胞兄弟；让我们远远展望
这个由电联结的美好世界！（Martin F. Typper，in *Prime*，1875：648）

在这种电子至上的赞美声中，有人发现了中产阶级意识形态的中心原则："传播、交易、动机带来了人道、启蒙、进步，孤立与断裂是野蛮的象征，是有待克服的障碍。"（Schivelbusch，1978：40）18 世纪普世主义（universalism）理想——上帝的天国和人类同胞之情——涵盖了人类天性中普遍的信仰。人毕竟是人——无论何处概莫能外。传播是发动这一理想的引擎。传播的任何一个进步，因其结束孤立，因其将各地人民结为一体而被宣告为四海之内皆兄弟这一理想的实现。

这个观点并不深奥。查尔斯·布里格斯（Charles F. Briggs）和奥古斯都·马弗里克（Augustus Maverick）在 1858 年就做过准确的表述：

这是 19 世纪最伟大的发现，它通过国家与国家、种族与种族之间建立更为亲密的联结，从而在政治和社会生活中引发革命。人们已经发现旧的排外与隔离体制是停滞的、自寻灭亡的。只有自由和相互之间畅通无阻的交流，才能使国家保持健全。电报的潜能使之注定成为世界文明的力量！用这一至关重要的纽带，地球上所有的国家就能合而为一。重要的是，过去的妒忌与敌意将不复存在，因为使地球上所有国家之间交流思想的工具已经被我们创造出来了（Briggs and Maverick，1858：21－22）。 161

在当时的另一部著作中，威廉姆·安德鲁斯（William P. Andrews）爵士试图证明应该建造连接从印度通往非洲的“幼发拉底河流域铁路”（Euphrates Valley Railroad），他援引了一位匿名作家的一段表述：

> 即使完全无视这种快速的通信工具必然会产生重要的道德影响，我们也片刻都不应怀疑欧洲与印度之间的电报线路必定是一项成功的商业计划。相反，我们可能会问可否采纳比建设亚洲中部铁路系统、实现与欧洲的电报沟通更有效的手段来开发印度的资源，巩固英国势力，并加强英国对印度的统治（Andrews，1857：141）。

基本上，传播的宗教观（或至少穿着宗教隐喻的外衣）是作为中介物——一种渐渐消失的中介物——介于中产阶级的抱负与资本主义或日益滋长的帝国主义之间。[5]韦伯（Max Weber）独具匠心地在这个语境中保留了传播的原始含义；本杰明·富兰克林（Benjamin Franklin）可谓韦伯新教伦理的原型人物，19世纪中叶曾是电力学家（electrician），他第一个宣告了这种新的道德力量与社会进步。但需要进一步考察的是后一阶段的经济发展、新的电子技术形式与改头换面后的宗教信仰之间的关系。这尤为必要，因为从电报开始，技术进步就开始被禁锢在专业的工程学界、大学
162 和研究室内，当技术发展越来越体制化时，这些团体也越来越有意识地计划并引导着意识形态的正当化过程。

三

本章我将集中探讨电报对日常观念的影响，这种日常观念相当于思想、自然态度（natural attitude）、实践意识，或是更笼统的常识。正如我已经表明的，我认为理解电报或任何技术之影响力的最佳途径并不是正面出击（frontal assault），而是对能够清楚地观察这种影响力的几个点进行细致的研究。

我认为研究可以从这样几个点入手（研究最后需要整合，并用来阐释一些通用的理论观念）。首先，关于电报对语言和新闻业的影响，尚待进

一步研究。电报改变了书面语言的性质，最后改变了意识（awareness）本身的性质。有一种传统的发现（我已经引用过），认为电报通过创办通讯社给新闻带来了根本的变化。它通过迫使通讯社制作“客观的”新闻，使新闻能够被任何政治派别的报纸采用，从而使政党新闻业分崩离析（Carey，1969：23－38）。但影响可能比这还要深远。通讯社要求不带地方性或区域性且通俗化的语言形式。它们要求采用近乎“科学的”语言，一种严格意义上含义明确的语言，并使口语中所含的言外之意得到严格的控制。倘若从缅因州到加利福尼亚州的人们都能以相同的方式理解同一篇报道，语言就必须平实且标准化。因此，电报导致了某些语言表达方式和新闻及报道风格（如离奇的故事，恶作剧，过于幽默、讽刺与嘲弄）的消失，过去的报道风格是在更加传统的意义上使用符号，也就是我以前所说的基于信用（fiduciary）的意义上使用符号。[6]因此，客观性的产生可以从西部联合电报公司长长的线路上语言在空间的延伸中去寻找。也就是说，电报改变了以语言为中介的社会关系模式。正如这长长的电报线替代了买卖行为中以说话与通信为中介结成的个体之间的关系，代之以买家与卖家之间机械的对等（mechanical coordination）关系，电报语言则以对等性关系替代了作者与读者之间的信用关系。

同样，电报淘汰了用书信告知事件、对事件进行详细描述、对内容做一定分析的通讯员（correspondent），代之以提供单纯事实的特约记者（stringer）。由于电报费用很贵，于是观察者（observer）与写作者（writer）就分离开来。一方面为了省钱，电报文稿不得不压缩字数——也就是采用电报式文体，另一方面根据特约记者的笔记与所记轶事，电报线路的另一头还得对报道进行重新组合（reconstituted），这个过程需要与新闻杂志同样高超的技巧，于是新闻报道（the story）与报道者（story teller）分离开来了。 *163*

但任何一种限制同时也意味着一种机遇，电报改变了文学风格。众所周知，“电报用语”影响了海明威的写作风格，使他的文笔简约至极，去除了所有的修饰。多数通讯员对这种限制大为恼火，但海明威却不。“我不得不放弃当一名通讯员，”他后来跟林肯·斯蒂芬斯（Lincoln Steffens）说，“我对电报用语过于着迷了。”[7]电报用语为20世纪最具影响力的文学风格提供了基本的构架。

还有另一些影响——有些显而易见，有的则比较隐晦。电报使文笔简练且不加修饰，并使新闻业不再有铺陈的细节和分析，于是，这种文风在新闻部掀起了一阵狂热。面对过量的事件，新闻判断（news judgement）必须常规化（routinized），新闻部这一组织也必须像工厂一样作业。创造这种新文风的记者成了新闻界的大红人，他们取代编辑，成了新闻从业人员的典范。简练的文笔和精减的篇幅使得新闻——实际上是迫使新闻——被当作商品一样对待：一种可以被传送（transported）、被评估（measured）、被压缩（reduced）和被计时（timed）的商品。随着电报的到来，新闻就像农产品一样，要受到“价格、合同、特权、减价甚至偷窃（thefts）”的制约。[8]

对电报的第二个考察点是帝国（empire）的领域。我们最好也不要用帝国主义这一包罗万象的理论来对待这个问题，而应考察一些特定的案例和特定的关联，它们包括：电报在军队，尤其在海军以及军事行动中的协调作用；从将权力和权威建立在国内统治者基础上的殖民主义向权力与权威被宗主国的资本重新吸纳的帝国主义的转型；当战地通讯员不得不使用电报时，政治记者便应运而生；以及第一种多国贸易形式的兴起。

虽然帝国（empire）和帝国主义（imperialism）的发展已经得到了充

提 要

电报使文笔简练且不加修饰，并使新闻业不再有铺陈的细节和分析，于是，这种文风在新闻部掀起了一阵狂热。面对过量的事件，新闻判断必须常规化，新闻部这一组织也必须像工厂一样作业。创造这种新文风的记者成了新闻界的大红人，他们取代编辑，成了新闻从业人员的典范。简练的文笔和精减的篇幅使得新闻——实际上是迫使新闻——被当作商品一样对待：一种可以被传送、被评估、被压缩和被计时的商品。

分的分析，但迄今很少有人关注 19 世纪城市帝国主义（urban imperialism）及随后国际帝国主义的出现，电报提供了什么样的土壤。[9]“帝国”和“帝国主义”两个词出现于 1870 年并非偶然，因为当时刚刚架设了横跨大西洋的海底电缆。虽然殖民地可以用印刷、通信和航海联结起来，但正如美国的经历所显示的，这种联结在跨越如此遥远的距离后变得非常脆弱。而且，在殖民过程中，边缘变得和中央一样强大。跨大西洋海底电缆 164
出现之前，英国殖民政策究竟在伦敦制定还是由当地殖民统治者自作主张常常是件举棋不定的事，因为不仅联系不上，而且不受控制。正是海底电缆和电报（当然它有海军力量作后盾），才将殖民主义转变为帝国主义。所谓的帝国主义是这样一个系统：帝国的中央不仅能对边缘地区做出反应，而且可以授令边缘地区。[10]

关键的变化还在于其保护投资的能力。在海底电缆出现之前，由于难以掌控，也就没有大宗的海外投资。电报的发明，就算不是帝国扩张这一纯粹的推动力，至少它所带来的必要的手段从理论上使这种扩张变得可能。不过它也在扩张能力与统治能力之间制造了紧张关系。

随着铁路、蒸汽动力、电报和海底电缆的发展，一个建立在互为关联的传播系统基础上的完整帝国出现了。在这个系统中，铁路被当作汽船在陆地上的延伸，或者汽船是铁路在河流中的延伸；而电报和海底电缆则是铁路和汽船的调节和控制装置。

虽然报纸和帝国政府是考察电报之影响的最佳“点”，但还有一些并不起眼但同样有意义的观察点。19 世纪的许多商业帝国建立在报务员发报室这一简陋的环境中，这个现象其实并非偶然。明尼苏达州“北红木”（North Redwood）地区的理查德·希尔斯（Richard B. Sears）就很典型，我们还知道爱迪生和卡耐基一开始也是采用这个方法，而古尔德（Jay Gould）的天才在于他将电报与铁路整合在了一起。在这方面，电报的重要性体现在它带来了信息的选择性控制与传递，就这么一会儿工夫，报务员就能沿着一条电线垄断知识，并由此产生了商业和投机买卖中的选择性优势。同样，对信息的操控使得电报在现代赌博业（gambling）和商业信贷的发展中起到了举足轻重的作用。最后，它对 19 世纪晚期急剧增长的商业形式，如邮购商店（mail-order house）的出现，也产生了关键的影响。

出于篇幅结构考虑，我在这里略去了电报带来的一系列发展，集中描述电报如何改变日常事务中人们对时间和空间的理解方式，尤其注意考察进入实践意识（practical consciousness）的时间的变化形态。为了论证这些变化，我打算在此集中展示商品市场的发展和标准时间的制度化过程。但首先让我重申我的基本观点。

关于电报的最简单也最重要的观点，是它标志着“运输”（transporta-
165 tion）与“传播”（communication）之间的截然分离。在电报之前，它们是同义词。电报终结了这种同一性，使符号能独立于地理而运动，独立于运输且比运输还要快捷。这是一个决定性的分离，电报之前就有过预兆，那是“电报前身”——可视信号发射装置[①]。

事实上在那个年代，美国任何一个城市都有信号发射山[②]或灯塔山。它们使用机械装置向大海发射信号，但这些装置更像是视觉装置而不是某种远程系统和微波网络的前身，它们是靠处在地理位置制高点的转播站来进行空中传递的。

18 世纪末，可视信号装置开始得到了实际应用。其主要设计者法国人克劳德·夏佩[③]说服法国革命后的公共指导委员会批准了这一尝试。委员会的成员之一约瑟夫·拉卡纳尔（Joseph Lakanal）向委员会反馈了试验结果：“科学和艺术没有为人口众多、人民智慧的共和政体预设辉煌的前程，而今（可视信号装置）召唤法国引领欧洲。”（Wilson，1976：122）

全国大会同意将可视信号装置作为国家公用事业，并指示公共安全委员会画出路线图。促使法国发展这一事业的主要推动力与在美国掀起的建设运河、铁路的浪潮是一样的。电报的前身给孟德斯鸠和其他政治理论家提供了一个答案，那些人曾经认为法国和美国幅员过于辽阔，无法建立共和体制。但尤为重要的是，电报提供了一条途径，使得法国大革命后那些接替原有省份的部门能够与中央政府相连接、相协调（Wilson，1976：123）。

---

① 可视信号发射装置（line-of-sight signaling devices），电报的先驱，如旗语。——译者注

② 发射山（telegraph hill），这里指电报发明之前的可视装置。——译者注

③ 克劳德·夏佩（Claud Chappe）发明了 telegraph 一词，但不是指后来的电报，是指可视信号装置，请参见 telegraphy 的英文版维基百科。——译者注

电报前身也是美国的实验对象。19 世纪可视信号系统在玛撒葡萄园岛（Martha's Vineyard）和波士顿之间开通（Wilson，1976：210）。1807 到 1812 年间，曾有计划在缅因州和新奥尔良之间架设这种系统。可视信号装置的首次应用是传递航船抵达的消息，它在 1837 年之前很久就有了（Thompson，1947：11）。但即使在可视信号装置得到发展之前，航运模式的改变就已经使信息与货物分离了，这给国际贸易带来了巨大的影响。我在后面还会做更详细的说明。

尽管有一些限制和条件，电报还是为传播和运输这两个同义词的分离起到了决定性、渐进性的突破。电报的重大理论意义不仅在于这一分离，还在于电报被当作一种模式兼机制（mechanism），用于控制物体的物理运动，尤其用于铁路的物理运动。这是一个根本性的发现：信息不仅可以 166
独立于物质实体，还可以快于物质实体，而且它还可以成为落在后面的物质实体的拟像（simulation）和控制机制。这个发现首先被应用于 1844 年英国和 1849 年美国的铁路调度中，特别被应用于延绵美国西部长长的单行轨道（single-track road）上，因为那里经常发生严重的交通事故。举个例子，在电报被用于控制火车变换轨道之前，波士顿和伍斯特铁路（Worcester Railroad）让马匹每隔 5 英里沿铁轨来回跑动，这样骑手就可以警告面临撞车的火车司机（Thompson，1947：205－206）。电报使信息的运动快于整辆火车，所以它可以对延绵几英里的铁路进行中央控制。事实上，电报在与铁路的协同运作中产生了交通与传播相结合的系统。在世俗的应用中，同样的原理支配了所有电子传递与控制的现代发展过程，从定向大炮瞄准器（guided gun sights）到用来开门的简单的伺服器（servo mechanisms）都是如此。电报与铁路的这一关系生动地展示了系统理论的基本概念，反映了“系统就是解决方案”（system is the solution）这句妙语，它的意思即集成交换系统比任何组成部件都来得重要。

用当时人们最喜欢用的比喻来说，电报用不着肌肉组织，完全靠社会的脑神经系统就能发射信号。正是电报和铁路——这一真实的、结构复杂的整合系统——为主导 19 世纪思想的有机（organic）比喻提供了切入口。虽然德国浪漫主义和理想主义也占有一席之地，但是在研究 19 世纪人们为何对有机论（organicism）如此着迷时，我们需要更多地考察真实的实践领域，而不光是思想领域。

电报对意识形态和日常观念的影响还可以通过另外两个更生动的例子来展现，它们是商品市场和标准时间的由来。与包括电脑的其他大多数传播发明一样，电报对商业、政府和军队等行为带来了深刻的冲击。简而言之，它首先让生产者受益，其次才对消费者有利。我前面已经提到，电报在早期曾用于远程下棋，其商业上的重要性慢慢才被认识到。但这种重要性一旦被确定，就起到了重组（reorganize）商业的作用，并从商业的使用模式中产生了许多电报对日常思想的深刻影响，而最初的影响之一则是重组了商业市场。

167 19 世纪早期，美国人通常预期每个城市的商品价格有所不同，这样小麦、玉米或任何货物的成本在匹兹堡、辛辛那提、圣路易斯就会产生相当大的差别。这种想法反映了这样一个事实：在电报发明之前，市场之间相互是独立的，或者更准确地说，一个市场对另一个市场的影响是逐渐才显现出来的，事实上人们也常常并不在意这种影响。总之，商品的价格在很大程度上是由当地供求环境决定的。有位研究市场的历史学家曾评价说："所有关于贸易的文章都认定所有货源情况最终都会影响远方的价格，但即便如此，由于通信（communication）速度过慢，在人们感觉到这种影响力之前，货源的情况可能已经完全变了。"（Emery，1896：106）

在这种情形下，套利（arbitrage），即通过货物在空间的位移廉价买进再高价卖出，成了贸易的主要形式。也就是说，如果圣路易斯的价格高于辛辛那提，只要这种差价大于两个城市之间的运输费，那么就有理由从辛辛那提买进，再在圣路易斯卖出。如果两个城市间的这种套利方式被广泛运用的话，那么价格就应该趋于平衡，价格差异只剩下了运费差价。这个结果是建立在古典经济学完善的信息（perfect information）这一假设的基础上——也就是所有买家和卖家都了解所有相关市场的情况——在电报发明之前这种情况实际上很少出现。

到了 19 世纪，全美市场之间的差价开始下跌。亚瑟·科尔（Arthur H. Cole）计算了 1816—1842 年同一组商品年平均和月平均差价，这个时期也就是电报发明的前夜。在那段时间里，年平均差价从 9.3 跌至 4.8；月平均差价则从 15.4 跌到 4.8（Cole，1938：94－96，103）。这种下跌本身就证明了由运河和公路带来的传播的进步，但当时剧烈的差价下跌也可能另有原因，因为科尔将价格分为1816—1830年和1830—1842年两组，当时正是运河时代晚期，大规模铁路建设刚刚开始，那时差价的下跌最为剧烈。

从一个侧面看，这种下跌代表了市场有效规模的逐渐扩大；从另一个侧面看，它又代表了利用空间进行投机的衰落——这种投机的机会也就是通过货物在不同市场之间的转移，将买卖变成利润。在某种意义上，铁路和运河将市场区域化了（regionalized），而电报则将市场全国化了（nationalized）。

电报的影响非常简单，它在空间上使市场达到平衡。电报将每一个人
放到了以买卖为目的的同等位置上，它使地理因素无关紧要。电报使所有 168
市场的供求情况给某个价格决定施加压力。除了很少的例外，它通过实现完善信息这一古典理论，从而排除了套利的机会。

但电报的重要性不只在套利的衰落，电报将投机生意转移到了另一个层面，也就是从空间转化为时间，从套利转变为期货。电报出现之后，商品交易从地点之间的交易转变为时间之间的交易。从辛辛那提买进到圣路易斯卖出是套利交易，8月买进10月卖出、今年买进明年卖出则是期货交易。换一种角度看，电报终止了空间上价格的不确定性，但通信（communication）的进步又开启了时间的不确定性。因此，“芝加哥商品交易所”不只是历史的偶然，这个直到今天仍是首屈一指的美国期货市场于1848年开业，就在这一年，电报也来到了这个城市。在某种意义上，电报发明了期货这一新的不确定地带和新的实践领域。

我先把电报对时间的影响搁在一边。首先，像套利这样的投机行为从来就没有彻底消失过。因为市场信息总有不完善的时候，即使在股票交易所也是如此：买家和卖家互不相识，也不清楚其他人在交易时愿意出多少价。我们也可以从拍卖这一日常经验中了解这一点，在拍卖中，总会有一位比拍卖价出得高的买家。其次，有了按时交货合同（time contracts）的控制后，套利和期货市场之间有了一个时间间隔（hiatus），这个进步具有一定的重要性。模拟期货交易早在1733年就已经出现，当时东印度公司率先推行贸易保证金。保证金的功能就是在没有完成货物实体转移的情况下

改变货物的拥有权。保证金不代表特定的放在仓库里的货物，它们只不过是经过签署的、从一个人到另一个人的凭证。保证金或按时交货合同在美国的农产品贸易中得到了迅速的发展。它们的发展是为了满足有效市场规模所提出的新要求，另外，同样重要的是，它们的发展并不受历史性实践（historic practice）的制约。

对按时交货合同的发展起决定作用的一大条件同样是传播与运输的分离。渐渐地，有关农产品收成的消息赶在货物之前就到达了市场。例如，当棉花由帆船运往英国时，乘客和行情却由蒸汽船运送抵达，这样就可以先预付保证金。在农作物行情和货物样品的基础上，当时的人们开始执行按时交货合同或到货（to-arrive）合同。这些方法主要用于跨大西洋航行，但自从密西西比河流域向农业贸易开放以后，它们在 19 世纪 40 年代的芝加哥也得到了广泛的应用（Baer and Woodruff，1935：3－5）。

169 电报逐渐改变了按时交货合同和套利的使用。通过传递有关价格和农作物收成的信息，电报将市场和价格拉在了一起。我们没有什么好的前后对比测量，但确实有一些证据，例如前面所引用的市场之间差价的长期下滑，还有就是来自辛辛那提的例子。19 世纪 20 年代辛辛那提比东部市场落后了两年时间，也就是说，东部市场结构如果出现震荡，那么需要两年时间才会影响到辛辛那提的市场价格。到了 1840 年，这种延迟缩短为 4 个月；到 1857 年——也许还要早——东部市场就能对辛辛那提产生即时影响。但一旦空间得以克服，一旦进行交易的每个人都处在同等位置，那么时间就成了经验、不确定和投机的新领域，探险向所有的商业力量敞开。

空间和时间的这种倒置产生"走后门"（back-door）的例子，从后来电话对纽约股票交易市场的影响中也可以看出。到 1894 年，电话已经使主要城市的行情时间相互统一。买家和卖家无论身在何处，都能知道即时的价格，其速度与经纪人在交易所进行股票交易一样快。因此，纽约和波士顿的信息差消失了，于是，买卖就从纽约转向了波士顿的证券代理公司。纽约交易所对此的还击是通过 30 秒的优先权确保纽约对波士顿的优势地位，交易所定下规矩，电话不准在交易所内使用，于是价格行情不得不通过报信者接力传递给交易所外专设的电话区。这种行为破坏了市场时间的同一性，其所制造的 30 秒信息垄断使生意又回到了纽约的手中（Emery，

1896：139）。

商品从空间运动到时间运动的转变，对我们考察电报的影响产生了另外三个重要的结果。第一，期货交易要求市场"去背景化"（decontexualization）；或换言之，市场相对不受当地供求环境的影响。电报将市场从特定的背景，即从历史性的地方中解放了出来，来自任何时间、任何地点的力量都集中在了市场身上。这是对市场的一次重新界定：从实体和地理意义上的市场转化为非物质意义上的市场。从某种意义上说，这使市场变得更加神秘，它们成了无处不在、无时不在的市场，因此，当时人们感觉不可思议的是，市场变得比以前强大了。

第二，不仅空间距离和这种不定形的力量对市场产生了影响，而且商品也与其所代表的物体相分离；也就是说，期货交易的发展依靠独立于货 *170*
物真实的物理运动、通过谈判手段进行的交易或周转的能力。商品的代表物（representation of the commodity）从铁路沿线带升降机的谷仓（grain elevators）变成了货仓收据（warehouse receipts）。这些东西不靠任何真实货物的移动就可以进行交易。单据的买家从来不用接收交货，卖家也不用发货。过去有一个笑话，也是个带警示性的故事，说的是期货交易人记不起他当初想要的是什么货，最后在郊外的草坪上堆了40吨小麦。当然，这只是一个笑话。期货通常在买进之前就卖出，或买进卖出同时进行。但买卖的不是货物而是收据。被交易的不是付商品的钱，而是靠时间赢得的价格。总之，货仓收据这一产品的代表物与真实的产品没有内在的关联。

提 要

电报将市场从特定的背景，即从历史性的地方中解放了出来，来自任何时间、任何地点的力量都集中在了市场身上。这是对市场的一次重新界定：从实体和地理意义上的市场转化为非物质意义上的市场。从某种意义上说，这使市场变得更加神秘，它们成了无处不在、无时不在的市场，因此，当时人们感觉不可思议的是，市场变得比以前强大了。

但为了以收据代替货物进行交易，还必须有第三个变化。在期货交易中，产品并不是通过检查真实的货物或货物的样品进行买卖的，它们是通过一个分级系统卖出的。为了进行期货交易，某种产品必须经过混合、标准化和稀释（diluted），以形成一种特定而又抽象的等级。随着电报的发明，产品就不用分批进行船运，“大宗买卖需要非个人化的标准，因为买家已经无法对每一批货亲自进行验收”（Chandler，1977：211）。结果，并不是所有的产品都在期货市场上交易，因为有些人抵制将产品按质量进行标准化分类。

总之，期货市场的发展有赖于市场和商品体系的一些特殊变化。它要求信息的运动独立于产品并快于产品。它要求价格在空间上得以统一，这样市场就不必受环境的影响；它也要求商品与代表商品的单据相分离，这样商品就有了统一的级别。

还得加上一句，马克思在对商品拜物教（commodity fetish）的分析中就强调了这些条件因素。商品拜物教这个概念现在使用得十分广泛，而且常常在运用中不加区分。这个概念是 19 世纪 50 年代晚期在马克思的《政治经济学批判大纲》（*Grundrisse*）和《资本论》（*Das kapital*）中发展起来的，那个时期期货交易成了制定农产品价格的主要领域。马克思特别让商品拜物教的关键因素不受市场环境的影响，也就是将使用价值和交换价值相分离，这里的交换价值产生于仓库收据功能的衰落，它是由等级体系设定的、与产品的真实环境无关的抽象物。在《政治经济学批判大纲》中，马克思评论道：“这种地点要素（把产品运到市场，是产品流通的必
171 要条件，产地本身就是市场的情况除外），可以看作是产品到商品的转化。”[1]（Marx，1973：534）

马克思的这段话其实也就是后来瓦尔特·本雅明（Walter Benjamin，1968）在分析艺术品的机械复制时所称的“光晕的消失”。当客体从其生产与使用的真实环境中抽离出来并运到远方的市场后，它就被标准化、被做了分级，而且由完全偶然的符号来代表，这才称得上是商品。商品的这一身份代表了买家与卖家之间真实而直接的关系的分离，它将使用价值从

---

① 译文出自马克思恩格斯全集：第 46 卷：下册［M］. 北京：人民出版社，1980：27－28.

交换价值中分离出来了，于是客体就丧失了任何的独特性（这种独特性必须通过广告才回归客体），更重要的是，它对买家掩盖了真实的生产情况。而且，单据与产品相分离的过程，可以被看作由货币的使用所引发的一般社会过程的一部分，当代符号学对此有过不少描述；这也是能指与所指的逐渐分离，是能指的世界逐渐压倒并转向独立于真实物质客体的过程。

概括说来，在19世纪传播手段的发展中，作为人类事物的区分标准，空间的缩小具有实践性的影响。英尼斯认为“价格体系的渗透性力量”实际上是统一价格体系在空间上的扩散，因此，每个人在交易中都处在了相同的地位。电报在这种扩散中是举足轻重的工具。在商业领域，这意味着市场的去背景化，于是价格不再依赖当地的供求因素，而是对国内与国际力量做出反应。价格体系的扩散是拓殖空间的一种努力。与价格体系的渗透相关的是作曲家伊戈尔·斯特拉文斯基（Igor Stravinsky）所谓的“思想的统计化（statisticalization of mind）”，即整个精神世界都转化为数量（quantity）以及数量在空间上的分配，它使人与事之间的关系变成了仅仅是一个数字（number）。统计数据为每个事物拓宽了市场，使市场更加整齐划一，更为相互依存。电报通过标准时区的设立使人们对时间的实践意识也产生了相同的影响。

四

我们对时间及与时间相关的行为的认识是通过时区的分格来进行调整的。这种时区的分格已经在我们的意识中固定下来，俨然成了时间的自然形态，除非我们在标准时间与夏令时之间做前后的调整。但是在美国，标准时间相对来说还是近代的发明，它到1833年11月18日才被引进。

事实上，在这之前，美国的每一个社区都制定了自己的时间，它是经由对太阳在正午时分的最高点做出标识得来的，天文学能精确地测定这个 172
时间点。但实际上，任何一个村落只要观察日晷最短的影子就能做到。由于时间是无法记忆的（immemorial），所以一个社区的正式当地时间往往由某个教堂，或后来由镇政府、珠宝匠、铁路站长来定，并通过敲钟或发出哨声，让当地市民调整时钟。在堪萨斯城，一个球正午从最高的建筑物上落下来，好让方圆几英里的人都能看到，如今纽约时代广场每年除夕的庆典活动还在沿袭这一传统（Corliss，1952）。

并不是每一个镇都有自己的时间，许多将时间调到与郡政府所在地或其他邻近的在商业或政治上具有重要地位的镇相一致。当时大部分美国人的生活环境，用罗伯特·维贝（Robert Wiebe，1967）的话来说是“孤岛式社区”，相互之间很少来往，因此，地方时间的千差万别也很少会引起混乱与烦恼。但当商业和政治的触角从首府开始向外延伸时，时间上的混乱也随之而来。这种混乱纯粹是物理性的。我们每向西移动一个经线刻度，太阳就晚 4 分钟达到最高点。也就是说当波士顿到达正午时，奥尔巴尼是上午 11：48；当亚特兰大到达正午时分时，也就是新奥尔良的上午 11：36。换一种说法，每向西移动四分之一度经线，正午就要晚到 1 分钟；而当人向北移动时，距离相对会短一些：总的说来，13 英里等于 1 分钟的时间。

将钟表设定为天文学上的当地时间，或设定为郡政府所在地的时间，造成了时区的增生现象。在标准时间之前，密歇根州有 27 个时区；印第安纳州有 23 个；威斯康星有 39 个；伊利诺伊州有 27 个。纽约、波士顿、费城现在同属一个时间，但当时却有几分钟的差别（Corliss，1952：3）。当华盛顿特区是 12：00 时，亚特兰大 11：30，费城 12：09，纽约 12：12，波士顿 12：24，缅因州的东港（Eastport）是 12：41。

当铁路横跨整个大陆时，地方时间的多样性造成了时刻表的巨大混乱，不同钟点的冲突造成了多起火车事故，由于没人能轻易算出火车什么时候到达另一个镇，这让许多旅客大为恼火。铁路部门采用了 58 个大城市的地方时间，而且，每个铁路段都将自己的时钟调到不同的城市时间。比如宾夕法尼亚铁路段将自己的时间调到费城的时间，而费城的时钟又比纽约晚 12 分钟，比巴尔的摩早 5 分钟。纽约中央铁路（New York Central）的时间与纽约市保持一致；巴尔的摩和俄亥俄州将时间调到与以下三个城市一致：巴尔的摩、俄亥俄州的哥伦布[①]和印第安纳州的温森斯[②]（Bartky

① 哥伦布（Columbus），俄亥俄州州府。——译者注

② 温森斯（Vincennes），印第安纳州西南部的一座城市。——译者注

and Harrison，1979：46－53）。

设定标准时区这一解决方法一直吸引着学者们的兴趣。要求设定时区 173
的压力在北美尤为强烈，那里从纽芬兰到阿拉斯加白天就相差八小时。虽然欧洲较早确立了标准时间，但欧洲面临的压力其实比美洲小。整个英国白天只有半小时的时差；法国虽然国土要大一些，但采用巴黎时间就行了。但英国出于帝国的目的，一直对标准时间感兴趣。对时间的控制可以使行动得以协调，因而可以进行有效的社会控制。在航海中，英国船只使用的时间最早是根据格林尼治观察站的时钟确定的；无论船只在大西洋的什么位置，其计时器永远记录着格林尼治时间。同样，爱尔兰时间是这样得来的：每天早上将一只时钟调到伦敦议会大厦楼顶大本钟（Big Ben）的时间，然后由铁路将这个时钟运送到霍利黑德（Holyhead），再用渡船穿过爱尔兰海到达金斯敦（Kingstown）［也就是现在的敦劳费尔（Dun Laoghaire）］，然后再由铁路运送到都柏林，这样爱尔兰时间就与英国时间相一致了（Schivelbusch，1978：39）。

因此，很自然地，1870 年一位名叫查尔斯·多德（Charles Dowd）的纽约人提出了标准时区的建议，并将格林尼治作为 0 度经线，以格林尼治以东和以西 15 度为中心，依次将全世界分为不同的时区。因为 15 度等于 1 小时，所以世界共分为 24 个区，每个时区间隔一小时。

多德的建议是异想天开的现实主义（crackpot realism）的一个精彩范例。他所设置的分界线具有几何学上的精确性，而且不用考虑地理、地貌、地区、贸易或自然关系等因素。缅因州与佛罗里达州被放在不同的时区内，这是“地图上的坐标格子是帝国的几何体系”这句格言的最好例证。多德将他的计划推荐给铁路部门，结果铁路部门临时采纳了这个建议，并据此创建了一种索引（index），这样旅客根据火车时刻表加减几分钟，就能将铁路时间换算成当地时间。

在长达 13 年的时间里，多德体系备受争议，而且从来没有被“全体时间大会”（General Time Convention）正式采纳。铁路部门在这段时间内力争国会的同意，以便建立统一的时间体系，但国会不予采纳，其理由非常明显：标准时间会冒犯那些宗教感情强烈的人，因为它违反了自然秩序的物质运转，否定了由神命定的自然存在。但即便如此，对于政治观点来说，宗教语言毕竟是一个日趋衰落的中介物（mediator）；标准时间后来以范德比尔特时间而声名远播，而对标准时间的抗议是民粹派（populist）抗议银行、电报与铁路的一部分。

1881 年，费城的全体时间大会将难题推给了威廉·弗兰德里克·艾伦（William Frederick Allen），他是一位年轻的土木工程师；两年后，艾伦递交了计划。这个计划建立在多德体系的基础上，但又有关键的不同，出于
174 经济和生态的考虑，他对时区进行了调整。在新的计划中，为了将混乱减少到最小限度，时间的分界线可以离开几何线达 100 英里。更重要的是，他建议铁路放弃提供分钟索引法，按标准时间调整他们的时刻表，另外，他允许社区和机构选择任何一种方式来调整新的时间。

在艾伦计划中，美国被分成四个时区，其中心分别在第 75、第 90、第 105 和第 120 子午线：费城、圣路易斯、丹佛和里诺（Reno）这四个城市差不多就在这四个中心上。时区向中心线的两边延伸 7.5 度。1883 年 11 月 18 日被选为从当地时间转为标准时间的日子，当时还发动了一场艰巨的“教育”运动，帮助市民适应新的时间体系。那一天，芝加哥这一铁路枢纽通过电报与宾夕法尼亚州阿勒格尼（Allegheny）的一个天文观察站取得了联系。当东部中心时区 1 点钟时，芝加哥的时钟在中午停了 9 分 32 秒，直到太阳到达子午线，时钟才被重新启动，这样铁路系统就通过时间得到了整合与协调。

时间的调整招来了群众性集会、愤怒和宗教抗议，但都无济于事，因为铁路时间已经变成了标准时间。但标准时间直到第一次世界大战这样的非常时刻，才成为美国的官方时间。在铁路时间确立后几个月内，地方社区就着手调整时间，一时势如破竹。奇怪的是，美国从来没有实行 24 小时制，因此，在人类行为的日间活动周期与行星周期之间还保留着一些关联。

时区的分界线从那以后一调再调。总体上它们根据州界线而定，但也有许多例外。东部时区的西部边界一度曾在俄亥俄州东部，但现在它沿伊利诺伊州与俄亥俄州边界形成了一条锯齿线。爱达荷州的博伊西[1]从太平

① 博伊西（Boise），美国爱达荷州首府。——译者注

洋时间调整到了山区时间（Mountain time），亚利桑那州有 12 000 平方英里的地方近来也做了类似的调整。这些变化的原因透露出不少美国的意味。例如，人们有一种明显的感觉，电视网更青睐横跨三个时区（如东部、中部和西部）的地区。

在一些人的眼中，标准时区的建立是必需的。回到本章的宗旨，它的建立是由于电报的技术威力，因为时间是通过电报线路得以发送的；但今天，拜技术发展所赐，时间是通过无线电波从马里兰的海军天文台发送出去的。电报发送时间的速度比火车车厢快，因此，它有利于时间的协调与整个系统的整合。一旦有可能，对时间的新的界定就会被工业和政府用于 175
全国性的控制和协调行动中去，也会渗透到普通人的实践经验意识中去，并铲除旧的节奏和时间观念。

标准时区的作用是将时间的分格线覆盖整个世界，如同测量员将空间的分格线置于旧城或西部、海洋的新版图上。于是，时间的分格线就被用来控制和协调空间分格线内的行为。

五

当空间的细分市场（ecological niche）成为商业和控制的竞争场域时，人们就把注意力转向了如何填满时间，时间如今被界定为空间的一个面向，是空间在另一维的延续（continuation）。当空间的开发告一段落，时间就成了新的开发领域。我想谈一谈时间的另外两个层面以结束本文。

宗教时间是时间领域的其中一个突破口，尤其是安息日。古代希伯来人最伟大的发明是安息日概念，但我在这里取其最世俗的意义：创造一个不受政府和商业控制的领域，这是体验现实生活的另一个维度，也是社会关系形式可能发生改变的地方。因此，安息日一直是对政府和市场力量的一大抵制。在传播方面，19 世纪 80 年代对安息日的有效渗透是周日报纸的出现。赫斯特和他的周日版纽约《世界报》，使周日读报的观念得以盛行，事实上，这个市场，即安息日市场是过去从未有过的。从此，安息日就成了商业行为的一个“前沿阵地”（frontiers）。最终，1890 年，当空间不再成为前沿阵地时，晚间（night）成了“新的前沿阵地”，从那以后，商业行为一路拓展。穆雷·梅尔宾（Murray Melbin，1987）就将这一特征概括为“夜间成了新的前沿阵地”。与传播有关的最好例子，莫过于商业性广播一直向夜间延伸。例如，从1918年到1954年，波士顿没有24小时的广播电台，但现在有一半的电台是整夜播出的。电视向夜间拓展的速度较为缓慢，但它开创了越来越早的早间时段。目前在一些主要市场也出现了24小时播出的电视台。

夜间作为前沿阵地的概念（这个新的时间开发领域曾被空间占领）是一个比喻，但其意义远不止于此。梅尔宾详细描述了空间与时间的开发领
176 域一些相同的特征：它们都处于先进的发展阶段；人口更为稀疏也更为同质化；这是一些荒僻之地，缺少社会约束，但也少受烦扰；政府的管理是松散的；违法、暴力与友好、互助俱增；新的行为风尚开始萌生。也就是说，集中化和分散化之间相同的辩证关系在时间和空间的开发领域都有所体现。一方面，传播在夜间成了更加私人化的东西；另一方面，社会对传播的约束放松了，因为政府插手少了。

时间的突破（包括将时间作为控制机制、让时间向商业和政治开放）因计算机技术的进步而得到了突飞猛进的拓展。时间被重新界定为可以小到百万分之一秒（microsecond，又称微秒）、十亿分之一秒（nanosecond，又称纳秒）、万亿分之一秒（picosecond，又称皮秒）的细分市场，换言之，时间可以小到可以被描述但无法被经历。这个过程以及相伴而生的对实践意识和实践行为的重建，就始于电报的功能，它预示了计算机的功能。电报建构了一个复杂的模拟系统，提供了一个类似于铁路的模型和语言的数字模型（digital model of language）。它常常暗中协调并控制了空间行为。

汤普森（E. P. Thompson）认为，年轻的亨利·福特本来应该制造一块双面表：一面显示当地时间，另一面显示火车时间。“劳动中留意时间，主要是出于同步化劳动的需要。”（Thompson，1967：70）现代时间概念已经深深植入我们的意识中，如果工人退休时得到一块手表，情景就显得非常荒诞可笑：当他不必知道时间时却收到一块表，用来表彰他当工人时学到的最严苛的一课——学会看时间。

提 要

今天，计算机时代、计算机空间和计算机记忆，那些令我们懵懂的概念又一次作用于我们的实践意识，协调并控制着我们已耳熟能详的所谓后工业社会的生活。实际上，微型计算机正在代替手表成为最受中产阶级退休人员青睐的礼物。在这一新的但又换汤不换药的习俗中，我们不难发现技术与意识形态之间更为深层的关系。

正如手表协调了工业化的工厂，电报通过时间的分格线协调了工业化的国家。今天，计算机时代、计算机空间和计算机记忆，那些令我们懵懂的概念又一次作用于我们的实践意识，协调并控制着我们已耳熟能详的所谓后工业社会的生活。实际上，微型计算机正在代替手表成为最受中产阶级退休人员青睐的礼物。在这一新的但又换汤不换药的习俗中，我们不难发现技术与意识形态之间更为深层的关系。

注释

［1］参见钱德勒（Chandler，1977），特别是第二部分。

［2］关于专利的竞争最具可读性和最容易见到的资料请见约瑟夫森（Josephson，1959）。

［3］见维纳（Wiener，1948：38－44）。

［4］我在文章中曾对当时人们热情接受电报的宗教意义做过基本的评价，但切特 177
罗姆（Czitrom，1982）更系统地汇集了这方面的资料。

［5］一个正在消逝的调停者（mediator）——这个概念来自弗雷德里克·詹姆逊（Fredric Jameson）——我所指的是作为变化的承载者，但这种变化在制度的现实（the reality of institutions）中一旦得到认可，便会消失。

［6］见辛姆斯（Sims，1979）第一章“关于新闻业形态的变迁”。

［7］斯蒂芬斯（Steffens，1958：834）。关于电报写作的艺术与不足的回忆录，请见夏伊勒（Shirer，1976：282 ff.）

［8］这一引言来自犹他大学道格拉斯·伯肯黑德（Douglas Birkhead）未出版的手稿。伯肯黑德在一些细节上发展了这些主题。

［9］对于城市帝国主义（urban imperialism），请参见斯莱辛格（Schlesinger，1933）和普雷德（Pred，1973）。

［10］在关于电报与帝国（telegraph and empire）为数极少的研究中，最出色的是福特纳（Fortner，1978）；也可参见费尔德（Field，1978：644－668）。

［11］这些评价多来自福特纳和费尔德的著作。

［12］关于这些问题，布尔斯廷（Boorstin，1973）有一些有益的见解。

参考文献

Adams, Henry (1931). *The Education of Henry Adams*. (Original edition, Massachusetts Historical Society, 1918). New York: Modern Library.

Andrews, William P. (1857). *Memoirs on the Euphrates Valley Route to India*. London: William Allen.

Arnold, Matthew (1954). "On the Modern Element in Literature" (1857). In John Bryson, ed., *The Poetry and Prose of Matthew Arnold* (pp. 269–83). Cambridge: Harvard University Press.

Axtell, James (1985). *The Invasion Within: The Contest of Cultures in Colonial North America*. New York: Oxford University Press.

Baer, Julius B., and George P. Woodruff (1935). *Commodity Exchanges*. New York: Harper and Bros.

Bailyn, Bernard (1986). *The Peopling of British North America: An Introduction*. New York: Alfred A. Knopf.

Barnes, Harry Elmer, ed. (1966). *An Introduction to the History of Sociology* (abridged ed.). Chicago: University of Chicago Press.

Bartky, Ian R., and Elizabeth Harrison (1979). "Standard and Daylight Saving Time." *Scientific American*, 240(5), 46–53.

Beard, Charles A. (1914). *Contemporary American History*. New York: Macmillan.

Beard, Charles A., and Mary Beard (1940). *The Rise of American Civilization*. New York: Macmillan.

Bendix, Reinhard, and Guenther Roth (1971). "Sociology and the Distrust of Reason." In *Scholarship and Partisanship: Essays on Max Weber* (pp. 84–105). Berkeley: University of California Press.

Benjamin, Walter (1968). *Illuminations*. New York: Harcourt, Brace and World.

Benson, Lee (1951). "The Historical Background of Turner's Frontier Essay." *Agricultural History*, 25, 59–82.

Berger, Peter L. (1967). *The Sacred Canopy*. Garden City, NY: Doubleday.

Berger, Peter, and Thomas Luckmann (1966). *The Social Construction of Reality*. Garden City, NY: Doubleday.

Birkenhead, Earl of (1930). *The World in 2030*. New York: Brewer and Warren.

Boisvert, Raymond D. (1998). "Introduction," *John Dewey: Rethinking Our Time*. Albany: State University of New York.

Boorstin, Daniel J. (1973). *The Americans: The Democratic Experience*. New York: Random House.

—— (1974). *Democracy and Its Discontents*. New York: Random House.

Bourdieu, Pierre (1984). *Distinction: A Social Critique of the Judgment of Taste*. Cambridge: Harvard University Press.

Briggs, Charles, and Augustus Maverick (1858). *The Story of the Telegraph and a History of the Great Atlantic Cable*. New York: Rudd and Carleton.

Brown, Dee (1966). *The Year of the Century 1876*. New York: Scribner.

Brzezinski, Zbigniew (1970). *Between Two Ages*. New York: Viking.

Burke, Kenneth (1957). *The Philosophy of Literary Form*. New York: Vintage Books.

Butterfield, Herbert A. (1973). *The Whig Interpretation of History*. Harmondsworth, England: Penguin Books.

Carey, James T. (1972). "Changing Courtship Patterns in the Popular Song." In R. Serge Denisoff and Richard Peterson, eds., *The Sounds of Social Change* (pp. 198–212). Chicago: Rand-McNally.

Carey, James W. (1967). "Harold Adams Innis and Marshall McLuhan." *Antioch Review*, 27(2) (Spring). This essay was republished in Raymond Rosenthal, ed., *McLuhan: Pro and Con*. Baltimore: Penguin, 1969.

—— (1969). "The Communications Revolution and the Professional Communicator." *The Sociological Review Monograph*, 13, 23–38.

—— (1983). "The Origins of Radical Discourse on Communications in the United States." *Journal of Communication*, 33(3), 311–13.

—— (1989). *Communication as Culture: Essays on Media and Society*, Boston: Unwin Hyman.

—— (1990). "Technology as a Totem for Culture, and a Defense of the Oral Tradition." *American Journalism*, 7(4) (Fall).

—— (1997a). "Afterword." In E. Munson and C. Warren, eds., *James Carey: A Critical Reader* (pp. 308–340). Minneapolis: University of Minnesota Press.

—— (1997b). "Speaking of Public Journalism." In *Speaking of Public Journalism: Talks from the Project on Public Life and the Press; Seminars at the American Press Institute, 1993–97*. Dayton, OH: Kettering Foundation.

—— (1998). "The Decline of Democratic Institutions." *Columbia Journalism Review*, March/April.

—— (2002). "The Sense of an Ending: On Nations, Communication, and Culture." In Catherine Warren and Mary Douglas Vavrus, eds., *American Cultural Studies* (pp. 196–238). Urbana: University of Illinois Press.

Carey, James W., and A. L. Kreiling (1974). "Popular Culture and Uses and Gratifications Research: Notes toward an Accommodation." In J. G. Blumler and E. Katz, eds., *The Uses of Mass Communication: Current Perspectives on Gratifications Research* (pp. 225–48). Beverly Hills: Sage Publications.

Carey, James W., and Norman Sims (1976). "The Telegraph and the News Report." Unpublished paper, University of Illinois.

Carey, James W., and L. Grossberg (2006). "From New England to Illinois: The Invention of American Cultural Studies; James Carey in Conversation with Lawrence Grossberg, Part I." In J. Packer and C. Robertson, eds., *Thinking with James Carey: Essays on Communications, Transportation, History*. New York: Peter Lang.

Chandler, Alfred D. (1977). *The Visible Hand: The Managerial Revolution in American Business*. Cambridge: Harvard University Press.

Clanchy, Michael (1979). *From Memory to Written Record: England, 1066–1307*. Cambridge: Harvard University Press.

Clarke, I. F. (1969). "The First Forecast of the Future." *Futures*, 4, 325–30.
Cole, Arthur H. (1938). *Wholesale Commodity Prices in the United States, 1700–1861*. Cambridge: Harvard University Press.
Corliss, Carlton J. (1952). *The Day of Two Noons* (6th ed.). Washington, DC: Association of American Railroads.
Czitrom, Daniel Joseph (1982). *Media and the American Mind: From Morse to McLuhan*. Chapel Hill: University of North Carolina Press.
Dahl, Robert (1973). *Size and Democracy*. Palo Alto: Stanford University Press.
Dewey, John (1916). *Democracy and Education*. New York: Macmillan.
—— (1927). *The Public and Its Problems*. New York: Henry Holt and Co.
—— (1934). *Art as Experience*. New York: Minton, Balch.
—— (1939). *Intelligence in the Modern World* (collected works). New York: Modern Library.
Donoghue, Denis (1987). *Reading America*. New York: Alfred A. Knopf.
Durkheim, Emile (1953). *Sociology and Philosophy*. New York: Free Press.
Emery, Henry Crosby (1896). *Speculation on the Stock and Produce Exchanges of the United States*. Studies in History, Economics and Public Law. New York: Columbia University Press.
Federalist, The (1961). Edited by Jacob E. Cooke. Cleveland: Meridian Books.
Field, James A. (1978). "American Imperialism: The Worst Chapter in Almost Any Book." *American Historical Review*, 83(3), 644–83.
Fortner, Robert (1978). "Messiahs and Monopolists: A Cultural History of Canadian Communication Systems, 1846–1914." Ph.D. dissertation, University of Illinois.
Foucault, Michel (1979). *Discipline and Punish*. New York: Random House.
Fuller, R. Buckminster (1963). *No More Secondhand God and Other Writings*. Carbondale: Southern Illinois University Press.
Futures (1969). "Statement by President Nixon on Creating a National Goals Research Staff," 1(5), 458–59.
Garvey, Michael Angelo (1852). *The Silent Revolution: Or the Future Effects of Steam and Electricity upon the Condition of Mankind*. London: William and Frederich G. Cash.
Geddes, Patrick (1917). *Ideas at War*. London: Williams and Norgate.
Geertz, Clifford (1973). *The Interpretation of Cultures*. New York: Basic Books.
—— (1981). *Negara*. Princeton: Princeton University Press.
Giddens, Anthony (1979). *Central Problems in Social Theory*. Berkeley: University of California Press.
Goody, Jack, ed. (1968). *Literacy in Traditional Societies*. Cambridge: Cambridge University Press.
Gouldner, Alvin W. (1977). *The Dialectic of Ideology and Technology*. New York: Seabury Press.
Habermas, Jürgen (1984). *The Theory of Communicative Action*, Vol. 1. Boston: Beacon Press.
Hackworth, R., ed. (1972). *Plato's Phaedrus*. Cambridge: Cambridge University Press.
Hall, Stuart (1977). "The Hinterland of Science: Ideology and the Sociology of Knowledge." In Centre for Contemporary Cultural Studies, *On Ideology*. London: Hutchinson.
—— (1982). "The Rediscovery of 'Ideology': The Return of the Repressed in Media Studies." In Michael Gurevitch, Tony Bennett, James Curran, and Janet Woollacott, eds., *Culture, Society and the Media*. London: Methuen.

Hayakawa, Samuel I. (1957). "Popular Songs vs. the Facts of Life." In Bernard Rosenberg and David Manning White, eds., *Mass Culture* (pp. 393–403). New York: Free Press.

Heaton, Herbert (1966). *The Economics of Empire*. The James Ford Bell Lecture, No. 3. Minneapolis: University of Minnesota.

Heidegger, Martin (1968). *Existence and Being*. Chicago: Henry Regnery.

Hirsch, Fred (1976). *Social Limits to Growth*. Cambridge: Harvard University Press.

Hoggart, Richard (1961). *The Uses of Literacy*. Boston: Beacon Press.

Hovland, Carl, I. Janis, and H. Kelley (1953). *Communication and Persuasion*. New Haven: Yale University Press.

Hutchinson, Paul (1937). "Revolution by Electricity." In Warren Bower, ed., *Directions* (pp. 83–100). New York: Lippincott.

Huxley, Aldous (1972). *Tomorrow and Tomorrow and Tomorrow and Other Essays*. New York: Perennial Library.

Innis, Harold A. (1930). *The Fur Trade in Canada*. New Haven: Yale University Press.

—— (1950). *Empire and Communication*. Oxford: Oxford University Press.

—— (1951). *The Bias of Communication*. Toronto: University of Toronto Press.

—— (1952). *Changing Concepts of Time*. Toronto: University of Toronto Press.

—— (1954). "Concept of Monopoly and Civilization." *Explorations*, 3.

—— (1956). *Essays in Canadian Economic History* (M. Q. Innis, ed.). Toronto: University of Toronto Press.

—— (n.d.). The Idea File in the collection of the Thomas Fisher Library, University of Toronto.

Jameson, Fredric (1974). "The Vanishing Mediator." In *Working Papers in Cultural Studies*, Vol. 5 (pp. 111–49). Birmingham: Centre for Contemporary Cultural Studies.

Jefferson, Thomas (1854). *The Writings of Thomas Jefferson*, Vol. 8. Washington, DC: Daylor and Maury.

Jensen, J. (2007). "Casting Spells: Carey as a Teacher." *Critical Studies in Media Communication*, 24(2).

Josephson, Matthew (1959). *Edison: A Biography*. New York: Oxford University Press.

Kallen, Horace M. (1950). *Patterns of Progress*. New York: Columbia University Press.

Katz, Elihu (1959). "Mass Communication Research and the Study of Popular Culture: An Editorial Note on a Possible Future for this Journal." *Studies in Public Communication*, 2.

Katz, Elihu, and Paul Lazarsfeld (1955). *Personal Influence*. New York: Free Press.

Kornhauser, William (1959). *The Politics of Mass Society*. New York: Free Press.

Kropotkin, Petr (1913). *Fields, Factories and Workshops*. New York: Putnam.

Kuhn, Thomas S. (1962). *The Structure of Scientific Revolutions*. Chicago: University of Chicago Press.

—— (1983). "Rationality and Theory Choice." *Journal of Philosophy*, 80(10), 563–70.

Lazarsfeld, Paul, B. Berelson, and H. Gaudet (1948). *The People's Choice*. New York: Columbia University Press.

Leymore, Varda Langhold (1975). *Hidden Myth: Structure and Symbolism in Advertising*. London: Heinemann.

Lippmann, Walter (1922). *Public Opinion*. New York: Macmillan.

Lowell, James Russell (1871). *The Works of James Russell Lowell*. Standard Library Edition. Cambridge: Riverside Press.

McCormick, John (1987). *George Santayana: A Biography*. New York: Alfred A. Knopf.

MacDonald, Dwight (1962). *Against the American Grain*. New York: Random House.
McLuhan, Marshall (1964). "Introduction." In Harold A. Innis, *The Bias of Communication*. Toronto: University of Toronto Press.
Malinowski, Bronislaw (1962). *Sex, Culture and Myth*. New York: Harcourt, Brace and World.
Mandelbaum, Seymour J. (1965). *Boss Tweed's New York*. New York: John Wiley.
Mannheim, Karl (1965). *Ideology and Utopia*. New York: Harvest Books.
Marx, Karl (1973). *Grundrisse: Foundations of the Critique of Political Economy*. New York: Vintage Books.
Marx, Leo (1964). *The Machine in the Garden*. New York: Oxford University Press.
Matthews, Fred H. (1977). *Quest for an American Sociology: Robert E. Park and the Chicago School*. Montreal: McGill-Queen's University Press.
Matza, David (1964). *Delinquency and Drift*. New York: John Wiley.
Melbin, Murray (1987). *Night as Frontier: Colonizing the World after Dark*. New York: Free Press.
Miller, Perry (1965). *The Life of the Mind in America*. New York: Harcourt, Brace and World.
Mills, C. Wright (1959). *The Power Elite*. New York: Oxford University Press.
—— (1963). *Power, Politics and People* (Irving Louis Horowitz, ed.). New York: Ballantine.
Morley, David (1980). *The "Nationwide" Audience: Structure and Decoding*. London: British Film Institute.
—— (1986). *Family Television: Cultural Power and Domestic Leisure*. London: Comedia Publishing Group.
Mumford, Lewis (1955). *The Human Prospect* (Harry T. Moore and Karl W. Deutsch, eds.). Boston: Beacon Press.
—— (1959). "An Appraisal of Lewis Mumford's Technics and Civilization." *Daedalus*, 88.
—— (1963). *Technics and Civilization*. New York: Harcourt Brace and World.
—— (1967). *Technics and Human Development*. New York: Harcourt Brace Jovanovich.
—— (1970). *The Pentagon of Power*. New York: Harcourt Brace Jovanovich.
Munson, E. and Warren, C., eds. (1997). *James Carey: A Critical Reader*. Minneapolis: University of Minnesota Press.
Nevins, Allan (1971). "The Tradition of the Future." In Tom F. Kakonis and James C. Wilcox, eds., *Now and Tomorrow*. Lexington, MA: D. C. Heath.
Noble, David F. (1977). *America by Design: Science, Technology and the Rise of Corporate Capitalism*. New York: Alfred A. Knopf.
Packer, J. and Robertson, C. (2006). *Thinking with James Carey: Essays on Communications, Transportation, History*, New York: Peter Lang.
Park, Robert Ezra (1955). "News as a Form of Knowledge." In *Society* (pp. 71–88). New York: Free Press.
Pitkin, Hannah F. (1972). *Wittgenstein and Justice*. Berkeley: University of California Press.
Pocock, J. A. G. (1975). *The Machiavellian Moment*. Princeton: Princeton University Press.
Polak, Fred L. (1961). *The Image of the Future*. New York: Oceana.
Polsky, Ned (1967). *Hustlers, Beats and Others*. Chicago: Aldine.

Pred, Alan (1973). *Urban Growth and the Circulation of Information: The United States System of Cities, 1790–1840*. Cambridge: Harvard University Press.

—— (1980). *Urban Growth and City-Systems in the United Systems, 1840–1860*. Cambridge: Harvard University Press.

Prime, Samuel Irenaeus (1875). *The Life of Samuel F. B. Morse, LL.D.* New York: Appleton.

Quandt, Jean (1970). *From the Small Town to the Great Community*. New Brunswick, NJ: Rutgers University Press.

Reich, Charles (1970). *The Greening of America*. New York: Random House.

Rorty, Richard (1979). *Philosophy and the Mirror of Nature*. Princeton: Princeton University Press.

—— (1982). *Consequences of Pragmatism*. Minneapolis: University of Minnesota Press.

Ryle, Gilbert (1971). *The Concept of Mind*. New York: Barnes and Noble.

Sahlins, Marshall (1976). *Culture and Practical Reason*. Chicago: University of Chicago Press.

Sampson, Anthony (1974). *The Sovereign State of ITT*. Greenwich, CT: Fawcett Books.

Schivelbusch, Wolfgang (1978). "Railroad Space and Railroad Time." *New German Critique*, 14 (Spring), 31–40.

—— (1979). *The Railway Journey*. New York: Urizen.

Schlesinger, Arthur, Sr. (1933). *The Rise of the City, 1878–1898*. New York: Macmillan.

Schultze, Q. (2007). "Communication as Religion: In Memory of James W. Carey, 1935–2006." *Journal of Media and Religion*, 6(1).

Schutz, Alfred (1967). *Collected Papers*, Vol. 1. *The Problem of Social Reality*. The Hague: Martinus Nijhoff.

—— (1970). *On Phenomenology and Social Relations*. Chicago: University of Chicago Press.

Shils, Edward (1959). "Mass Society and Its Culture." In N. Jacobs, ed., *Culture for the Millions?* (pp. 1–27). Princeton: D. Van Nostrand.

Shirer, William I. (1976). *20th Century Journey: The Start: 1904–1930*. New York: Simon and Schuster.

Sims, Norman (1979). "The Chicago Style of Journalism." Ph.D. dissertation, University of Illinois.

Smith, Bruce James (1985). *Politics and Remembrance*. Princeton: Princeton University Press.

Steffens, Lincoln (1958). *The Autobiography of Lincoln Steffens*. New York: Harcourt, Brace and World.

Stephenson, William (1967). *The Play Theory of Mass Communication*. Chicago: University of Chicago Press.

Taylor, Charles (1975). *Hegel*. Cambridge: Cambridge University Press.

Thompson, E. P. (1967). "Time, Work-Discipline and Industrial Capitalism." *Past and Present*, 38, 56–97.

Thompson, Robert L. (1947). *Wiring a Continent*. Princeton: Princeton University Press.

Thoreau, Henry David (1957). *Walden*. Boston: Houghton Mifflin.

Toffler, Alvin (1971). *Future Shock*. New York: Bantam Books.

Trachtenberg, Alan (1965). *Brooklyn Bridge: Fact and Symbol*. New York: Oxford University Press.

Trilling, Lionel (1965). *Beyond Culture*. New York: Viking.

Turnbull, Colin (1972). *The Mountain People*. New York: Simon and Schuster.
Warshow, Robert (1964). *The Immediate Experience*. Garden City, NY: Anchor Books.
Weber, Max (1946). In H. Gerth and C. Wright Mills, eds., *From Max Weber: Essays in Sociology*. New York: Oxford University Press.
—— (1947). *The Theory of Social and Economic Organization*. New York: Oxford University Press.
Wells, H. G. (1929). *The Way the World Is Going*. New York: Doubleday.
Westin, Alan F., ed. (1971). *Information Technology in a Democracy*. Cambridge: Harvard University Press.
White, Morton (1957). *Social Thought in America: The Revolt against Formalism*. Boston: Beacon Press.
Wiebe, Robert (1967). *The Search for Order, 1873–1920*. New York: Hill and Wang.
Wiener, Norbert (1948). *Cybernetics*. Cambridge: MIT Press.
Williams, Raymond (1958). *Culture and Society, 1780–1950*. New York: Columbia University Press.
—— (1961). *The Long Revolution*. New York: Columbia University Press.
—— (1966). *Communications*. London: Chatto and Windus.
—— (1973). *The Country and the City*. London: Chatto and Windus.
Wills, Garry (1981). *Explaining America: The Federalist*. Garden City, NY: Doubleday.
Wilson, Geoffrey (1976). *The Old Telegraphs*. London: Phillimore.
Young, J. Z. (1951). *Doubt and Certainty in Science*. Oxford, England: Clarendon Press.

詹姆斯·凯瑞著作年表*

自詹姆斯·凯瑞2006年5月去世后，为他准备一份完整的著作年表的工作就已经着手进行，这主要是为了确定他发表的具体著述，并帮助大家对他的研究工作有个基本的了解。从目前的年表看，它也起到了一个更加全面了解凯瑞学术生涯、他的研究所涉猎的主题范围以及他写作所呈现的概貌的作用。佛罗里达州圣彼德堡市波因特媒介研究所的斯图尔特·亚当和珍·伍德（Jean Wood）提供了宝贵的帮助，凯瑞完整的著作集也就收藏于该研究所。

这份著作年表尽量删减了那些被重印的论著；因此，以下罗列的参考文献主要为了便于大家查阅相关作品，而不是凯瑞著作出版及影响的全貌。

1960

"Advertising: An Institutional Approach." In C. H. Sandage and Vernon Fryburger, eds., *The Role of Advertising* (pp. 3–17). Homewood, Il: Richard D. Irwin.

1961

Review of *The Classical Liberalism, Marxism, and the Twentieth Century* by Overton H. Taylor. *Journalism Quarterly*, 38(1) (Winter), 104.

Review of *The Powerful Consumer* by George Katona. *Journalism Quarterly*, 38(2) (Spring), 243–44.

Review of *Tested Advertising Methods* (3rd ed.) by John Caples, and *460 Secrets of Advertising Experts*, ed. Willard A. Pleuthner. *Journalism Quarterly*, 38(3) (Summer), 397–98.

1962

Review of *Studies in Public Communication* by Edward C. Uliassi. *Journalism Quarterly*, 39(1) (Winter), 104–05.

---

* 由丹尼尔·凯瑞（Daniel Carey）整理。

1963

Letter to the Editor, *Evening Bulletin* (Providence), April 24, 38. (Regarding attempts to ban the film *Never on Sunday* from playing on the University of Rhode Island campus, supported by the university's Roman Catholic chaplain, with a resolution in the state legislature to investigate the matter.)

1964

"An Ethnic Backlash?" *The Commonweal*, 81(4) (October 16), 91–93.
"Personality Correlates of Persuasibility." In Stephen A. Greyser, ed., *Toward Scientific Marketing* (pp. 30–43). (Proceedings of the Winter Conference of the American Marketing Association, December 27–28, 1963, Boston.) Chicago: American Marketing Association.

1966

"Marshall McLuhan and the 'Age of Television.' " *The Illinois Political*, 1(2–3) (May–June), 23–26.
"Variations in Negro/White Television Preferences." *Journal of Broadcasting*, 10(3) (Summer), 199–212. (Originally delivered at the annual meeting of the Association for Education in Journalism in 1964.)
(with Rita James Simon). "The Phantom Racist." *Trans-Action*, 4(1) (November), 5–11. Reprinted in Howard S. Becker, ed., *Campus Power Struggle* (pp. 101–19). Chicago: Aldine, 1970.

1967

"Harold Adams Innis and Marshall McLuhan." *Antioch Review*, 27(2) (Spring), 5–37. Reprinted in Raymond Rosenthal, ed., *McLuhan: Pro and Con* (pp. 270–308). New York: Funk & Wagnalls, 1968.

1968

"Generations and American Society." In John G. Kirk, ed., *America Now* (pp. 293–305). New York: Atheneum.
Review of *The Committee* by Walter Goodman. *Commonweal*, 88(9) (May 17), 275–76.

1969

"The Communications Revolution and the Professional Communicator." *The Sociological Review Monograph*, 13 (January), 23–38. Alternative citation: In Paul Halmos, ed., *The Sociology of Mass-Media Communicators*. Keele: University of Keele, 1969. Reprinted in *James Carey: A Critical Reader* (1997).
Review of *Thirty Plays Hath November* by Walter Kerr. *Journalism Quarterly*, 46(4) (Winter), 844–45.

1970

Review of *Dwight MacDonald on Movies. Journalism Quarterly*, 47(1) (Spring), 181–82.
(with John J. Quirk). "The Mythos of the Electronic Revolution [Part 1]." *The American Scholar*, 39(2) (Spring), 219–41. Reprinted in *Communication as Culture* (1989, 2009).
(with John J. Quirk). "The Mythos of the Electronic Revolution [Part 2]." *The American Scholar*, 39(3) (Summer), 395–424.
"Marshall McLuhan." In *The World Book Encyclopedia*. Chicago: Field Enterprises Educational Corporation. Reprinted Chicago: World Book, Inc., 2005, vol. 13 (p. 343).

1971

Review of *No Whippings, No Gold Watches* by Louis Kronenberger, and *The Carolina Playmakers* by Walter Spearman. *Journalism Quarterly*, 48(1) (Spring), 149–50.
Review of *The Movies as Medium*, ed. Lewis Jacobs. *Journalism Quarterly*, 48(2) (Summer), 373–74.
Review of *Mass Media and the National Experience: Essays in Communications History*, ed. Ronald T. Farrar and John D. Stevens. *Journalism Quarterly*, 48(4) (Winter), 774–75.

1972

The Politics of the Electronic Revolution: Further Notes on Marshall McLuhan (41pp.). Urbana: Institute of Communications Research.
Review of *From Cliché to Archetype* by Marshall McLuhan with Wilfred Watson. *Journalism Quarterly*, 49(1) (Spring), 180–81.
Review of *Big Screen, Little Screen* by Rex Reed. *Journalism Quarterly*, 49(1) (Spring), 191.
"Technology." *The Daily Illini*, March 1, 7–8.

1973

(with John J. Quirk). "The History of the Future." In George Gerbner, Larry P. Gross, and William H. Melody (eds.). *Communications Technology and Social Policy: Understanding the New "Cultural Revolution."* New York: John Wiley, 485–503. Reprinted in *Communication as Culture* (1989, 2009).
Review of *On Culture and Communication* by Richard Hoggart, and *Beyond Babel: New Directions in Communications* by Brenda Maddox. *Commonweal*, 98(2) (March 16), 42–43.

1974

"The Problem of Journalism History." *Journalism History*, 1(1) (Spring), 3–5, 27. Reprinted in *James Carey: A Critical Reader* (1997).
"Journalism and Criticism: The Case of an Undeveloped Profession." *The Review of Politics*, 36(2) (April), 227–49. (Edited version of "Criticism and the Press.")

"Criticism and the Press." In *Proceedings: Education for Newspaper Journalists in the Seventies and Beyond* (pp. 257–79). (ANPA Foundation Conference, Reston, VA, 1973.) Washington, DC: American Newspaper Publishers Association Foundation. (Contains some passages not included in the version published as "Journalism and Criticism.")

Review of *The People's Films: A Political History of U.S. Government Motion Pictures* by Richard Dyer MacCann, and *Nonfiction Film* by Richard Meran Barsam. *Journalism Quarterly*, 51(2) (Summer), 355–56.

Review of *How the Golden Age of Television Turned My Hair to Silver* by Kenneth Whelan. *Journalism Quarterly*, 51(2) (Summer), 356–57.

Review of *Speak for Yourself: The Life of John Mason Brown* by George Stevens. *Journalism Quarterly*, 51(4) (Winter), 736–37.

1975

"Communication and Culture." *Communication Research*, 2(2) (April), 173–91. (Review essay on Clifford Geertz, *The Interpretation of Cultures.*)

"Canadian Communications Theory: Extensions and Interpretations of Harold Innis." In Gertrude Joch Robinson and Donald F. Theall, eds., *Studies in Canadian Communications* (pp. 27–59). Montreal: Programme in Communications, McGill University. Incorporated in parts into "Space, Time, and Communications: A Tribute to Harold Innis." In *Communication as Culture* (1989, 2009).

(with Albert Kreiling). "Popular Culture and Uses and Gratifications: Notes Toward an Accommodation." In Jay G. Blumler and Elihu Katz, eds., *The Uses of Mass Communication* (pp. 225–48). Sage Annual Reviews of Communication Research 3. Beverly Hills: Sage Publications. Incorporated into *Communication as Culture* (1989, 2009), ch. 2.

"A Cultural Approach to Communication." *Communication*, 2(1), 1–22. Published in *Communication as Culture* (1989, 2009), ch. 1.

1976

"But Who Will Criticize the Critics?" *Journalism Studies Review*, 1(1) (Summer), 7–11. (Shortened version of "Journalism and Criticism.") Reprinted in Everette E. Dennis, Arnold H. Ismach, and Donald M. Gillmor, eds., *Enduring Issues in Mass Communication* (pp. 362–68). St. Paul: West Publishing, 1978.

Review of *Secrecy in the Church* by Richard N. Ostling. *Commonweal*, 103(4) (February 13), 121–22.

Six-minute audio recording of Carey discussing Innis' concept of the "monopoly of knowledge," with an anticipation of the Internet. University of Toronto, 1976. http://www.collectionscanada.gc.ca/innis-mcluhan/002033-1040-e.html.

1977

"Mass Communication and Cultural Theory." In James Curran, Michael Gurevitch, and Janet Woollacott, eds., *Mass Communication and Society* (pp. 409–25). London: Edward Arnold in association with The Open University Press. (Revised and

extended version of "Communication and Culture.") Published in revised form in *Communication as Culture* (1989, 2009), ch. 2.
Review of *Film: The Democratic Art* by Garth Jowett. *Journal of Communication*, 27(3) (Summer), 223–25.
Review of *Existential Journalism* by John C. Merrill. *Journalism Quarterly*, 54(3) (Autumn), 627–29.

1978

"Concentration and Diversity in the News Media: An American View." In J. Herbert Altschull and Paula C. Pearce, eds., *The Mass Media in Germany and the United States* (pp. 31–39). Bloomington, IN: Institute for German Studies.
Review of *The Communications Revolution: A History of Mass Media in the United States* by George N. Gordon. *Journalism History*, 5(1) (Spring), 22–23.
Editor (with Paul Hirsch), Special issue on "Communication and Culture: Humanistic Models in Research," *Communication Research*, 5(3) (July).
"Social Theory and Communication Theory." *Communication Research*, 5(3) (July), 357–68. (Review essay on Marshall Sahlins, *The Use and Abuse of Biology*; Richard J. Bernstein, *The Restructuring of Social and Political Theory*; Trent Schroyer, *The Critique of Domination: The Origins and Development of Critical Theory*; Claus Mueller, *The Politics of Communication*; Anthony Giddens, *New Rules of Sociological Method*; Marshall Sahlins, *Culture and Practical Reason*; Raymond Williams, *Marxism and Literature*; Joseph Ben-David and Terry Clark, eds., *Culture and Its Creators: Essays in Honor of Edward Shils*; Alvin Gouldner, *The Dialectic of Ideology and Technology*; Richard Sennett, *The Fall of Public Man*; Murray Edelman, *Political Language: Words that Succeed and Policies that Fail*; James Curran, Michael Gurevitch, and Janet Woollacott, eds., *Mass Communication and Society*.)
"The Ambiguity of Policy Research." *Journal of Communication*, 28(2) (Spring), 114–19. Reprinted in Sandra Braman, ed., *Communication Researchers and Policy-Making* (pp. 437–44). Cambridge, MA: MIT Press, 2003.
"A Plea for the University Tradition." *Journalism Quarterly*, 55(4) (Winter), 846–55.

1979

Review of *Big Story: How the American Press and Television Reported and Interpreted the Crisis of Tet 1968 in Vietnam and Washington* by Peter Braestrup. *The American Historical Review*, 84(2) (April), 594–95.
"The Politics of Popular Culture: A Case Study." *Journal of Communication Inquiry*, 4(2) (Winter), 3–32.
Foreword to Hanno Hardt, *Social Theories of the Press: Early German and American Perspectives* (pp. 9–14). Beverly Hills: Sage Publications.
"Review Essay: *Mass Communication and Society*, Open University Course, DE 353." *Media, Culture and Society*, 1(3) (April), 313–18.
"Graduate Education in Mass Communication." *Communication Education*, 28(4) (September), 282–93.

1980

"Comments on the Weaver–Gray Paper." In G. Cleveland Wilhoit and Harold deBock, eds., *Mass Communication Review Yearbook*, 1 (pp. 152–55). Beverly Hills: Sage Publications.

"Changing Communications Technology and the Nature of the Audience." *Journal of Advertising*, 9(2), 3–9, 43.

"International Communications: The Impact of the Mass Media." In *International Communication in a Multi-Faceted World* (pp. 7–16). Urbana: Midwest Regional Conference for Senior Fulbright Scholars. Reprinted in Owen Peterson, ed., *Representative American Speeches 1980–1981* (pp. 95–110). New York: H. W. Wilson Co., 1981.

Review of *Teaching as a Conserving Activity* by Neil Postman. *Educational Communication and Technology*, 28(4) (Winter), 294–95.

"The Computer as Change Agent: An Essay." *Journalism Quarterly*, 57(4) (Winter), 678–80. (Review of Anthony Smith, *Goodbye Gutenberg: The Newspaper Revolution of the 1980s*.)

1981

(with Clifford G. Christians). "The Logic of Qualitative Research." In Guido Stempel III and Bruce H. Westley, eds., *Research Methods in Mass Communications* (pp. 342–62). New York: Prentice-Hall.

"McLuhan and Mumford: The Roots of Modern Media Analysis." *Journal of Communication*, 31(3) (Summer), 162–78. Reprinted in *James Carey: A Critical Reader* (1997).

"Culture, Geography, and Communications: The Work of Harold Innis in an American Context." In William H. Melody, Liora Salter, and Paul Heyer, eds., *Culture, Communication and Dependency: The Tradition of H. A. Innis* (pp. 73–91). Norwood, NJ: Ablex Publishing. Revised as "Space, Time, and Communications: A Tribute to Harold Innis," in *Communication as Culture* (1989, 2009).

Introduction to John Soloski, ed., *Foundations for Communication Studies* (pp. 1–3). Iowa City: Center for Communication Study, School of Journalism and Mass Communication, University of Iowa.

1982

"The Discovery of Objectivity." *American Journal of Sociology*, 87(5) (March), 1182–88. (Review essay on Michael Schudson, *Discovering the News: A Social History of American Newspapers*.)

"The Mass Media and Critical Theory: An American View." In *Communication Yearbook*, 6 (pp. 18–33). (Author's note states that this is an edited version of an address delivered at the International Communication Association meeting in Minneapolis, May 1981). Reprinted in *Communication as Culture* (1989, 2009), ch. 3.

"Is Anybody Listening?" *Perspectives on the University of Illinois*, 1(1) (Fall), 8–9. (Interview.)

1983

"Technology and Ideology: The Case of the Telegraph." In *Prospects: An Annual of American Cultural Studies*, 8, 303–25. Reprinted in *Communication as Culture* (1989, 2009).
"The Origins of the Radical Discourse on Cultural Studies in the United States." *Journal of Communication*, 33(3) (Summer), 311–13.
Introduction to Mary S. Mander, ed., *Communication in Transition: Issues and Debates in Current Research*. New York: Praeger, 3–6.
"High-Speed Communication in an Unstable World." *The Chronicle of Higher Education* (July 27), 48. Reprinted in Stephen H. Barnes, ed., *Points of View on American Higher Education* (pp. 243–47). Lewiston, NY: Edwin Mellen Press, 1990.

1984

"High Tech and High Ed." *Illinois Issues*, 10(3) (March), 22–29.
"The Paradox of the Book." *Library Trends*, 33(2) (Fall), 103–113.
"Do We Need Journalism Schools?" *ASNE Bulletin*, November/December, 18. (Interview.)

1985

" 'Putting the World at Peril': A Conversation with James W. Carey." *Journalism History*, 12(2) (Summer), 38–53. Reprinted in *James Carey: A Critical Reader* (1997).

1986

"The Dark Continent of American Journalism." In Robert Karl Manoff and Michael Schudson, eds., *Reading the News* (pp. 146–96). New York: Pantheon Books. Reprinted in *James Carey: A Critical Reader* (1997).
"Overcoming Resistance to Cultural Studies." *Mass Communication Review Yearbook*, 5 (pp. 27–40). Reprinted in *Communication as Culture* (1989, 2009), ch. 4.
"An Essay: Technology, Culture and Democracy: Lessons from the French." *Journalism Quarterly*, 63(4) (Winter), 855–58. (Review of Armand Mattelart and Yves Stourdze, *Technology, Culture and Communication: A Report to the French Minister of Research and Industry*.)

1987

"Journalists Just Leave: The Ethics of an Anomalous Profession." In Maile-Gene Sagen, ed., *Ethics and the Media* (pp. 5–19). Iowa City: Iowa Humanities Board. Reprinted in Robert M. Baird, William E. Loges, and Stuart E. Rosenbaum, eds., *The Media and Morality* (pp. 39–54). Amherst, NY: Prometheus Books, 1999.
"Walter Benjamin, Marshall McLuhan and the Emergence of Visual Society." In *Prospects: An Annual of American Cultural Studies*, 11, 29–38.
"High Technology and Higher Education." In Steven E. Goldberg and Charles R. Strain,

eds., *Technological Change and the Transformation of America* (pp. 183–98). Carbondale: Southern Illinois University Press. Revised as "Salvation by Machines: Can Technology Save Education?" In *James Carey: A Critical Reader* (1997).

(with Marilyn Fritzler). "News as Social Narrative." *Communication*, 10(1), 1–3. Introduction to special issue edited by Carey and Fritzler.

"The Press and the Public Discourse." *The Center Magazine*, 20(2) (March/April), 4–32. (Includes a "Dialogue" (pp. 16–32) with Todd Gitlin, Arnold Ismach, Dean Mills, Donald McDonald, Robert Manoff, Richard Flacks, Daniel Hallin, Warren Bovee, Richard Carter, and David Shaw.)

" 'The Demagogue as Rabblesoother.' " *Illinois Issues*, 13(7) (July), 21–23. (Review of Garry Wills, *Reagan's America: Innocents at Home*.) Reprinted as "Reagan and the Mythology of the American Childhood." *In These Times*, 11(32) (August 19–September 1), 18–19.

Review of *Politics of Letters* by Richard Ohmann. *Los Angeles Times* Book Review Section, June 28, 10.

"Will the Center Hold?" *Mass Communication Review Yearbook*, 6, 26–30.

1988

Editor, *Media, Myths, and Narratives: Television and the Press* (264 pp.). Beverly Hills: Sage Publications.

"Editor's Introduction: Taking Culture Seriously." In *Media, Myths, and Narratives: Television and the Press* (pp. 8–18).

Foreword to Michael K. Smeltzer, ed., *C-U in Seven: A Week in the Life of Champaign-Urbana* (2pp.). Champaign, IL: Illini Media.

Untitled. *IlliniWeek*, December 8, 4. (Based on "Remarks at a University Town Meeting, 1988.")

1989

Communication as Culture: Essays on Media and Society (242pp.). Boston: Unwin Hyman.

"Humanities are Central to Doctoral Studies." *Insights: The Journal of the Association of Schools of Journalism and Mass Communication*, February, 2–5.

"Presidential Election 1988: The Degradation of Democratic Discourse." *Illinois Issues*, January, 16–18.

"Harold Innis (1894–1952)." In Erik Barnouw, ed., *International Encyclopedia of Communications*, vol. 2 (pp. 320–21). New York: Oxford University Press.

Review of *ProfScam: Professors and the Demise of Higher Education* by Charles J. Sykes. *Journalism Educator*, 44(3) (Autumn), 48–53.

"Communications and the Progressives." *Critical Studies in Mass Communications*, 6(3) (September), 264–82. Reprinted in Robert K. Avery and David Eason, eds., *Critical Perspectives on Media and Society* (pp. 28–48). New York: Guilford Press, 1991.

1990

Foreword to Jo A. Cates, *Journalism: A Guide to the Reference Literature* (pp. ix–x). Englewood, CO: Libraries Unlimited.

(with Julian L. Simon). "The Church's Responsibility to Teach the Value of Life: A Surprising Dialogue between Catholic and Jew." In Julian L. Simon, *Population Matters: People, Resources, Environment, and Immigration* (pp. 239–52). New Brunswick, NJ: Transaction Publishers. (Written *c.*1974 according to the authors' note.)

"The Language of Technology: Talk, Text, and Template as Metaphors for Communication." In Martin J. Medhurst, Alberto Gonzalez, and Tarla Rai Peterson, eds., *Communication and the Culture of Technology* (pp. 19–39). Pullman: Washington State University Press.

"Technology as a Totem for Culture, and a Defense of the Oral Tradition." *American Journalism*, 7 (Fall), 242–51.

1991

"The Academy and Its Discontents." *The Gannett Center Journal* (Spring–Summer), 163–80. (Review essay on Dinesh D'Souza, *Illiberal Education: The Politics of Race and Sex on Campus*; Roger Kimball, *Tenured Radicals: How Politics Has Corrupted Our Higher Education*; Page Smith, *Killing the Spirit: Higher Education in America*; Charles J. Sykes, *ProfScam: Professors and the Demise of Higher Education*; and Charles J. Sykes, *The Hollow Men: Politics and Corruption in Higher Education*.)

"Re-thinking our First Amendment Mission." *Scripps Howard Editors* [*sic*] *Newsletter* (May), 1–10. (Interview.)

"Colleges' True Ills Are Not the Trendy Ones." *Newsday* (July 21), 32–33.

" 'A Republic, If You Can Keep It': Liberty and Public Life in the Age of Glasnost." In Raymond Arsenault, ed., *Crucible of Liberty: 200 Years of the Bill of Rights* (pp. 108–28). New York: Free Press. Reprinted in *James Carey: A Critical Reader* (1997).

Review of *Media Theory: An Introduction* by Fred Inglis. *Journalism Quarterly*, 68(4) (Winter), 894–95.

Foreword to Bruce E. Gronbeck, Thomas J. Farrell, and Paul A. Soukup, eds., *Media, Consciousness, and Culture: Explorations of Walter Ong's Thought* (pp. vii–x). Newbury Park: Sage Publications.

Foreword to Richard Campbell, *60 Minutes and the News: A Mythology for Middle America* (pp. xi–xii). Urbana: University of Illinois Press.

Interview with David Shedden (The Poynter Insitute, May 2, 1991) on *Communication as Culture*. Audio recording of nine-minute excerpt: http://www.paynter.org/carey.

1992

"Political Correctness and Cultural Studies." *Journal of Communication*, 42(2) (Spring), 56–72. Reprinted in *James Carey: A Critical Reader* (1997).

"Carey on Reston: Journalist on Journalist." *Illinois Quarterly*, January/February, 12. (Review of James Reston, *Deadline: A Memoir*.)

1993

"Everything that Rises Must Diverge: Notes on Communications, Technology and the Symbolic Construction of the Social." In Philip Gaunt, ed., *Beyond Agendas: New Directions in Communication Research* (pp. 171–84). Westport, CT: Greenwood Press.

Reprinted in Judith S. Trent, ed., *Communication: Views from the Helm for the 21st Century* (pp. 294–303). Boston: Allyn & Bacon, 1998.
"The Mass Media and Democracy: Between the Modern and the Postmodern." *Journal of International Affairs*, 47(1) (Summer), 1–21.
"May You Live in Interesting Times." *Australian Journal of Communication*, 20(3), 1–12. (Awarded the Henry Mayer Prize for the most intellectually provocative paper published in the *Australian Journal of Communication* for the year.)
Foreword to G. Stuart Adam, *Notes towards a Definition of Journalism: Understanding an Old Craft as an Art Form* (pp. iv–v). Poynter Papers, 2. St. Petersburg, FL: Poynter Institute for Media Studies.
Review of *History and Communications: Harold Innis, Marshall McLuhan, the Interpretation of History* by Graeme Patterson, and *The Bias of Communication* by Harold Innis. *The Canadian Historical Review*, 74(3) (September), 437–42.

1994

Review of *Liberal Journalism and American Education, 1914–1941* by James M. Wallace. *Journalism History*, 20(2) (Summer), 80–81.
"Communications and Economics." In Robert E. Babe, ed., *Information and Communication in Economics* (pp. 321–36). Boston: Kluwer Academic Publishers. Reprinted in *James Carey: A Critical Reader* (1997).
Participant in "Declining Standards in News: Is It All Television's Fault?" Alfred I. duPont Forum, January 27, 1994, ed. Jonnet S. Abeles. New York: Columbia University Graduate School of Journalism, 1994. (Published transcript.)

1995

"The Press, Public Opinion, and Public Discourse." In Theodore L. Glasser and Charles T. Salmon, eds., *Public Opinion and the Communication of Consent* (pp. 373–402). New York: Guilford Press. Reprinted in *James Carey: A Critical Reader* (1997).
"Abolishing the Old Spirit World." *Critical Studies in Mass Communication*, 12(1) (March), 82–88.
Review of *Republic of Signs: Liberal Theory and American Popular Culture* by Anne Norton. *The Journal of American History*, 81(4) (March), 1853–54.
"Cultural Studies & the Scholarship of Journalism." 19 minute DVD. Venice, CA: First Light Video Publishing. (Interview conducted by Cindy Lont; recorded August 1995, at the Association for Education in Journalism and Mass Communication Conference).
"Pete Sasser—A Remembrance." *ASJMC Administrator*, October, 6–7.
Review of *John Hohenberg: The Pursuit of Excellence* by John Hohenberg. *American Journalism*, 12(4) (Fall), 505–07.

1996

"The Struggle against Forgetting." *Columbia Journalism Review*, 34(5) (January/February), 4. (Speech, Columbia Graduate School of Journalism, September 1995, www.jrn.columbia.edu/admissions/struggle.)

"The Chicago School and the History of Mass Communication Research." In Everette E. Dennis and Ellen Wartella, eds., *American Communication Research: The Remembered History* (pp. 21–38). Mahwah, NJ: Lawrence Erlbaum Associates. Reprinted in *James Carey: A Critical Reader* (1997).

Participant in "Democracy and the News: Citizens, Journalists and Contemporary Politics." Alfred I. duPont Forum, January 25, 1996, ed. Jonnet S. Abeles and Denise Figueroa. New York: Columbia University Graduate School of Journalism, 1996. (Published transcript.)

"Where Journalism Education Went Wrong." Conference presentation, Middle Tennessee State University, 1996. With responses by Jay Rosen, Linda Steiner, and Ellen Wartella. http://www.mtsu.edu/~masscomm/seig96/index.htm. See below "Some Personal Notes on US Journalism Education," 2000.

1997

James Carey: A Critical Reader (Eve Stryker Munson and Catherine A. Warren, eds.) (355pp.). Minneapolis: University of Minnesota Press. Includes essays in response by John Pauly, Michael Schudson, Carolyn Marvin, Jay Rosen, and G. Stuart Adam.

"Afterword: The Culture in Question." In Eve Stryker Munson and Catherine A. Warren, eds., *James Carey: A Critical Reader* (pp. 308–39). Minneapolis: University of Minnesota Press.

"Reflections on the Project of (American) Cultural Studies." In Marjorie Ferguson and Peter Golding, eds., *Cultural Studies in Question*. London: Sage Publications, 1–24.

"Community, Public, and Journalism." In Jay Black, ed., *Mixed News: The Public/Civic/Communitarian Journalism Debate* (pp. 1–15). New York: Guilford Press.

Review of "The Video McLuhan (Vols. 1–6)," produced by Stephanie McLuhan-Ortved. *Journalism and Mass Communication Quarterly*, 74(2) (Summer), 449–50.

"Two Views on Population." In Joseph W. Koterski, SJ, ed., *Life and Learning VI: Proceedings of the Sixth University Faculty for Life Conference June 1996 at Georgetown University* (pp. 81–87). Washington, DC: University Faculty for Life.

"Speaking of Public Journalism." In *Speaking of Public Journalism: Talks from the Project on Public Life and the Press; Seminars at the American Press Institute, 1993–97* (pp. 1–10). (Speech, March 24, 1995.) Reston, VA: American Press Institute.

Participant in MIT Communications Forum "Technology and Community," May 10, 1997. Partial transcription: http://web.mit.edu/m-i-t/conferences/pool/index_6.html.

1998

"Political Ritual on Television: Episodes in the History of Shame, Degradation and Excommunication." In Tamar Liebes and James Curran, eds., *Media, Ritual and Identity* (pp. 42–70). London: Routledge.

"The Decline of Democratic Institutions." *Columbia Journalism Review*, 36(6) (March/April), 6.

"Communication, Culture and Technology: An Internet Interview." *Journal of Communication Inquiry*, 22(2) (April), 117–30.

"The Internet and the End of the National Communication System: Uncertain

Predictions of an Uncertain Future." *Journalism and Mass Communication Quarterly*, 75(1) (Spring), 28–34.

"Marshall McLuhan: Genealogy and Legacy." *Canadian Journal of Communication*, 23(3) (June), 293–306. Reprinted in Menahem Blondheim and Rita Watson, eds., *The Toronto School of Communication Theory: Interpretations, Extensions, Applications* (pp. 82–97). Toronto: University of Toronto Press and Jerusalem: Hebrew University Magnes Press, 2007. Translated as "McLuhan: généalogie et descendance d'un paradigme." *Quaderni*, 37 (Winter 1998/99), 111–31.

Remarks on journalism history, MIT Communications Forum "Journalism and Cyberspace," November 12, 1998. Partial transcription: http://web.mit.edu/m-i-t/forums/journalism/index_care.html.

1999

"In Defense of Public Journalism." In Theodore L. Glasser, ed., *The Idea of Public Journalism* (pp. 49–66). New York: Guilford Press, 1999.

"Essay." *Nieman Reports*, Special issue on "The Business of News, the News about Business," Summer, 18.

"American Identity and the Press." In *Media and American Identity* (pp. 5–12). Salado, TX: Institute for the Humanities at Salado. Reprinted in *Texas Journal of Ideas, History and Culture*, 22(2) (Spring/Summer 2000), 4–13.

"Lawyers, Voyeurs, and Vigilantes." *Media Studies Journal*, 13(2) (Spring/Summer), 16–22. Reprinted in Robert Giles and Robert W. Snyder, eds., *What's Next? Problems and Prospects of Journalism* (pp. 19–26). New Brunswick, NJ: Transaction Publishers, 2001.

"Interpreting McLuhan." *Journal of Communication*, 49(3) (Summer), 187–93. (Review essay on Glenn Willmott, *McLuhan, or Modernism in Reverse*.)

"Innis 'in' Chicago: Hope as the Sire of Discovery." In Charles R. Acland and William J. Buxton, eds., *Harold Innis in the New Century: Reflections and Refractions* (pp. 81–104). Montreal and Kingston: McGill-Queen's University Press.

2000

"Das Fernsehen und der Nationalstaat: Glaube, Zugehörigkeit und technischer Wandel." (Television and the Nation State: Faith, Belonging and Technological Change) In Günter Thomas, ed., *Religiöse Funktionen des Fernsehens? Medien-, kultur- und religionswissenschaftliche Perspectiven* (pp. 45–75). Wiesbaden: Westdeutscher Verlag.

"Some Personal Notes on US Journalism Education." *Journalism: Theory, Practice, Criticism*, 1(1) (April), 12–23.

"Journalism and Technology." *American Journalism*, 17(4) (Fall), 129–35.

"Covering College Coaches: At Their Feet, or at Their Throat." *Columbia Journalism Review*, 39(2) (July/August), 56.

"Journalism and Democracy are Names for the Same Thing." *Nieman Reports*, 54(2) (Summer), 67–68. (Review of Robert W. McChesney, *Rich Media, Poor Democracy: Communication Politics in Dubious Times*.)

"Scholarship, Research and Journalism." *Australian Journalism Review*, 22(2) (December), 17–22. (An interview conducted by David McKnight.)

"Howard Maclay Retires." *College of Communications Alumni News* [University of Illinois], Spring, 8–9.

2001

Foreword to Hanno Hardt, *Social Theories of the Press: Constituents of Communication Research, 1840s to 1920s*, 2nd ed. (pp. ix–xiii). Lanham, MD: Rowman & Littlefield. (Revised version of original foreword published 1979.)

2002

The Engaged Discipline (16pp.). The Carroll C. Arnold Distinguished Lecture, National Communication Association, November 2000. Boston: Allyn & Bacon.

"Cultural Studies and Symbolic Interactionism: Notes in Critique and Tribute to Norman Denzin." *Studies in Symbolic Interaction*, 25, 199–209.

"Scholarly Observations and Meditations: Perspectives on September 11, 2001." *The New Jersey Journal of Communication*, 10(1) (Spring), 13–16. (Remarks as part of a panel on September 11 at the New York State Communication Association meeting, October 5–7, 2001, with contributions by Carey, Susan J. Drucker, Raymond Gozzi, Jr., Gary Gumpert, Paul Thaler, and Carol Wilder.)

Preface, *Journal of Media and Religion*, 1(1), 1–3.

"Harold Adams Innis and Marshall McLuhan." (Multimedia study environment of the 1967 article. Includes entire text, annotations, explanatory material, and an interview conducted by Frank Moretti, recorded March 15, 2002. Only available through direct Columbia University Library access.)

"What Does 'Good Work' in Journalism Look Like?" *Nieman Reports*, 56(1) (Spring), 79–81. (Review of Howard Gardner, Mihaly Csikszentmihalyi, and William Damon, *Good Work: When Excellence and Ethics Meet*.)

Review of *Welcome to the Dreamhouse: Popular Media and Postwar Suburbs* by Lynn Spigel. *The Journal of American History*, 89(3) (December), 1133–34.

"The Sense of an Ending: On Nations, Communication and Culture." In Catherine A. Warren and Mary Douglas Vavrus, eds., *American Cultural Studies* (pp. 196–237). Urbana: University of Illinois Press.

"Globalization Isn't New; Anti-Globalization Isn't Either: September 11 and the History of Nations." *Prometheus*, 20(3), 289–93. Reprinted in A. Michael Noll, ed., *Crisis Communications: Lessons from September 11* (pp. 199–204). Lanham, MD: Rowman & Littlefield, 2003.

2003

Participant in MIT Communications Forum "News during Wartime," May 3, 2003. Link to complete audio recording of lecture: http://web.mit.edu/cms/mit3/subs/plenary3.html#summary.

Participant in MIT Communications Forum "Are National Televisions Systems Obsolete?" October 30, 2003. Partial transcription with link to complete audio recording of lecture: http://web.mit.edu/comm-forum/forums/television_obsolete.html#speakers.

"American Journalism on, before, and after September 11." In Barbie Zelizer and Stuart Allan, eds., *Journalism after September 11* (pp. 71–90). London: Routledge.
"Mirror of the Times." *The Nation*, June 16, 5–6.
Introduction to Tom Rosenstiel and Amy S. Mitchell, eds., *Thinking Clearly: Cases in Journalistic Decision-Making* (pp. 1–5). New York: Columbia University Press.

2004

Introduction to Harold A. Innis, *Changing Concepts of Time* (pp. vii–xx). Lanham, MD: Rowman & Littlefield.

2005

"Historical Pragmatism and the Internet." *New Media and Society*, 7(4) (August), 443–55.
Review of "Culture Jam: Hijacking Commercial Culture," directed by Jill Sharpe, and "Seeing Is Believing: Handicams, Human Rights and the News," directed by Katerina Cizek and Peter Wintonick. *Political Communication*, 22(2) (April–June), 255–57.

2006

"From New England to Illinois: The Invention of (American) Cultural Studies: James Carey in Conversation with Lawrence Grossberg, Part I," in Jeremy Packer and Craig Robertson, eds., *Thinking with James Carey: Essays on Communications, Transportation, History* (pp. 11–28). New York: Peter Lang.
"Configurations of Culture, History and Politics: James Carey in Conversation with Lawrence Grossberg, Part II." in *Thinking with James Carey* (pp. 199–225).
"Globalization, Democracy and Open Communication: Can We Have All Three?" *Explorations in Media Ecology*, 5(2), 103–14.

2007

"A Short History of Journalism for Journalists: A Proposal and Essay." *The Harvard International Journal of Press/Politics*, 12(1), 3–16.

2009

Communication as Culture: Essays on Media and Society (revised ed.). Foreword by G. Stuart Adam. New York: Routledge.

索　引

（所注页码为英文原书页码，即本书边码）

译后记

2003年，由黄旦教授主编、潘忠党教授参与甄选书单的“传播·文化·社会”译丛在国内陆续出版。我有幸参与了美国学者詹姆斯·凯瑞《作为文化的传播》一书的翻译工作。记得2005年译稿即将付梓之际，我曾给凯瑞去过两封电子邮件，希望他为中文版写序，然而没能得到他的回复。2006年6月，深圳大学邀请美国媒介环境（Media Ecology）学会副会长林文刚教授前来讲学，方从他的口中得知凯瑞刚刚去世，而且去世前长时间卧病在床，否则以凯瑞热情开朗的个性，我们都认为他一定会为《作为文化的传播》在中国的出版欣然作序。

但这只是一个小小的遗憾。2005年《作为文化的传播》的出版对中国传播学界产生了不小的影响。以我的观察，十几年来凯瑞的书是当时那套译丛中被引用最多的。当年美国主流的大众传播学研究（实际上是量化的效果研究，即凯瑞所称的传播的“传递观”）在中国传播学界多少被奉为“真经”。在翻译过程中我惊讶地发现，凯瑞早在20世纪七八十年代就以他犀利且不无嘲讽的笔调，把以行为主义和功能主义为导向的效果研究批得体无完肤，而且断言这种研究已经走进了死胡同。更有甚者，我们的文化中既没有西方根深蒂固的科学主义价值观，也缺乏以实证科学和客观主义作为民主政治之基石的信仰，那么，我们的“拿来”岂不是照猫画虎？因此，2005 年《作为文化的传播》的出版不啻一记当头棒喝。好在凯瑞既破又立，他直接从人类制造符号、建构现实、维系传统这样的文化角度重新构想传播与传播研究，为我们展开了一幅集壮观、有趣、人本、理想为一体的新画卷，得到了不少中国传播学者的精神共鸣，对拓宽中国传播研究的域界和视野产生了深远的意义。

《作为文化的传播》最为人称道的应该是凯瑞“发明”并推崇的“传播仪式观”，但这只是他关于传播的一个基本视角。在我看来，凯瑞在书中以他特有的洋洋洒洒兼深刻洞见，涉及了传播研究的方法论、技术哲学和政治学三大严肃的议题——传播的文化研究方法、传播与技术的关系、传播（尤其是交谈，conversation）与民主的关系——他的思想至今不仅没有过时，而且在目前的中国情境下更应该成为我们思考传播、技术与文化的武器。

凯瑞在方法上提倡文化研究，或更确切地说是文化人类学的理路，这与韦伯的“理解”和格尔兹的文化解释是一脉相承的。凯瑞建议研究者与田野相结合、深深扎根于经验世界中，社会科学工作者要就研究对象给自己的行动所赋予的“意义”进行记录并做出阐释。凯瑞的知识观是开阔的，在他眼中，知识（包括传播学的专业知识）是人类共同创造的产物，是研究者与研究对象的主体间性共同建构了对传播及意义的种种“理解”，而不是研究者居高临下或闭门造车的结果。他用“死亡”这个人类最常见的概念，将不同社群对死亡的定义娓娓道来，以说明多样化的意义建构所蕴含的丰富的生命观与社会联结。因此，凯瑞强调传播的文化研究秉持“谦卑”（modest）的态度，旨在透露其学术观的基本底色：人类协同从事创造性文化生产的过程是一个多元的、互动的、平等的过程。这种方法论背后的价值观值得我们自以为头顶光环的专家、学者们深思。

“技术与文化”是本书的另一个主题，也是凯瑞思想中最富才华与智性的部分。凯瑞不仅通过纵横捭阖的文本解读、史料研究、细节展示，为我们留下了《技术与意识形态：以电报为个案》这样的经典之作，而且用浓重的笔墨循着英尼斯的学术足迹，表达了他的技术哲学观。在我看来，凯瑞对媒介技术的理解与后现象学关于技术的“意向性”（intentionality）是相通的，虽然凯瑞没有使用“意向性”这个概念，用潘忠党教授的话来说，他也不屑各种“后学”的披挂；但他对技术的洞见却是深邃而极具启发性的。要了解凯瑞的技术哲学，还得从他再三强调的符号形态的双重性（如同一枚硬币的两面）“symbol of”和“symbol for”说起：前者指符号表现了现实，后者指符号同时创造了它所表现的现实。事实上，技术与符号一样，它们是人类的创造物，代表了人类的目的、意图并反映了现实（symbol of）；但技术和符号一旦被制造出来，它们即构成并形塑了人类现实，也就是为我们提供了一个符号化或技术化的现实（symbol for）。正是在这个意义上，凯瑞明确断言：技术完全就是文化。值得注意的是，从“symbol for”这个角度，凯瑞对技术有着更深入的理解与阐发。在他看来，技术不仅是人造物，而且“是一个行动者……它是一种具有目的论洞见的机制”；从斯图尔特·亚当的序言中发现，凯瑞后来直接承认了技术的“独立意志”（independent will）（Carey，1990：247）。可见，凯瑞不仅认为媒介技术是社会秩序的首要动因（电报的故事很好地展示了这一点），而且他之所以对英尼斯大加欣赏，主要是因为在技术哲学上凯瑞认同英尼斯的传播偏向说，这种偏向就是凯瑞的技术独立意志，或后现象学的技术意向性。关键是，正是媒介技术在伦理和政治上可能产生的意向（偏向、独立意志），使得凯瑞和英尼斯都极为关注媒介技术如何赋予文化特殊的形态和肌理、从而如何影响共同体生活；由此，他们对大众传播技术在空间上的扩张主义产生了深刻的忧虑，对口语传播在时间上传承地方文化、建立小型共同体的民主机制表达了无限的怀恋。今天，媒介技术的意向性正在深刻地重塑现实和我们的经验世界，并全面影响着我们的文化和公共生活，这是互联网时代面临的一个巨大课题。尽管互联网、大数据甚至人工智能的技术的意向性远比电子媒介的空间扩张来得复杂，但凯瑞将媒介技术与政治、伦理相结合的探索精神与道德取向，无疑是一份值得传承的、宝贵的思想遗产。

除了“文化”和“传播”，本书还有一个不容忽略的关键词，那就是“conversation”（交谈），它在本书的正文中出现了38次之多。在凯瑞的眼中，交谈是一种方法论、一种学术对话，更是一种民主生活。交谈之所以重要，是因为它揭示了传播与政治最本质的关联：面对面交谈这一人类最日常的行为是搭建公共生活、开展民主讨论和参与的基础所在。这一思路无疑来自杜威的传播观和“大共同体”理想。可以说，凯瑞的方法论、哲学观、政治观是由“交谈”及其背后的民主理想这条主线贯穿始终的。在他的学术生涯中，凯瑞亲身实践了他的“交谈”，我们完全可以将《作为文化的传播》视为他与杜威、英尼斯、格尔兹、李普曼等学者的一场神思交汇、酣畅淋漓的“交谈”，虽然有时也不乏针锋相对；他不拘一格地从各个知识领域的思想家身上汲取资源、养料，毫不恃才傲物、故弄玄虚。我想他学问上的博大精深和在众多弟子身上产生的真切的感召力就源于此，这也是去世后他亲手开创的“交谈”得以绵延至今的原因所在。在观点更加碎片化、权力和金钱碾压一切的现实面前，“交谈”一词所晕染的不无浪漫的理想主义色彩，对我们的高校和学术共同体来说，显得尤为珍贵。

感谢中国人民大学出版社重新购买了本书英文修订版的版权，令《作为文化的传播》得以再版。感谢刘海龙教授特意推荐我校译了本书，并指出了第一版中人名等多处翻译错误。潘忠党教授作为当年此书的引荐人，特别为修订版写了序言，对凯瑞的学术思想和新闻理念进行了梳理，尤其从凯瑞所扎根的美国语境和经验试图激发我们对中国语境下“中国学派”的构想，从而给本书画上了一个圆满的句号，同时又为我们开启了新一轮的“交谈”。

丁未

深圳大学传播学院

2018 年 7 月 12 日初稿于深圳桃源村

2019 年 2 月定稿

Communication as Culture, Revised Edition: Essays on Media and Society by James W. Carey
ISBN: 9780415989763

北京市版权局著作权合同登记号：01-2015-8370

图书在版编目（CIP）数据

作为文化的传播："媒介与社会"论文集 /（美）詹姆斯·W. 凯瑞（James W. Carey）著；丁未译. —修订版. —北京：中国人民大学出版社，2019. 4
（当代世界学术名著·新闻与传播学译丛·大师经典系列）
ISBN 978-7-300-26641-1

Ⅰ. ①作… Ⅱ. ①詹… ②丁… Ⅲ. ①文化传播-文集 Ⅳ. ①G0-53

中国版本图书馆 CIP 数据核字（2019）第 011422 号

当代世界学术名著
新闻与传播学译丛·大师经典系列
作为文化的传播（修订版）
"媒介与社会"论文集
［美］詹姆斯·W. 凯瑞 著
G. 斯图尔特·亚当 潘忠党 作序
丁 未 译
Zuowei Wenhua de Chuanbo（Xiudingban）

出版发行	中国人民大学出版社		
社　　址	北京中关村大街 31 号	**邮政编码**	100080
电　　话	010－62511242（总编室）		010－62511770（质管部）
	010－82501766（邮购部）		010－62514148（门市部）
	010－62515195（发行公司）		010－62515275（盗版举报）
网　　址	http://www.crup.com.cn		
经　　销	新华书店		
印　　刷	天津中印联印务有限公司		
规　　格	170 mm×240 mm　16 开本	**版　　次**	2019 年 4 月第 1 版
印　　张	18.25 插页 2	**印　　次**	2022 年 2 月第 3 次印刷
字　　数	274 000	**定　　价**	68.00 元